新编21世纪
高等职业教育精品教材
经贸类通用系列

证券投资理论与实务

（第二版）

主　编　朱瑞霞
副主编　盖红杰　彭志新

ZHENGQUAN TOUZI LILUN YU SHIWU

中国人民大学出版社
·北京·

图书在版编目（CIP）数据

证券投资理论与实务/朱瑞霞主编. --2版. --北京：中国人民大学出版社，2021.9
新编21世纪高等职业教育精品教材. 经贸类通用系列
ISBN 978-7-300-29732-3

Ⅰ.①证… Ⅱ.①朱… Ⅲ.①证券投资-高等职业教育-教材 Ⅳ.①F830.91

中国版本图书馆CIP数据核字（2021）第159936号

新编21世纪高等职业教育精品教材·经贸类通用系列
证券投资理论与实务（第二版）
主　编　朱瑞霞
副主编　盖红杰　彭志新
Zhengquan Touzi Lilun yu Shiwu

出版发行	中国人民大学出版社		
社　　址	北京中关村大街31号	**邮政编码**	100080
电　　话	010-62511242（总编室）		010-62511770（质管部）
	010-82501766（邮购部）		010-62514148（门市部）
	010-62515195（发行公司）		010-62515275（盗版举报）
网　　址	http://www.crup.com.cn		
经　　销	新华书店		
印　　刷	北京市鑫霸印务有限公司	**版　　次**	2016年10月第1版
规　　格	185 mm×260 mm　16开本		2021年9月第2版
印　　张	14.75	**印　　次**	2021年9月第1次印刷
字　　数	345 000	**定　　价**	35.00元

第二版前言

本书自2016年10月出版以来，得到了国内许多高等职业院校师生的肯定和厚爱。为了适应中国证券市场的发展，更好地服务于教学，编者对本书进行了全面细致的修订。

本次修订在第一版的基础上，进一步完善了原有的知识体系，更加突出实用性、时效性和新颖性的特色，具体修改如下：

(1) 增补了部分理论内容。从1990年12月19日上海证券交易所开业至今，新中国资本市场走过30余年，写下了在中国特色社会主义条件下发展资本市场的创新发展华章。本次修订增加了深港通、沪伦通、注册制等内容。

(2) 更新了大部分案例和拓展阅读。历经30余年，中国股市一跃成为世界第二大资本市场，市值规模超过76万亿元，上市公司突破4 000家，股民人数突破1.7亿。本次修订根据国内证券市场的变化，对多数案例和拓展阅读进行了替换。

(3) 增加了新形势下中国证券市场新变化、2020年基金业绩榜揭晓、注册制试点催生市场新生态等资料，使教材的内容更符合证券市场实际。

本次修订由上海邦德职业技术学院朱瑞霞副教授完成，在本书的修订中，参阅了很多专家、学者的著作和研究成果，特别是上海证券报、新浪财经、搜狐财经、和讯网等财经媒体的公开信息和相关文章，在此对相关作者表示诚挚的谢意。

由于编者水平有限，加之时间仓促，本书难免有疏漏或不当之处，敬请读者批评指正。

编者

第一版前言

根据《教育部关于全面提高高等职业教育教学质量的若干意见》（教高〔2006〕16号）等文件精神，高职院校以培养具有创新精神和实践能力的、服务第一线需要的技能型人才为培养目标。高等职业教育教材建设是高等职业院校三大基本建设之一，高质量的教材是培养高质量优秀人才的基本保证。证券市场瞬息万变，为培养能适应金融行业相关岗位的高技能型人才，也急需进行教材改革。

"证券投资理论与实务"是金融、投资理财、证券投资等专业的核心专业课程，也是考取证券从业资格、证券经纪人资格、理财规划师等职业资格证书的课程，是集理论性与应用性为一体的金融投资类课程。

本书总体上可分为导语、工具、市场和实务四个部分。其中，工具部分（项目二至项目五）重点介绍了股票、债券、金融衍生工具和基金等金融工具；市场部分（项目六）包括证券市场运行及监督管理；实务部分（项目七至项目十）包括证券投资准备工作、证券投资基本面分析、证券投资技术分析、证券投资策略与技巧四个项目。

本书有三大特色：一是遵循高职教学特点和规律，规范教学内容，图文并茂，通俗易懂，方便教师有序教学，提高学生的学习效果；二是力求在理论和实践结合上有所创新，强化投资技能实训，提高学生的股市实操能力；三是教材的内容注重时效性，反映本学科的最新理论成果和中国证券市场的最新发展动态。

本书由上海邦德学院金融专业主任朱瑞霞副教授全面负责策划和统稿工作，并负责编写项目一、五、七、八、九、十；烟台职业学院教师盖红杰负责编写项目二、三；贵州职业技术学院教师彭志新负责编写项目四、六。教材实务部分的编写，多次听取证券行业专家及领导的意见，尤其是得到了招商证券牡丹江路营业部总经理李鹏程和市场部经理王华年的大力帮助，在此表示感谢！

本书在编写过程中参考了很多国内外出版的有关专著、文章、资料，在此对相关作者表示衷心的感谢。由于时间仓促，编者水平有限，本书的疏漏和不足之处在所难免，敬请专家、同行及读者批评指正并提出宝贵的意见，以便我们充实和完善。

编　者

目 录

项目一 证券投资入门 / 1

任务一 证券与投资 / 2
任务二 证券市场的参与者 / 7
任务三 证券投资的收益与风险 / 12

项目二 基本证券——股票 / 21

任务一 认识股票 / 22
任务二 股票的价值与价格 / 26
任务三 股票投资收益的计算 / 34

项目三 基本证券——债券 / 43

任务一 认识债券 / 44
任务二 债券的价值与价格 / 51
任务三 债券的投资收益 / 56

项目四 衍生证券——金融衍生工具 / 63

任务一 认识金融衍生工具 / 64
任务二 金融期货 / 67
任务三 金融期权 / 70
任务四 可转换债券 / 73
任务五 认股权证 / 76

项目五 投资组合——证券投资基金 / 82

任务一 认识证券投资基金 / 83
任务二 证券投资基金的资产估值与价格 / 89
任务三 证券投资基金的投资收益 / 94

项目六 证券市场运行及监督管理 / 103

任务一 证券发行市场 / 104

任务二　证券交易市场　/ 109
任务三　股票价格指数　/ 114
任务四　证券市场监管　/ 120

项目七　证券投资准备工作　/ 130

任务一　入市基本常识　/ 131
任务二　常用股市术语　/ 133
任务三　证券投资行为的心理分析　/ 137

项目八　证券投资基本面分析　/ 143

任务一　宏观经济分析　/ 144
任务二　行业分析　/ 152
任务三　上市公司分析　/ 158

项目九　证券投资技术分析　/ 171

任务一　技术分析概述　/ 172
任务二　K 线理论　/ 176
任务三　切线理论　/ 184
任务四　形态理论　/ 190
任务五　波浪理论　/ 200
任务六　技术指标分析　/ 203

项目十　证券投资策略与技巧　/ 213

任务一　证券投资策略　/ 214
任务二　股票选择方法与技巧　/ 218

参考文献　/ 226

项目一

证券投资入门

学习目标

1. 了解有价证券的种类及特征。
2. 掌握证券投资的特点及分析方法。
3. 理解证券投资与证券投机的关系。
4. 熟悉证券市场的参与者。
5. 掌握证券投资的收益与风险的概念、分类。
6. 能够熟练计算各类证券投资的收益率。

引入案例

为什么要投资理财

俗话说："你不理财，财不理你。"现在，越来越多的人开始关注理财、投资理财。人们为什么要投资理财，不外乎出于以下几方面考虑。

1. 想要自己现有的资产增值

资产增值是每个理财者共同的目标。理财就是将资产合理分配，并努力使财富不断累积的过程。但是我们也应该明白，资产增值并不是最终的理财目标，而是我们达到人生目标的手段。

2. 保证将来养老有保障

随着老龄化社会的到来，及早制订适宜的理财计划，保证自己晚年生活独立、富足是现代人所面临的共同问题。在养老计划中要考虑退休的年龄，预计退休后每年的生活费用，预计通货膨胀率，预计退休后每年的投资回报率等问题。

3. 保证资金安全

资金安全包括两个方面的内容：一是保证资金数额完整；二是保证资金价值不减少，即保障资金不会因亏损和贬值而遭受损失。投资者要有一种节制态度，不是赚得越多越好，而是要清楚理财产品的风险和收益情况。

4. 提供赡养父母及抚养子女的基金

“老有所养、幼有所依”是中国自古以来的传统，在现代社会，这两方面的成本很高，对我们每个人来说都是不小的挑战。父母的年龄，父母退休的时间，子女目前的年龄，预计上大学的年龄，有无留学计划，去哪个国家读书，大概需要多少钱，这些都是投资者需要考虑的问题。

5. 抵御意外事故

正确的理财计划能帮助我们在风险（比如意外伤害等）到来的时候，将损失降至最低限度或有应对的资金。

6. 提高生活质量

经济状况是逐渐改善、提高生活质量和增加生活乐趣的基本保证，投资理财的目标就是使我们的财务状况处于最佳状态，满足各种需求，从而拥有一个幸福的人生。

思考：为什么要投资理财？

任务一　证券与投资

一、证券

（一）证券的定义

证券是各类财产所有权或债权凭证的通称，是用来证明证券持有人有权取得相应权益的凭证。从法律的角度看，证券反映的是某种法律行为的结果，本身必须具备合法性，它所包含的特定内容具有法律效力。我们日常生活中所见到的股票、债券、基金证券、存款单、票据、保险单、提单等都是证券。

（二）证券的分类

现实生活中，证券的种类多种多样。按照证券的性质不同，可以分为有价证券和凭证证券。

有价证券是一种能够证明合法持有者有权按期取得一定收入的可转让凭证。

凭证证券又称无价证券，是指本身不能使持有者取得一定收入的凭证，包括证据证券和私权证券。证据证券是指单纯证明事实的凭证，如借据、收据等。私权证券如存款单、土地所有权证书等，其持有者是某种私权的合法享有者。

二、有价证券

（一）有价证券的定义

有价证券是指一种标有票面金额，证明持券人有权按期取得一定收入并可自由转让和买卖的所有权或债权凭证。有价证券有广义与狭义之分。

广义的有价证券包括商品证券、货币证券和资本证券。商品证券是证明持券人拥有商品所有权或使用权的凭证，比如运货单、提货单、仓库栈单等。货币证券是指证券本身能使持券人或第三者取得货币索取权的书面凭证，比如银行本票、银行汇票、银行支票、商业汇票、商业本票等。资本证券是指由金融投资或与金融投资有直接联系的活动而产生的证券，持有人有一定的收入请求权，比如股票、债券、基金、认股权证、可转换债券等。

狭义的有价证券仅指资本证券，本书所介绍的证券也是这种意义上的证券。

（二）有价证券的分类

按照不同的分类标准，有价证券可分为不同的种类。

1. 按发行主体的不同，可分为公司证券、金融证券、政府证券

公司证券是指公司、企业等经济法人为筹集资金而发行的有价证券。主要包括股票、公司债券、优先认股权证和认股证书等。

金融证券是指银行、保险公司、信用社、投资公司等金融机构为筹集经营资金而发行的有价证券。主要包括金融机构股票、金融债券、定期存款单、可转让大额存款单和其他储蓄证券等。

政府证券是指由中央政府或地方政府发行的债券。中央政府债券也称国债，通常由一国的财政部发行。地方政府债券由地方政府发行，以地方税收或其他收入偿还。

2. 按是否在证券交易所挂牌上市交易，可分为上市证券和非上市证券

上市证券又称“挂牌证券”，指经证券主管机关批准，并向证券交易所注册登记，获得资格在交易所内进行公开买卖的有价证券。为了保护投资者利益，证券交易所对申请上市的公司都有一定的要求，满足了这些要求才准许上市。

非上市证券也称非挂牌证券、场外证券，是指未申请上市或不符合在证券交易所挂牌交易条件的证券。非上市证券不允许在证券交易所内交易，但可以在场外交易市场交易。

3. 按募集方式不同，可分为公募证券和私募证券

公募证券是指向不特定的社会公众投资者公开发行的证券，其审批较严格并采取公示制度。

私募证券是指向事先确定的少数投资者发行以募集资金的证券，其审查条件相对较松，投资者也较少，不采取公示制度。

4. 按经济性质不同，可分为基础证券和金融衍生证券

基础证券包括股票、债券和投资基金等，它们是最活跃的投资工具，是证券市场的主要交易对象，也是证券理论和实务研究的重点。

金融衍生证券是指由基础证券派生出来的证券交易品种，主要有金融期货与期权、可转换证券、存托凭证、认股权证等。

（三）有价证券的特征

1. 产权性

产权性是证券最本质的特性，它是指有价证券记载着权利人的财产权内容，代表着一定的财产所有权，拥有证券就意味着享有财产的占有、使用、收益和处分的权利。在现代经济社会，财产权利和证券已密不可分，两者融合为一体，权利证券化。虽然证券持有人

并不实际占有财产，但可以通过持有证券，在法律上拥有有关财产的所有权或债权。

2. 收益性

收益性是证券最基本的特点，它是指持有证券本身可以获得一定数额的收益，这是投资者转让资本所有权或使用权的回报。证券代表的是对一定数额的某种特定资产的所有权或债权，而这种资产的所有权或债权属于证券投资者，因而证券本身具有收益性，投资者持有证券也就同时拥有取得这部分资产增值收益的权利。有价证券的收益表现为利息收入、红利收入和买卖证券的差价。

3. 流动性

流动性又称变现性，是证券的生命力所在，它是指证券持有人可按自己的需要灵活地转让证券以换取现金。证券的流动是通过承兑、贴现、交易实现的。证券流动性的强弱，受证券期限、利率水平及计息方式、信用度、知名度、市场便利程度等多种因素的制约。

4. 风险性

证券的风险性是指证券持有者面临着预期投资收益不能实现，甚至使本金也受到损失的可能。一般来说，证券的风险和收益成正比。风险越大的证券，投资者的预期收益越高；风险越小的证券，投资者的预期收益越低。风险性由证券的期限性和未来经济状况的不确定性所致。在现有的社会生产条件下，未来经济的发展变化有些是投资者可以预测的，而有些则无法预测。

5. 期限性

证券一般都有明确的还本付息期限，以满足不同投资者和筹资者对融资期限以及与此相关的收益率需求。债券的期限具有法律约束力，是对双方权益的保护。股票没有期限，可以理解为一种永久性的证券，而且股息支付的日期也不固定。

三、证券投资

在现实生活中，投资活动无处不在。投资是经济学的一个重要范畴，人们对投资的理解五花八门，对投资的定义也各不相同。

从投资的过程来理解，投资是指货币转化为资本的过程。按照投资方式不同，投资分为直接投资和间接投资。直接投资是投资主体为了在未来获得经济效益或社会效益而进行的实物资产的购建活动，比如房地产、古董、字画、黄金等投资。间接投资是指投资主体用其积累起来的货币财富购买股票、债券等有价证券，借以获得收益的经济行为。按照投资对象不同，投资分为实物资产投资和金融资产投资。从性质上来看，证券投资属于间接投资和金融资产投资范畴。

（一）证券投资的定义

证券投资是指投资者（法人或自然人）买卖股票、债券、基金等有价证券以及这些有价证券的衍生品，以获取红利、利息及资本利得的投资行为和投资过程，它在拓宽投资渠道、优化资源配置、改善企业经营管理、促进经济发展等方面起着重要的作用。

（二）证券投资的特点

（1）证券投资具有高度的“市场力”。

（2）证券投资是对预期会带来收益的有价证券的风险投资。

（3）投资和投机是证券投资活动中不可缺少的两种行为。

（4）二级市场的证券投资不会增加社会资本总量，而是在持有者之间进行再分配。

（三）证券投资的分析方法

证券投资的分析方法主要有三种：基本分析法、技术分析法、演化分析法。基本分析法主要应用于投资标的物的选择上，技术分析法和演化分析法则主要应用于具体投资操作的时间和空间判断上。

1. 基本分析法

基本分析法是以传统经济学理论为基础，以企业价值作为主要研究对象，通过对决定企业内在价值和影响股票价格的宏观经济形势、行业发展前景、企业经营状况等进行详尽分析，来大概测算上市公司的长期投资价值和安全边际，并与当前的股票价格进行比较，形成相应的投资建议的方法总和。基本分析认为，股价波动不可能被准确预测，只能在有足够安全边际的情况下买入股票并长期持有。

2. 技术分析法

技术分析法是以传统证券学理论为基础，以股票价格作为主要研究对象，以预测股价波动趋势为主要目的，从股价变化的历史图表入手，对股票市场波动规律进行分析的方法总和。技术分析认为，市场行为包容并消化一切，股价波动可以定量分析和预测，如道氏理论、波浪理论、江恩理论等。

3. 演化分析法

演化分析法是以演化证券学理论为基础，将股市波动的生命运动特性作为主要研究对象，从股市的代谢性、趋利性、适应性、可塑性、应激性、变异性和节律性等方面入手，对市场波动方向与空间进行动态跟踪研究，为股票交易决策提供机会和风险评估的方法总和。演化分析认为，股价波动无法准确预测，因此它属于模糊分析范畴，并不试图为股价波动轨迹提供定量描述和预测，而是着重为投资人建立一种科学观察和理解股市波动逻辑的全新的分析框架。

（四）证券投资的步骤

证券投资是一个复杂的过程，需经过以下五个步骤才能作出正确的决策。

1. 筹措投资资金

证券投资的先决条件是筹措一笔投资资金。资金来源无非是两个部分，即自有资金和借入资金。对于这些资金要购买哪些证券、各买入多少数量等应事先做好详细的分析和研究，并根据投资方案内容进行详尽、科学的论证，以便进行风险控制管理，使风险在可控制的范围内。

2. 确定投资策略

投资的目标是获得预期的收益，但风险和收益是同时存在的，应合理确定具体的投资目标，衡量自己能承受多大风险，然后再决定投入多少资金量，以及确定在最终的投资组合中可能选择的金融资产的种类和数量。

3. 收集证券投资信息

证券投资信息主要来自三个方面：一是历史资料，是指过去通过各种渠道发布或获得的有关世界经济、某个国家的政治经济以及某个地区经济政策方面的信息，还包括行业发展状况、公司状况和股票状况的信息以及其他有关信息。二是媒体信息，主要是指通过合法发行的图书、报纸、期刊、其他公开出版物以及电视、广播、互联网等媒体公开发布的信息。它包括国家的法律法规、政府部门发布的政策信息、上市公司的年度报告和中期报告等。三是现场访查的有关信息，即投资者直接到有关的证券公司、上市公司、证券交易所、政府主管部门等机构去实地了解，得到证券分析所需的第一手信息资料。

4. 进行证券投资分析

证券投资分析是证券投资过程的一个重要的环节，对投资的成功起着十分重要的作用。一般来说，证券投资分析应该由以下四个步骤构成：

(1) 信息资料的收集与整理。该阶段的主要工作包括证券投资信息资料的收集、分类、保管和使用。

(2) 案头研究。在充分占有证券投资方面的信息资料并进行校验后，接下来的关键工作是进行案头研究。证券投资分析所采用的分析方法和手段，是持续的理论研究的成果和长期实践经验的总结，它们所揭示的是影响证券价格变化的一些带有客观规律性的东西。利用这些专门的分析方法和分析手段，可以发现各种宏观经济指标、行业指标、公司指标及市场指标对证券内在投资价值和市场价格走势的影响方向与影响力度。

(3) 实地调研。实地调研是指投资者就自己的研究主题到实际工作部门或公司、企业等地进行实地考察、调查。

(4) 形成投资决策。投资者通过上述理论和实证分析研究后，就可以作出相对客观可靠的投资决策，也就是得出有关指标与证券价格之间相关关系的正式结论，这个结论将包含对某种投资行为的推荐。

5. 评价证券投资绩效

在现代投资实践中，品种繁多、市场复杂且专业分工细密，为了检验证券投资的绩效是否与预期的投资目标相吻合，有必要进行证券投资绩效评价。证券投资绩效评价为投资过程的良性循环提供必要的检验和支持，其最重要的作用是为投资者的投资组合调整提供指导。

四、证券投资与证券投机

在证券市场上有证券投资，也有证券投机，二者同时存在。证券投资和证券投机均表现为一种证券的买卖行为，都是投入一定的资金以谋取收益，同时承担本金损失的风险。

（一）证券投机

证券投机是指在证券市场上，短期买进或卖出一种或多种证券，以获取收益的经济行为。证券投机不是欺诈伪造、内幕交易、违法乱纪、操纵股市的行为，而是以获取较大收益为目的，以承担较大风险为代价的投资行为。

（二）证券投资与证券投机的联系

证券投机与证券投资虽然在理论上很容易区别，但在实际中二者却很难分开，因为人们的动机是可以随时转化的，二者之间会相互转化。

1. 证券投资转化成证券投机

投资者购买证券的本意是持券到期或做较长期投资，但当证券行市突然暴涨时，他可能决定把证券卖掉而获得巨额利润，成为事实上的证券投机者。

2. 证券投机转化成证券投资

投机者购买证券试图在短期内获取暴利，可能因证券行市暴跌而改变主意，持有证券到期，这样他又变成了事实上的证券投资者。

（三）证券投资与证券投机的区别

1. 交易目的不同

证券投资者在市场上购买证券的目的是获得正当的股利或债息，他们在市场上出售前期所购买的证券，是为了避免因证券价格过度跌落而造成的损失。证券投机者在市场上购买或出售证券，目的不在于获得证券所能带来的股利或债息，而是为了赚取证券买卖的差价收入，他们出入证券市场进行证券买卖，着眼于寻找牟利机会。

2. 交易行为不同

一般说来，证券投资者在证券行市上涨或稳定时才积极购买证券，而在行市下跌或波动过大时则出售证券，而且他们通常只做单向交易，很少参加买空卖空和套利交易。证券投机者则不论证券行市涨跌，证券价格波动大小，只要有利可图都积极参与买卖，并且证券价格波动越大，他们的交易活动就越活跃。

3. 资金来源不同

证券投资者的资金来源一般都是自有资金，而证券投机者的资金大都是从金融机构借入的。证券投机者用银行或其他金融机构的贷款购买证券，再用证券抵押获得贷款，如此反复进行，其交易规模可以做得很大。

4. 持有证券的期限不同

一般认为，证券投资者的兴趣在于长期持有，做长线，目的在于获取到期收入和资本增益，而证券投机者则热衷于短期的周转交易，获取价差收益。

任务二　证券市场的参与者

证券市场的参与者包括证券发行人、证券投资者、证券中介机构和证券监管机构。

一、证券发行人

（一）证券发行人的定义

证券发行人是指为筹措资金而发行股票、债券等有价证券的政府及其机构、金融机构、公司和企业。证券发行人是证券发行的主体，是资金的需求者和证券的供应者。

（二）证券发行人的类型

一般而言，证券发行人主要包括以下三大类。

1. 政府

中央政府为弥补财政赤字或筹措经济建设所需资金，在证券市场上发行国库券、财政债券、国家重点建设债券等，这些即国债。地方政府可为本地公用事业的建设发行地方政府债券。我国的地方政府债券最早出现在中华人民共和国成立初期，1993 年地方政府债券被国务院“叫停”，2009 年恢复地方政府债券。2014 年 5 月 21 日，经国务院批准，上海、浙江、广东、深圳等 10 省市试点地方政府债券自发自还。这意味着地方债发行朝着市场化路径迈出了实质性步伐。

2. 公司（企业）

企业的组织形式可分为独资制、合伙制和公司制。现代公司主要采取股份有限公司和有限责任公司两种形式。其中，只有股份有限公司才能发行股票。对筹设中的股份有限公司而言，发行股票是为了达到法定注册资本从而设立公司；对已经成立的股份有限公司而言，发行股票和债券的目的是扩大资金来源，满足生产经营发展的需要。非股份公司的企业经过批准，可在证券市场上发行企业债券筹集资金。

3. 金融机构

商业银行、政策性银行和非银行金融机构为筹措资金，经过批准可公开发行金融债券。欧美国家认为，能够发行证券的金融机构一般都是股份公司，所以将金融机构发行的证券归入公司证券。我国和日本则把金融机构发行的债券定义为金融债券，从而突出了金融机构作为证券市场发行主体的地位。

（三）证券的发行方式

按证券的发行对象不同，证券的发行可以分为公募发行和私募发行两类。

1. 公募发行

公募发行又称公开发行，是指发行人向不特定的社会公众投资者发售证券。

2. 私募发行

私募发行又称不公开发行或私下发行、内部发行，是指以特定的少数投资者为对象的发行。私募发行的对象有两类：一类是公司的老股东或发行人的员工；另一类是投资基金、社会保障基金、保险公司、商业银行等金融机构以及与发行人有密切往来的企业、战略合作伙伴等机构投资者。

二、证券投资者

证券投资者是指进入证券市场进行证券买卖的各类投资者，是证券市场的投资主体。它包括个人投资者和机构投资者。

（一）个人投资者

个人投资者是指以自然人身份从事证券买卖的投资者。一般的股民就是个人投资者，其投资资金的主要来源是储蓄。在国外，个人投资者的资金还可来自证券公司、商业银行和人寿保险公司的贷款，但这种融资投资有很大的投机性和风险性。2010 年 3 月 31 日，我国上海证券交易所和深圳证券交易所开始接受个人投资者进行融资融券投资。

（二）机构投资者

机构投资者主要包括政府机构、金融机构、企业和事业法人、各类基金。

1. 政府机构

政府机构是证券市场上机构投资者的重要组成部分。一般说来，政府机构进行证券投资的主要目的不是获取利息、股息等投资收益，而是为了调剂资金余缺和实施公开市场操作，进行宏观经济调控。

2. 金融机构

主要有以下几类金融机构：

（1）证券经营机构。

证券经营机构是证券市场上最大、最活跃的投资者，以其自有资本、营运资金和受托资金建立规模大且分散良好的资产组合，由专家进行管理。它们进行证券投资主要有两个目的：第一，获取收益；第二，稳定证券行情。由于这些机构的资金实力雄厚、信息灵通、操作方便、进出金额巨大，因而它们的投资活动对证券市场的影响颇大，是证券市场能否稳定的关键所在。

在我国，证券经营机构主要是证券公司。证券公司是专门从事有价证券买卖的法人企业，分为证券经营公司和证券登记公司。狭义的证券公司指证券经营公司，是经主管机关批准并到有关工商行政管理局领取营业执照后专门经营证券业务的机构。它具有证券交易所的会员资格，可以承销发行、自营买卖或自营兼代理买卖证券。

（2）银行业金融机构。

银行业金融机构包括商业银行、城市信用合作社、农村信用合作社等吸收公众存款的金融机构以及政策性银行。受自身业务特点和政府法令的制约，银行业金融机构一般仅限于投资政府债券和地方政府债券，而且通常以短期国债作为其超额储备的持有形式。

我国现行法规规定，银行业金融机构可用自有资金及中国银保监会规定的可用于投资的表内资金买卖政府债券和金融债券。对于因处置货款质押资产而被动持有的股票，只能单向卖出。银行业金融机构经中国银保监会批准后，也可通过理财计划募集资金进行有价证券投资。

（3）保险业经营机构。

目前，保险公司已经超过共同基金成为全球最大的机构投资者，其除了大量投资于各大类政府债券、高等级公司债券外，还广泛涉足基金和股票投资。

我国的保险公司除利用自有资金和保险收入作为证券投资的资金来源外，还可运用受托管理的企业年金进行投资。作为投资主体，保险公司通过设投资部门进行投资、委托专门机构投资或购买共同基金份额等方式运作。保险公司除投资国债之外，还可以在规定的比例内投资证券投资基金和股权性证券。

（4）合格境外机构投资者（QFII）。

合格境外机构投资者是指符合中国证监会、中国人民银行和国家外汇管理局发布的《合格境外机构投资者境内证券投资管理办法》规定的条件，经中国证监会批准投资于中国证券市场，并获得国家外汇管理局额度批准的中国境外基金管理机构、保险公司、证券公司及其他资产管理机构。

按照《合格境外机构投资者境内证券投资管理办法》，合格境外机构投资者在经批准的投资额度内，可以投资于中国证监会批准的人民币金融工具，具体包括在证券交易所挂牌交易的股票、在证券交易所挂牌交易的权证以及中国证监会允许的其他金融工具。合格境外机构投资者可以参与新股发行、可转换债券发行、股票增发和配股的申购。

（5）主权财富基金。

随着国际经济、金融形势的变化，目前不少国家尤其是发展中国家拥有了大量的官方外汇储备。为管理好这部分资金，一些国家成立了代表国家进行投资的主权财富基金。经国务院批准，中国投资有限责任公司于 2007 年 9 月 29 日宣告成立，注册资本金为 2 000 亿美元，成为专门从事外汇资金投资业务的国有投资公司。其以境外金融组合产品为主，开展多元投资，实现外汇资产保值增值，被视为中国主权财富基金的发端。

（6）其他金融机构。

其他金融机构包括信托投资公司、企业集团财务公司、金融租赁公司等。这些机构通常也在自身章程和监管机构许可的范围内进行证券投资。信托投资公司可以受托经营资金信托、有价证券信托和作为投资基金或者基金管理公司的发起人从事投资基金业务。企业集团财务公司达到相关监管规定的，也可申请从事对金融机构的股权投资和证券投资业务。目前，我国尚未批准金融租赁公司从事证券投资业务。

3. 企业和事业法人

企业作为机构投资者，一方面，可以将自己闲置的资金或暂时不用的积累进行短、中、长期投资，以获取收益；另一方面，企业可以通过股票投资达到参股、控股某上市公司的目的，在获得股息收入的基础上，实现企业的战略性并购，拓展业务范围。

4. 各类基金

基金性质的机构投资者包括证券投资基金、社保基金和社会公益基金。

证券投资基金是指通过公开发售基金份额募集资金，由基金托管人托管，由基金管理人管理和运作资金，为基金份额持有人的利益，以资产组合方式进行证券投资的一种利益共享、风险共担的集合投资方式。

社保基金是社会保险基金、社会统筹基金、个人账户基金（基本养老保险体系中个人账户上的基金）、企业年金（企业补充保障基金）和全国社会保障基金的统称，它是全国社会保障基金理事会管理的，由国有股减持划入资金及股权资产、中央财政拨入资金、经国务院批准以其他方式筹集的资金及其投资收益形成的由中央政府集中的社会保障基金。

社会公益基金是指将收益用于指定的社会公益事业的基金，如福利基金、科技发展基金、教育发展基金、文学奖励基金等。社会公益基金属于基金性质的机构投资者。我国有关政策规定，各种社会公益基金可用于证券投资，以求保值增值。

三、证券中介机构

证券中介机构是指依法通过专业知识和技术服务，向委托人（如发行人、投资者等）提供公证性、代理性、信息技术服务性等中介服务的机构。按照提供服务的内容不同，证券中介机构分为证券经营机构和证券服务机构。

（一）证券经营机构

证券经营机构是由证券主管机关依法批准设立的、在证券市场上经营证券业务的金融机构，一般是指证券公司。证券公司不仅是证券市场上最重要的中介机构，也是证券市场的主要参与者。它承担着证券代理发行、证券自营买卖、资产管理及证券投资咨询等重要职能。

在我国，证券公司是指依照《中华人民共和国公司法》（以下简称《公司法》）规定，经国务院证券监督管理机构批准设立的从事证券经营业务的有限责任公司或股份有限公司。

（二）证券服务机构

证券服务机构是指依法设立的、从事证券服务业务的法人机构。主要包括证券投资咨询公司、信用评级机构、会计师事务所、资产评估机构、律师事务所、证券登记清算公司等。证券服务包括：证券投资咨询，证券发行、策划、财务顾问及其他配套服务，证券资信评估服务，证券集中保管，证券清算交割服务，证券登记过户服务，经证券管理部门认定的其他业务。

根据我国有关法规的规定，证券服务机构的设立除了按照工商管理法规的要求办理外，还必须得到证券管理部门的批准。

四、证券监管机构

证券监管机构是依法制定有关证券市场监督管理的规章、规则，并依法对证券的发行、交易、登记、托管、结算以及证券市场的参与者进行监督管理的部门，主要包括中国证券监督管理委员会和地方证券监管部门。

我国证券监管机构分为两类：一是政府机构，即中国证券监督管理委员会（简称中国证监会）及其派出机构；二是自律性管理机构，主要包括上海、深圳两家证券交易所和中国证券业协会。

（一）中国证监会

中国证监会全称中国证券监督管理委员会，成立于1992年10月，是国务院直属机构，为全国证券期货市场的主管部门，按照国务院授权履行行政管理职能，依照法律法规对全国证券期货业务进行集中统一监管，维护证券市场秩序，保障其合法运行。中国证监会在省、自治区、直辖市和计划单列市设立36个证监局，以及上海、深圳证券监管专员办事处。

（二）证券交易所

证券交易所是依据国家有关法律，经政府证券主管机关批准设立的、集中进行证券交易的有形场所。在我国有上海证券交易所和深圳证券交易所，它们应当创造公开、公平的市场环境，提供便利条件，从而保证证券交易的正常运行。

证券交易所的职责主要包括：提供股票交易的场所和设施；制定证券交易所的业务规

则；审核批准股票的上市申请；组织、监督股票交易活动；提供和管理证券交易所的股票市场信息。

（三）中国证券业协会

中国证券业协会成立于 1991 年 8 月 28 日，是依法注册的、具有独立法人地位的、由经营证券业务的金融机构自愿组成的行业性自律组织。

中国证券业协会采用会员制的组织形式，凡依法设立并经批准可以从事证券业务经营和中介服务的金融机构，承认协会章程，遵守协会的各项规则，均可申请加入协会，成为协会会员。

证券监管的原则包括：依法管理原则；保护投资者利益原则；公开、公平、公正原则；监督与自律相结合的原则。

任务三　证券投资的收益与风险

证券投资的收益和风险是并存的，通常收益越高，风险越大。投资者只能在收益和风险之间加以权衡，即在风险相同的证券中选择收益较高的或在收益相同的证券中选择风险较小的进行投资。

一、证券投资的收益

（一）证券投资收益的含义

证券投资收益即证券投资者在从事证券投资活动中所获得的报酬，是指初始投资的价值增值量。该增量来源于两部分：投资者所得的现金收入和市场价格相对于初始购买价格的升值。

（二）证券投资收益的内容

证券投资收益包括股票投资收益、债券投资收益和基金投资收益。

股票投资收益是指股票持有人因拥有股票所有权而获得的超出股票实际购买价格的收益，它由股利、资本利得和资本增值收益组成。

债券投资收益是指投资人因持有债券而获得的报酬。债券投资收益来自两个方面：一是债券的利息收益，这是债券发行时就决定的。除了贴现债券和浮动利率债券，债券的利息收入一般不变。二是资本利得，即因债券价格上涨而得到的资本收入或因债券价格下降而受到的资本损失。

基金投资的获利来源主要有两个：一个是由于买卖基金的价格差异所产生的资本利得；另一个是因为基金分红所产生的投资收益。

（三）证券投资收益的衡量

下面主要介绍股票和债券的投资收益率。

1. 股票投资收益率

衡量股票投资收益率的指标主要有股利收益率、持有期收益率和调整后的持有期收益率等。

（1）股利收益率。又称获利率，是股份有限公司以现金形式派发的股息与股票市场价格的比率。其计算公式是：

$$股利收益率=\frac{年现金股息}{股票买入价格}\times 100\%$$

（2）持有期收益率。持有期收益率是投资者持有股票期间的股息收入与买卖差价占股票买入价的比率。其计算公式是：

$$持有期收益率=\frac{[年现金股息+（股票卖出价格-股票买入价格）]}{股票买入价格}\times 100\%$$

（3）调整后的持有期收益率。投资者在买入股票后，遇到公司拆股、送股、配股的情况，要计算其调整后的持有期收益率。其计算公式是：

$$调整后的持有期收益率=\frac{（调整后的本利或损失+调整后的本金利息）}{调整后的价格}\times 100\%$$

2. 债券投资收益率

债券投资收益率的指标主要有直接收益率、持有期收益率、到期收益率和贴现债券收益率等。

（1）直接收益率。也称当期收益率，即只要考虑债券利息收入的收益率。其计算公式如下：

$$直接收益率=\frac{年利息}{购买价格}\times 100\%$$

例 1-1 发行的债券面值为 100 元，票面利率 6%，期限是一年，某投资者以 90 元买入，求其直接收益率。

直接收益率=100×6%×1÷90×100%=6.67%

（2）持有期收益率。指债券投资者从购入并持有至卖掉债券为止的期限收益率。其计算公式如下：

$$持有期收益率=\frac{年利息+\dfrac{卖出价格-买入价格}{持有年限}}{买入价格}\times 100\%$$

例 1-2 某投资者 2019 年 10 月 20 日买入 2015 年发行的票面利率为 8%、票面价为 100 元的公司债券，购买价格是 110 元，2021 年 10 月 20 日以 115 元的价格出售，计算其持有期收益率。

持有期收益率=［100×8%×1+（115-110）÷2］÷110×100%=9.55%

（3）到期收益率。指债券持有者将债券保存到还本期满时所应得到的收益。

1）认购者到期收益率。认购者到期收益率是指债券投资者在债券发行时投资购入并持有到期满的收益率，属于单利到期收益率。其计算公式为：

$$认购者到期收益率=\frac{票面年利息+\frac{票面额-发行价格}{偿还年限}}{发行价格}\times 100\%$$

例 1-3 某企业于 2020 年发行面额为 100 元的 5 年期公司债券，其票面利率为 8%，发行价格为 105 元，计算认购者到期收益率。

认购者到期收益率=［100×8%×1+（100－105）÷5］÷105×100%=6.67%

2）暨发债到期收益率。暨发债到期收益率是指债券投资者在债券流通市场上投资购入已发行的债券，并持有至期满的收益率。其计算公式为：

$$暨发债到期收益率=\frac{票面年利息+\frac{票面额-购入价格}{剩余年数}}{购入价格}\times 100\%$$

例 1-4 某投资者于 2020 年 5 月以市价 105 元，购买一张面值为 100 元的 2019 年发行的某公司债券，其票面利率为 10%，剩余年数为 4 年，计算其到期收益率。

暨发债到期收益率=［100×10%×1+（100－105）÷4］÷105×100%=8.33%

（4）贴现债券收益率。贴现债券以低于票面额的价格发行，以票面额偿还。投资者购买贴现债券后没有利息收入，以贴现债券偿还价格与购买价格之差额作为报酬。贴现债券收益率包括贴现债券单利到期收益率和贴现债券复利到期收益率。

1）贴现债券单利到期收益率。贴现债券单利到期收益率一般是期限在一年以内的贴现债券用单利计算的到期收益率。其计算公式为：

$$贴现债券单利到期收益率=\frac{偿还价格（面额）-购买价格}{购买价格}\times\frac{365}{到期日数}\times 100\%$$

例 1-5 一张面额为 1 000 元、期限为 91 天的贴现债券，发行价格为 970 元，计算该债券单利到期收益率。

贴现债券单利到期收益率=（1 000－970）÷970×365÷91×100%=12.41%

2）贴现债券复利到期收益率。贴现债券复利到期收益率一般是期限在一年以上的贴现债券以复利计算的到期收益率。其计算公式为：

$$贴现债券复利到期收益率=\left(\sqrt[n]{\frac{偿还价格}{购买价格}}-1\right)\times 100\%$$

例 1-6 一张面额为 1 000 元、期限为 5 年的贴现债券，发行价格为 683 元，计算该债券复利到期收益率。

$$贴现债券复利到期收益率=\left(\sqrt[5]{\frac{1\,000}{683}}-1\right)\times 100\%=7.92\%$$

二、证券投资的风险

一般而言，风险是指证券收益的不确定性，或者说是对投资者预期收益的背离。证券投资的风险是指证券预期收益变动的可能性及变动幅度。证券投资风险可分为系统风险和非系统风险两大类。

（一）系统风险

系统风险也称不可分散风险，指由于某种全局性的共同因素引起的投资收益的可能变动，这些因素来自企业外部，不能通过资产组合而消除风险。系统风险包括市场风险、利率风险、购买力风险、流动性风险、政策风险等。

（1）市场风险，指在证券市场中因股市价格、利率、汇率等的变动而导致投资者未预料到的潜在损失的风险。因此，市场风险包括利率风险、汇率风险、股票价格风险和商品价格风险。

（2）利率风险，也称货币风险或信用风险，指因银行利率变动而影响货币市场利率变动，从而引起证券市场价格变动，导致证券投资收益损失的可能性。一般来说，利率与证券价格呈反方向变化。

（3）购买力风险，又称通货膨胀风险，是指由于通货膨胀造成货币贬值，货币购买力下降使投资者遭受损失的可能性。一般来讲，可通过计算实际收益率来分析购买力风险，用公式表示为：

实际收益率＝名义收益率－通货膨胀率

（4）流动性风险，也称变现力风险，是指投资者将证券变现而发生损失的可能性。

（5）政策风险，是指政府有关证券市场的政策发生重大变化或有重要的法规、举措出台，引起证券市场的波动，从而给投资者带来的风险。

（二）非系统风险

非系统风险又称为可分散风险或可回避风险，是指只对某个行业或个别公司的证券产生影响的风险，该风险是可以抵消、回避的。非系统风险包括经营风险、财务风险、信用风险、道德风险等。

（1）经营风险，是指所投资的企业由于经营状况发生变化所导致的投资收益的不确定性。企业的盈利能力常会因竞争、需要、成本等因素的变化、企业决策的错误、政府的新政策或其他情况的变化而变化，使投资者所获得的经营利润存在着不确定性。

（2）财务风险，是指由于所投资的企业资本结构变动而使企业支付利息额发生变化，从而使其他投资者最终获利水平发生变动的风险。资本结构中，债务比重越大，企业承担的财务风险越大。

（3）违约风险，又称信用风险，是指证券发行人在证券到期时无法还本付息而使投资者遭受损失的风险。违约风险通常针对债券而言。

（4）道德风险，是指有些企业在所公布的报表或资料中弄虚作假，因此给证券投资者带来的风险。

三、证券投资收益与风险的关系

在证券投资中，收益和风险形影相随，收益以风险为代价，风险用收益来补偿。投资者投资的目的是得到收益，但又不可避免地面临着风险，证券投资的理论和实战技巧都围绕着如何处理这两者的关系而展开。

收益与风险的基本关系是：收益与风险相对应。也就是说，风险较大的投资对象，收益率相对较高；反之，收益率较低的投资对象，风险相对较小。但是，绝不能因为风险与收益有着这样的基本关系，就盲目地认为风险越大，收益就一定越高。风险与收益相对应的原理只是揭示风险与收益的这种内在本质关系：风险与收益共生共存，承担风险是获取收益的前提；收益是风险的成本和报酬。风险和收益的上述本质关系可以用下面的公式表述：

预期收益率＝无风险收益率＋风险补偿

无风险收益率是指把资金投资于某一没有任何风险的投资对象而能得到的收益率，这是一种理想的投资收益，我们把这种收益作为一种基本收益，再考虑各种可能出现的风险，使投资者得到应有的补偿。

项目小结

1. 有价证券是指一种标有票面金额，证明持券人有权按期取得一定收入并可自由转让和买卖的所有权或债权凭证。

2. 广义的有价证券包括商品证券、货币证券和资本证券。狭义的有价证券仅指资本证券。

3. 有价证券的特征包括产权性、收益性、流动性、风险性和期限性。

4. 证券投资是指投资者（法人或自然人）买卖股票、债券、基金等有价证券以及这些有价证券的衍生品，以获取红利、利息及资本利得的投资行为和投资过程，它在拓宽投资渠道、优化资源配置、改善企业经营管理、促进经济发展等方面起着重要的作用。

5. 证券投资的分析方法主要有三种：基本分析法、技术分析法、演化分析法。基本分析法主要应用于投资标的物的选择上，技术分析法和演化分析法则主要应用于具体投资操作的时间和空间判断上。

6. 证券投资是一个复杂的过程，需经过筹措投资资金、确定投资策略、收集证券投资信息、进行证券投资分析和评价证券投资绩效五个步骤才能作出正确的决策。

7. 证券投资与证券投机的区别主要体现在交易目的、交易行为、资金来源和持有证券的期限四个方面。

8. 证券市场的参与者包括证券发行人、证券投资者、证券中介机构和证券监管机构。证券发行人包括政府及其机构、金融机构、公司和企业。证券投资者包括个人投资者和机构投资者，机构投资者主要包括政府机构、金融机构、企业和事业法人、各类基金。证券中介机构分为证券经营机构和证券服务机构。证券监管机构分为政府机构和自律性管理机构。

9. 股票投资收益是指股票持有人因拥有股票所有权而获得的超出股票实际购买价格的收益，它由股利、资本利得和资本增值收益组成。

10. 债券投资收益是指投资人因持有债券而获得的报酬。债券投资收益来自两个方面：一是债券的利息收益，这是债券发行时就决定的。除了贴现债券和浮动利率债券，债券的利息收入一般不变。二是资本利得，即因债券价格上涨而得到的资本收入或因债券价格下降而受到的资本损失。

11. 证券投资风险可分为系统风险和非系统风险两大类。系统风险包括市场风险、利率风险、购买力风险、流动性风险、政策风险等。非系统风险包括经营风险、财务风险、信用风险、道德风险等。

12. 在证券投资中，收益和风险形影相随，收益以风险为代价，风险用收益来补偿。投资者投资的目的是得到收益，但又不可避免地面临着风险，证券投资的理论和实战技巧都围绕着如何处理这两者的关系而展开。

课后习题

一、名词解释

1. 证券投资　2. 证券经营机构　3. 系统风险　4. 股票投资收益　5. 中国证券业协会

二、单项选择题

1. 按（　　）分类，有价证券可分为上市证券与非上市证券。

A. 募集方式　　B. 证券发行主体

C. 证券所代表的权利性质　　D. 是否在证券交易所挂牌交易

2. 在公司证券中，通常将银行及非银行金融机构发行的证券称为（　　）。

A. 股票　　B. 金融证券　　C. 商业票据　　D. 公司债券

3. 按募集方式分类，有价证券可以分为（　　）。

A. 政府证券、政府机构证券、公司证券

B. 公募证券和私募证券

C. 上市证券与非上市证券

D. 股票、债券和其他证券

4. 有价证券是（　　）的一种形式。

A. 真实资本　　B. 商品资本　　C. 货币资本　　D. 虚拟资本

5. 按照我国相关证券业法律的规定，下面不属于证券自律管理机构的是（　　）。

A. 证券交易所　　B. 证券业协会

C. 证券服务机构　　D. 证券登记结算机构

6. 根据《中华人民共和国商业银行法》的规定，银行业金融机构可用自有资金买卖（　　）。

A. 政府机构债券和金融债券　　B. 政府债券和政府机构债券
C. 政府债券和金融债券　　D. 信托投资基金

7. 有价证券有广义与狭义之分，狭义的有价证券是指（　　）。
A. 政府债券　B. 商品证券　C. 资本证券　D. 货币证券

8. 在证券市场起中介作用的机构是（　　）和其他证券服务机构，通常把两者合称为证券中介机构。
A. 证券公司　B. 证券交易所　C. 证券业协会　D. 证券登记结算机构

9. 证券的基本功能不包括（　　）。
A. 筹资投资功能　　B. 规避风险功能
C. 资本配置功能　　D. 定价功能

10. 以下不属于有价证券的主要特征的是（　　）。
A. 产权性　B. 收益性　C. 风险性　D. 变通性

三、多项选择题

1. 证券市场最基本和最主要的品种包括（　　）。
A. 基金　B. 股票　C. 金融期货　D. 债券

2. 广义的有价证券包括（　　）。
A. 资本证券　B. 商品证券　C. 货币证券　D. 金融证券

3. 证券的机构投资者主要包括（　　）。
A. 金融机构　　B. 各类基金
C. 企业和事业法人　　D. 政府机构

4. 合格境外机构投资者（QFII）在经批准的投资额度内，可以投资于中国证监会批准的人民币金融工具，具体包括（　　）。
A. 证券投资基金
B. 在证券交易所挂牌交易的债券
C. 在证券交易所挂牌交易的股票
D. 在证券交易所挂牌交易的权证以及中国证监会允许的其他金融工具

5. 商品证券是证明持有人有商品所有权或使用权的凭证，下列属于商品证券的是（　　）。
A. 提货单　B. 购物券　C. 运货单　D. 仓库栈单

6. 参与证券投资的金融机构包括（　　）。
A. 证券经营机构　　B. 主权财富基金
C. 银行业金融机构　　D. 保险公司及保险资产管理公司

7. 有价证券按照发行主体不同，可以分为（　　）。
A. 政府证券　B. 无价证券　C. 公司证券　D. 金融证券

8. 机构投资者的共同特点是（　　）。
A. 投资资金数量大　　B. 收集和分析信息的能力强
C. 可通过有效的资产组合分散风险　　D. 投资活动对市场影响较大

四、判断题

1. 虚拟资本的价格总额等于所代表的真实资本的账面价格。（　　）

2. 债券是债权凭证，债券持有者与债券发行人之间是债权债务关系。 (　　)

3. 有价证券代表着一定量的财产权利，持有人可凭该证券直接取得一定量的商品、货币，或是取得利息、股息等收入，因此其本身具有价值。 (　　)

4. 狭义的有价证券指货币证券。 (　　)

5. 证券的流动性可通过到期兑付、承兑、贴现、转让等方式实现。 (　　)

6. 地方政府债券由地方政府发行，以地方税或其他收入偿还，我国目前尚不允许各级地方政府发行债券。 (　　)

7. 债券因有固定的票面利率和期限，相对于股票价格而言，市场价格比较稳定。 (　　)

8. 基金性质的机构投资者包括证券投资基金、社保基金、企业年金和社会公益基金。 (　　)

9. 中国证券登记结算公司是为证券交易提供集中登记、存管与结算服务，以营利为目的的法人。 (　　)

10. 我国和日本把金融机构发行的债券定义为金融债券，从而突出了金融机构作为证券市场发行主体的地位，但股份制的金融机构发行的股票并没有定义为金融证券，而是归类于一般的公司股票。 (　　)

五、简答题

1. 证券投资与证券投机的区别与联系分别体现在哪些方面?

2. 证券市场的参与者有哪些?

六、计算题

某投资者 2019 年 5 月 20 日买入 2017 年发行的票面利率为 10%、票面价为 100 元的公司债券，购买价格是 110 元，2021 年 5 月 20 日又以 120 元的价格出售，计算持有期收益率。

实训任务

沃伦·巴菲特

沃伦·巴菲特，1930 年 8 月 30 日出生在美国内布拉斯加州的奥马哈市，著名的投资家、企业家、慈善家，一生从事股票、电子现货、基金等行业。

1941 年，年轻的沃伦·巴菲特，刚满 11 周岁，便购买了人生的第一张股票。六年后，沃伦·巴菲特考入宾夕法尼亚大学攻读财务和商业管理专业。

但是他并不满足于此，随后拜师于著名投资学理论学家本杰明·格雷厄姆。在格雷厄姆的指导下，巴菲特进步飞快，使得他在日后的股票投资中如鱼得水，同时正因为年轻时的学习，为他成为“股神”奠定了基础。

巴菲特曾说过：我从来不曾有过自我怀疑，我从来不曾灰心过。在沃伦·巴菲特的一生中，自信心的建立不是一日之功。

1957 年，巴菲特成立非约束性的巴菲特投资俱乐部。5 年后，巴菲特合伙人公司的资本达到 720 万美元，其中 100 万是属于巴菲特个人的。当时他把几个合伙人企业合并，成立了“巴菲特合伙人有限公司”。

经过巴菲特等人的不懈努力，巴菲特公司的股票取得了历史上最好的成绩：增长了46%，而道琼斯指数仅仅增长了9%。巴菲特掌管的资金上升至1亿零400万美元，其中巴菲特的个人资产占2 500万美元。

巴菲特说过：如果你能从根本上把问题所在弄清楚并思考它，你永远也不会把事情搞得一团糟。

2013年，巴菲特以净资产535亿美元，位于福布斯榜第四名。2016年3月1日，福布斯公布全球富豪榜单，巴菲特个人财富为608亿美元，排名第三。

思考：

1. 巴菲特的投资属于金融投资还是实物投资？属于直接投资还是间接投资？
2. 什么是证券投资？证券投资的特点有哪些？
3. 投资者应该如何进行证券投资？

项目二
基本证券——股票

学习目标

1. 理解股票的概念。
2. 了解股票的特征与类型。
3. 理解影响股票价格的因素。
4. 理解股价指数的含义。
5. 掌握如何计算股票投资收益。

引入案例

投资哲学

一位成功的投资者总结了其投资的三大主要原则：只购买熟悉的股票，做自己的研究，以及长期投资。

1. 只买熟悉的股票

最好的选股工具是我们的眼睛、耳朵和常识。这位投资者表示他的很多关于股票的绝妙主意是在逛杂货铺或者和家人朋友闲聊时产生的。由此可见，每个人都具备这样的能力。我们可以通过看电视，阅读报纸杂志，或者查找网络得出第一手分析资料，我们身边就存在各种上市公司提供的产品和服务，如果这些产品和服务能够吸引你，那么提供它们的上市公司也会进入你的视野。对于大多数没有行业背景的个人投资者而言，最容易熟悉的股票就是那些消费类或与之相关的上市公司股票。

在中国，有接近一半的上市公司处在房地产、零售、食品饮料、医药、家电、轿车、服装等终端消费领域，个人投资者可以很容易地接触大量相关资讯，甚至是这些产品和服务的消费者或体验者，可以获得最直接的判断。只要我们留心观察身边的生活，就可以用简单的常识来找到伟大的投资机会。

2. 做自己的研究

通过观察周围事物和个人兴趣来收集一手资料只是一个良好的开端，随后就要展开一番详尽的研究。这位投资者并不是靠一时的灵感显现而决定拍板投资，在灵感之后都有严谨的调研确认工作，这才是他成功的基石。以下几条标准是用来确认一个想法是否会转化为最终投资机会的关键：

市盈率相对盈利增长比率（PEG）：通过这家公司市盈率比上业绩增长率的估值指标来衡量公司股票是否还有投资价值。即便公司业绩成长性很好，但在估值上已有充分反映，比如PEG在2以上的股票，基本也就失去了介入的吸引力。只有那些估值还没有充分反映公司业绩成长性的股票，比如PEG还在1附近或以下的股票，才有投资的价值。

现金流状况和负债率：这位投资者青睐于那些可以将利润顺利转化为现金的公司，并且公司的负债状况不是十分紧张，不会过多依赖需要定期还本付息的银行借款或债券融资。只有现金流健康，财务负担较轻的公司才能应对各种不同的经营环境，可以让投资者放心持有。

3. 进行长期投资

“不考虑那些偶然因素，股票的表现在10～20年的时间里是可以预见的，至于想知道它们是否在今后二三年内走高或者走低，不如掷个硬币看看。”这位投资者有这样的理念也正是他能脱颖而出的关键，他从不去考虑所谓买入时点或试图预测经济走势，只要所投资的公司基本面没有发生实质性改变，他就不会卖出股票。

思考：股票是什么？有哪些特征？

任务一　认识股票

一、股票的定义

股票是商品经济及生产力发展的产物。1553年，英国以股份集资的方式成立了莫斯科尔公司，1581年又成立了凡特利公司，其采用的方式就是公开招买股票，购买股票者获得公司成员的资格。这些公司随后又改为将资本留在公司内长期使用，从而产生了普通股份制度，相应地形成了普通股股票。在1660年之前，股东若要转让其所持股票，就要在本公司内找到相应的人员来接受，或设法依公司章程规定将本公司以外的承购者变为公司的成员，股票的转让相当不便。但从1661年开始，股票开始可以任意转让，购买了公司股票的人就具有了公司的股东资格，享有股东权。到1680年，此类公司在英国已达49家，这就要求用法律形式确认其独立的、固定的组织形式。在17世纪上半叶，英国就确认了公司作为独立法人的观点，从而使股份有限公司成为稳定的组织形式，股金成为长期投资。股东凭借公司制作的股票就享有股东权，领取股息。

我国最早发行股票是在20世纪30年代中期。1984年，北京的天桥百货股份有限公司成为中国的第一家股份制企业。随后，上海的飞乐公司、深圳的宝安公司相继发行了股票。1988年前后，在上海和深圳出现了地区性的股票交易。1990年，上海证券交易所、深圳证券交易所相继宣布开业，拉开了中国股票交易的序幕。

股票是一种有价证券，它是股份有限公司公开发行的、用以证明投资者的股东身份和权益，并据以获得股息和红利的凭证。股票一经发行，持有者即为发行股票的公司的股东，有权参与公司的决策，分享公司的利益，同时也要分担公司的责任和经营风险。股票一经认购，持有者不能以任何理由要求退还股本，只能通过证券市场将股票转让和出售。作为交易对象和抵押品，股票已成为金融市场上主要的、长期的信用工具。

二、股票的特征

股票作为一种投资工具，具有以下特征。

（一）收益性

收益性是股票最基本的特性，投资者持有股票的目的在于获得收益。股票的收益来源可以分为两类：一是来自股份公司。股东凭其持有的股票，有权从公司领取股息或红利，获取投资的收益。股息或红利的大小，主要取决于公司的盈利水平和公司的盈利分配政策。二是来自股票流通。投资者可以在证券交易所进行交易，通过低价买入、高价卖出股票，获得价差收入或实现资产保值增值。以美国可口可乐公司股票为例。如果在 1983 年 12 月投资 1 000 美元买入该公司股票，到 1994 年 7 月便能以 11 500 美元的市场价格卖出，赚取 10 倍多的利润。

（二）风险性

股票投资具有较高的投资收益率，也面临较大的风险。股票在交易市场上作为交易对象，同商品一样，有自己的市场行情和市场价格。由于股票价格要受到诸如公司经营状况、市场供求关系、银行利率、大众心理等多种因素的影响，其波动有很大的不确定性。正是这种不确定性，有可能使股票投资者遭受损失。价格波动的不确定性越大，投资风险也越大。

（三）流通性

股票的流通性是指股票在不同投资者之间的可交易性。由于股票的流通性，投资者可以在市场上卖出所持有的股票以取得现金，因此股票是一种流动性很强的流动资产，是一种重要的融资工具。

（四）参与性

参与性是指股票持有者有权参与公司重大决策的特性。股东有权出席股东大会，选举公司董事会，行使对公司经营决策的参与权。股票持有者的投资意志和享有的经济利益，通常是通过行使股东参与权来实现的。股东参与公司决策的权利大小，取决于其所持有股份的多少。

（五）不可偿还性

股票是一种无偿还期限的有价证券，投资者认购了股票后，就不能再要求退股，只能到二级市场卖给第三方。股票的转让只意味着公司股东的改变，并不减少公司资本。从期限上看，只要公司存在，它所发行的股票就存在，股票的期限等于公司存续的期限。

三、股票的种类

股票的品种很多，分类方法亦有差异。根据不同的分类方法，常见的股票种类有以下几种。

（一）根据股东承担的风险和享受的权利不同划分

根据股东承担的风险和享受的权利不同，可将股票分为普通股和优先股。

（1）普通股股票，是指每一股份对公司财产都拥有平等权益（即对股东享有的平等权利不加以特别限制），并能随股份有限公司利润的大小而分取相应股息的股票。

（2）优先股股票，是指由股份有限公司发行的、在分配公司收益和剩余资产方面比普通股股票具有优先权的股票。优先股股票是相对于普通股股票而言的。

（二）根据股票票面是否记载股东姓名划分

根据股票票面是否记载股东姓名，可将股票分为记名股票和无记名股票。

（1）记名股票，是在股票上记载股东的姓名，并将其记载于公司的股东名册上的股票。记名股票的特点是除持有者及其正式的委托代理人或合法继承人、受赠人外，任何人都不能行使股权。另外，记名股票不能任意转让。转让时，既要将受让人的姓名、住址分别记载于股票票面，还要在公司的股东名册上办理过户手续，否则转让不能生效。显然，这种股票有安全、不怕遗失的优点，但转让手续烦琐。记名股票若需要私自转让，如发生继承和赠予等行为时，必须在转让行为发生后立即办理过户手续等。

（2）无记名股票，是在股票上不记载股东姓名的股票。这种股票如果转让，通过交付即可生效。

（三）按股票有无票面金额划分

按股票是否有票面金额，可将股票分为面额股票和无面额股票。

（1）面额股票，是指在股票票面上标明金额的股票。面额股票给股票定了一个票面价值，这样就可以很容易地确定每一股份在该股份公司中所占的比例。例如，某股份公司发行1 000万元的股票，每股面额为1元，则每股代表着该公司净资产千万分之一的所有权。《中华人民共和国公司法》规定，股票发行价格可以按票面金额，也可以超过票面金额，但不得低于票面金额。这样一来，有面额股票的票面金额就成为股票发行价格的最低界限。

（2）无面额股票，是指在股票票面上不标明金额，只注明它是公司股本总额若干分之几的股票。其价值随公司财产的增减而增减。因此，无面额股票的内在价值总是处于变动状态。无面额股票最大的优点就是避免了公司实际资产与票面资产的背离，因为股票的面值往往是徒有虚名，人们关心的不是股票面值，而是股票价格。发行无面额股票对公司管理、财务核算、法律责任等方面的要求极高，因此只有在美国比较流行，有不少国家根本不允许发行。

（四）按投资主体划分

按照投资主体的不同，我国上市公司的股票可以分为国有股、法人股和社会公众股。

（1）国有股，指有权代表国家投资的部门或机构以国有资产向公司投资形成的股份，包括以公司现有国有资产折算成的股份。由于我国大部分股份制企业都是由原国有大中型企业改制而来的，因此，国有股在公司股权中占有较大的比重。

（2）法人股，指企业法人或具有法人资格的事业单位和社会团体以其依法可经营的资产向公司非上市流通股权部分投资所形成的股份。目前，在我国上市公司的股权结构中，法人股平均占20%左右。根据法人股认购的对象，可将法人股进一步分为境内发起法人股、外资法人股和募集法人股。

（3）社会公众股，是指我国境内的个人和机构，以其合法财产向公司可上市流通股权部分投资所形成的股份。我国国有股和法人股目前还不能上市交易。国家股东和法人股东要转让股权，可以在法律许可的范围内，经证券主管部门批准，与合格的机构投资者签订转让协议，一次性完成大宗股权的转移。由于国家股和法人股占总股本的比重平均超过70%，在大多数情况下，要取得一家上市公司的控股权，收购方需要从原国家股东和法人股东手中协议受让大宗股权。除少量公司职工股、内部职工股及转配股上市流通受一定限制外，绝大部分社会公众股都可以上市流通交易。

（五）按上市地点划分

按股票上市地点不同划分，我国上市公司的股票有A股、B股、H股、N股、S股及沪港通等的区分。这一区分主要依据股票的上市地点和所面对的投资者而定。

（1）A股。A股的正式名称是人民币普通股票，它是由我国境内的公司发行，供境内机构、组织或个人以人民币认购和交易的普通股股票。

（2）B股。B股的正式名称是人民币特种股票，它以人民币标明面值，以外币认购和买卖，在境内（上海、深圳）证券交易所上市交易。它的投资人限于外国的自然人、法人和其他组织，香港、澳门、台湾地区的自然人、法人和其他组织，定居在国外的中国公民，中国证监会规定的其他投资人。

（3）H股、N股及S股。H股即注册地在内地、上市地在香港的外资股。香港的英文是Hong Kong，取其首字母，在香港上市的外资股就叫作H股。依此类推，纽约的英文首字母是N，新加坡的英文首字母是S，在纽约和新加坡上市的股票就分别叫作N股和S股。

（4）沪港通。即沪港股票市场交易互联互通机制，指两地投资者委托上交所会员或者联交所参与者，通过上交所或者联交所在对方所在地设立的证券交易服务公司，买卖规定范围内的对方交易所上市股票。

2014年4月10日，中国证券监督管理委员会和香港证券及期货事务监察委员会发布《中国证券监督管理委员会　香港证券及期货事务监察委员会联合公告》，决定原则批准上海证券交易所（以下简称上交所）、香港联合交易所有限公司（以下简称联交所）、中国证券登记结算有限责任公司（以下简称中国结算）、香港中央结算有限公司（以下简称香港结算）开展沪港股票市场交易互联互通机制试点（以下简称沪港通）。

沪港通包括沪股通和港股通两部分。沪股通是指投资者委托联交所参与者，通过联交所证券交易服务公司，向上交所进行申报，买卖规定范围内的上交所上市股票。港股通是指投资者委托上交所会员，通过上交所证券交易服务公司，向联交所进行申报，买卖规定范围内的联交所上市股票。

中国结算、香港结算相互成为对方的结算参与人，为沪港通提供相应的结算服务。

证监会指出，沪港通总额度为 5 500 亿元人民币，参与港股通个人投资者资金账户余额应不低于人民币 50 万元。沪港通下的股票交易于 2014 年 11 月 17 日开始。

2016 年 12 月 5 日，深港通正式启动。

2019 年 6 月 17 日，沪伦通正式通航。

（六）按公司业绩划分

按公司业绩的好坏，可将股票分为绩优股和垃圾股。

（1）绩优股，就是业绩优良公司的股票。但对于绩优股的定义，国内外却有所不同。在我国，投资者衡量绩优股的主要指标是每股税后利润和净资产收益率。

一般而言，每股税后利润在全体上市公司中处于中上地位，公司上市后净资产收益率连续三年显著超过 10%的股票当属绩优股。

（2）垃圾股，指的是业绩较差的公司的股票。这类上市公司或者由于行业前景不好，或者由于经营不善等，有的甚至进入亏损行列。其股票在市场上的表现萎靡不振，股价走低，交投不活跃，年终分红也差。投资者在考虑选择这些股票时，要有比较高的风险意识，切忌盲目跟风投机。

任务二　股票的价值与价格

一、股票的价值

（一）股票的票面价值

股票的票面价值又称面值，即在股票票面上标明的金额。该种股票被称为有面额股票。股票的票面价值在初次发行时有一定的参考意义。例如，某公司发行股票的总面值为 5 000 万元，每股的票面价值为 1 元。那么，一股股票就代表该公司的五千万分之一。在我国，股票的票面价值统一规定为 1 元人民币。随着时间的推移，公司的净资产会发生变化，股票面值与每股净资产逐渐背离，与股票的投资价值之间也没有必然的联系。尽管如此，股票的票面价值代表了每一股份占总股份的比例，在确定股东权益时仍有一定的意义。在现代，股票的面值仅具有簿记方面的作用。

（二）股票的账面价值

股票的账面价值又称股票净值或每股净资产。在没有优先股的条件下，每股账面价值等于公司净资产除以发行在外的普通股票的股数。股票的账面价值又可称为股东权益，即公司总资产中属于股东所有的部分。公司净资产是公司资产总额减去负债总额后的净值，从会计角度说，等于股东权益价值。股票账面价值的高低，对股票交易价格有重要影响。

但是，通常情况下，股票账面价值并不等于股票价格。主要原因有两个：一是会计价值通常反映的是历史成本或者按某种规则计算的公允价值，并不等于公司资产的边际价格；二是账面价值并不反映公司的未来发展前景。

（三）股票的清算价值

股票的清算价值是公司清算时每一股份所代表的实际价值。从理论上说，股票的清算价值应与账面价值一致，但实际上并非如此。只有当清算时公司资产实际出售价款与财务报表上的账面价值一致时，每一股份的清算价值才与账面价值一致。但在公司清算时，其资产往往只能压低价格出售，再加上必要的清算费用，所以大多数公司的实际清算价值低于其账面价值。

（四）股票的内在价值

股票的内在价值即理论价值，也是股票未来收益的现值。股票的内在价值决定股票的市场价格，股票的市场价格总是围绕其内在价值波动。研究和发现股票的内在价值，并将内在价值与市场价格相比较，进而决定投资策略是证券研究人员、投资管理人员的主要任务。由于未来收益及市场利率的不确定性，各种价值模型计算出来的内在价值只是股票真实的内在价值的估计值。经济形势的变化、宏观经济政策的调整、供求关系的变化等都会影响上市公司未来的收益，引起股票内在价值的变化。

二、股票的价格

（一）股票的理论价格

股票的理论价格就是以一定的必要收益率计算出来的未来收入的现值，即为了获得这种股息、红利收入的请求权而付出的现值，是股息资本化的表现。

静态地看，股息收入与利息收入具有同样的意义。投资者是把资金投资于股票还是存于银行，这首先取决于哪一种投资的收益率高。按照等量资本获得等量收入的理论，如果股息率高于利息率，人们对股票的需求就会增加，股票价格就会上涨，股息率就会下降，一直降到股息率与市场利率大体一致为止。按照这种分析，可以得出股票的理论价格的计算公式：

$$\text{股票的理论价格}=\frac{\text{股息红利收益}}{\text{市场利率}}$$

（二）股票的市场价格

股票的市场价格即股票在股票市场上买卖的价格。股票市场可分为发行市场和流通市场，因而，股票的市场价格也就有发行价格和流通价格的区分。

1. 股票的发行价格

股票的发行价格就是股票发行公司与证券承销商议定的价格。股票的发行价格与票面面额通常是不相等的，发行价格的制定要考虑多种因素，如发行人业绩增长性、股票的股利分配、市场利率、证券市场的供求关系等。

2. 股票的流通价格

股票的流通价格即股票在流通市场上的价格，这个价格才是完全意义上的股票的市场价格，一般称为股票市价或股票行市。股票市价表现为开盘价、收盘价、最高价、最低价等形式。

（1）开盘价。开盘是指某种证券在证券交易所每个营业日的第一笔交易，第一笔交易的成交价即为当日开盘价。按上海证券交易所的规定，如果开市后半小时内某证券无成交，则以前一天的盘价为当日开盘价。有时某证券连续几天无成交，则由证券交易所根据客户对该证券买卖委托的价格走势提出指导价格，促使其成交后作为开盘价。首日上市买卖的证券经上市前一日柜台转让平均价或平均发售价为开盘价。

（2）收盘价。收盘价是指某种证券在证券交易所一天交易活动结束前最后一笔交易的成交价格。如果当日没有成交，则以最近一次的成交价格作为收盘价。因为收盘价是当日行情的标准，又是下一个交易日开盘价的依据，可据以预测未来证券市场行情，所以投资者分析行情时一般采用收盘价作为计算依据。

（3）最高价。最高价也称高值，是指某种证券当日交易中的最高成交价格。

（4）最低价。最低价也称低值，是指某种证券当日交易中的最低成交价格。

3. 股票的理论价格与市场价格的关系

股票的理论价格不等于股票的市场价格，两者甚至有相当大的差距。但是，股票的理论价格为预测股票市场价格的变动趋势提供了重要依据，也是股票市场价格形成的一个基础性因素。股票的市场价格每时每刻都处于变化中，价格高低受到经济、社会、心理因素的影响。当影响价值的因素发生变化时，股票的价值也要随之变化。当且仅当影响股票价格变动的因素同时也是影响股票价值的因素时，股票的价格才等于其价值，这种情形只有在强有效市场中才能出现。股票价格不等于价值是股市的常态。

（三）股票价格指数

股票指数是反映不同时期的股价变动情况的相对指标，本身就包含了股价平均数的计算，就一个较长的时期来说，股票指数比股价平均数能更为精确地衡量股价的变动。股票价格指数能及时、全面地反映市场上股票价格水平的变动，它的上涨和下跌，可以看出股票市场的趋势，能从一个侧面灵敏地反映一个国家经济、政治的发展情况。股票指数的作用，远远超过一般统计数字。因此，认真研究股票价格指数，对于投资者进行股票投资，对于投机者买卖股票获利，对于研究一个国家经济发展现状和趋势，都有很重要的参考价值和意义。

1. 上海证券交易所股价指数

目前，上海证券交易所股价指数系列包括四类十个指数。第一类，成分指数，包括上证 180 指数，其前身为上证 30 指数；第二类，综合指数，包括上证综合指数；第三类，分类指数，包括上证 A 股指数、上证 B 股指数、上证工业类指数、上证商业类指数、上证房地产业类指数、上证公用事业类指数、上证综合业类指数；第四类，基金指数，包括上证基金指数。以上指数中，上证综合指数最常用。

（1）上证综合指数。上证综合指数是上海证券交易所编制的，以上海证券交易所挂牌上市的全部股票为计算范围，以发行量为权数的加权综合股价指数。该指数自 1991 年 7

月15日起开始实时发布，基准日定为1990年12月19日，基日指数定为100点，1992年2月21日第一只B股上市后，又增设了上证A股指数和上证B股指数，分别反映全部A股和全部B股的股价走势。上证综合指数综合反映上交所全部A股、B股上市股票的股价走势。

上证综合指数的计算公式为：

$$本日股价指数=\frac{本日市价总值}{基期市价总值}\times 100$$

在遇到不同情况时，上述计算公式需作调整。

当股票增资扩股时，公式变为：

$$修正后本日股价指数=\frac{本日市价总值}{新基期市价总值}\times 100$$

$$新基期市价总值=\frac{修正前基期日市价总值\times（修正前市价总值+市价总值变动额）}{修正前市价总值}$$

上证综合指数的权数为上市公司的总股本。由于我国上市公司的股票有流通股和非流通股之分，其流通量与总股本并不一致，所以总股本较大的股票对股票指数的影响就较大，上证综合指数常常就成为机构大户造市的工具，使股票指数的走势与大部分股票的涨跌相背离。

（2）上证180指数。上证180指数（又称上证成分指数）是上海证券交易所对原上证30指数进行调整并更名而来的，其样本股是在所有A股股票中抽取的最具市场代表性的180种样本股票。采用上证180指数的目的是通过科学客观的方法挑选出最具代表性的样本股票，建立一个反映上海证券市场的概貌和运行状况、能够作为投资评价尺度及金融衍生产品基础的基准指数。

上证180指数选样的标准是股票在行业内有代表性、规模大和流动性好。具体选样步骤为：根据总市值、流通市值、成交金额和换手率对股票进行综合排名；按照各行业的流通市值比例分配样本只数；按照行业的样本分配只数，在行业内选取排名靠前的股票；对各行业选取的样本作进一步调整，使成分股总数为180家。在指数的权数及计算公式方面，上证成分指数采用派许加权综合价格指数公式计算，以样本股的调整股本数为权数。

（3）上证50指数。2004年1月2日，上证所发布上证50指数。上证所从上证180指数样本中挑选出规模大、流动性好的50只股票组成样本股，综合反映上海证券市场最具市场影响力的一批优质大盘股的整体状况，指数基日为2003年12月31日，基点为1 000点，采用派许加权方法计算。

国外及中国香港成熟市场上著名指数所选样本股的总流通市值和成交金额都较大，这是成分股选择中最基本和最核心的标准，也是样本股选择的主流标准。上证50指数正是从这两个角度来选择样本股的，反映了上证50指数编制方法的先进性和科学性。上证50指数依据样本稳定性和动态跟踪相结合的原则，每半年调整一次成分股，调整时间与上证180指数一致。每次调整的比例一般不超过10%。

2. 深圳证券交易所股价指数

（1）深证综合指数。深证综合指数全称是深圳证券交易所股票价格综合指数，由深圳证券交易所编制，是以深圳证券交易所挂牌上市的全部股票为计算范围，以发行量为权数的加权综合股价指数。该指数以 1991 年 4 月 3 日为基日，基日指数定为 100 点。深证综合指数综合反映深交所全部 A 股和 B 股上市股票的股价走势。此外，深圳证券交易所还编制了分别反映全部 A 股和全部 B 股股价走势的深证 A 股指数和深证 B 股指数。深证综合指数的计算公式为：

$$深证综合指数=\frac{现时采样股总市值}{基期采样股总市值}$$

为了方便工作，后来深证综合指数采用“每日连锁办法”计算，公式为：

$$今日即时指数=\frac{上一营业日收市指数\times 今日现时总市值}{上一营业日收市总市值}$$

（2）深证成分指数。深证成分指数是深圳证券交易所从上市的所有股票中抽取具有市场代表性的 40 家上市公司的股票作为计算对象，并以流通股为权数计算得出的加权股价指数，综合反映了深交所上市 A 股、B 股的股价走势。该指数以 1994 年 7 月 20 日为基日，基日指数定为 1 000 点。成分股指数于 1995 年 1 月 23 日开始试发布，1995 年 5 月 5 日正式启用。

成分指数计算公式为：

$$即日成分股指数=\frac{即日成分股可流通总市值}{基期成分股可流通总市值}$$

$$成分股可流通总市值=成分股可流通\,A\,股总市值+成分股可流通\,B\,股总市值$$

股票指数是指数投资组合市值的正比例函数，其涨跌幅度是这一投资组合的收益率。但在股票指数的计算中，并未将股票的交易成本扣除，故股民的实际收益将小于股票指数的涨跌幅度，股票指数的涨跌幅度是指数投资组合的最大投资收益率。

股票价格指数是反映股市行情变化的指示器，也是整个国民经济的“晴雨表”。

三、影响股票价格的因素

在自由竞价的股票市场中，股票的市场价格不断变动。引起股票价格变动的直接原因是供求关系的变化或者说是买卖方力量强弱的转换。根据供求规律，价格是供求对比的产物，同时也是恢复供求平衡的关键变量。在任何价位上，如果买方的意愿购买量超过此时卖方的意愿出售量，股价将会上涨；反之，股价就会下跌。

分析股价变动的因素，就是要梳理影响供求关系变化的深层次原因，可以将其分为影响股价的基本因素及其他因素。

（一）影响股价的基本因素

宏观经济和证券市场运行状况、行业前景以及公司经营状况是影响投资者对将来股价的预期，从而影响当前买卖决策并最终导致当前股价变化的最主要原因。在证券分析中，我们通常把这三类因素统称为基本因素，对这些因素的分析称为基本分析或基本面分析。在投资实践中，投资者既可以遵循公司、行业、市场的先后顺序逐一分析，也可将这个顺序颠倒过来，前者称为自下而上的分析，后者称为自上而下的分析。

1. 公司经营状况

股份公司的经营现状和未来发展是股票价格的基石。从理论上分析，公司经营状况与股票价格正相关，公司经营状况好，股价上升；反之，股价下跌。公司经营状况的好坏，可以从以下各项来分析：

（1）公司治理水平与管理层质量。公司治理包括决定公司经营的若干制度性因素，其重点在于监督和制衡，良好的公司治理结构与治理实践对公司的长期稳定经营具有至关重要的作用。

（2）公司竞争力。在任何时期、任何行业，具有竞争力的公司股票通常更容易得到投资者的认可；反之，缺乏竞争力的公司股票价格会下跌。最常用的公司竞争力分析框架是SWOT分析，它从公司经营中存在的竞争优势（Strength）、竞争劣势（Weakness）、机会（Opportunity）和威胁（Threat）这四个方面进行分析。对具体公司而言，竞争力分析的侧重点各不相同，但通常会包括市场占有情况、产品线完整程度、创新能力、财务健全性等。

（3）财务状况。会计报表是描述公司经营状况的一种相对客观的工具，分析公司财务状况，重点在于研究公司的盈利性、安全性和流动性。

1）盈利性。公司盈利水平的高低及未来的发展趋势是股东权益的基本决定因素，通常把盈利水平高的公司股票称为绩优股，把未来盈利增长趋势强劲的公司股票称为高增长型股票，它们在股票市场上通常会有较好的表现。

衡量盈利性最常用的指标是每股收益和净资产收益率。

每股收益等于公司净利润除以发行在外的普通股总股数，即每股普通股所获得的净利润。在其他条件不变的情况下，每股收益越高，股价就越高。

例 2-1 公司甲和公司乙的股本均为 8 000 万元，流通在外的普通股均为 8 000 万股，且当年实现的净利润均为 4 000 万元，则：

甲、乙公司的每股收益＝4 000÷8 000＝0.50（元/股）

净资产收益率也称为股本收益率，等于公司净利润除以净资产，它反映了公司自有资本的获利水平。

例 2-2 接例 2-1，公司甲的净资产（股东权益）为 30 000 万元，公司乙的净资产（股东权益）为 40 000 万元。则：

公司甲的净资产收益率＝4 000÷30 000＝13.33%

公司乙的净资产收益率＝4 000÷40 000＝10%

从例 2-2 中可以看出，公司甲比公司乙的净资产收益率低，换句话说，公司乙比公司甲资本获利能力低，这从每股收益上是看不出来的。因为每股收益是分析利润的绝对量，而净资产收益率是分析利润的相对量，所以衡量公司的盈利性通常要把每股收益和净资产收益率结合起来进行判断。

在证券市场实践中，除了分析每股收益和净资产收益率之外，通常还需要考察盈利的构成以及持续性等因素。通常，稳定持久的主营业务利润比其他一次性或偶然的收入，如资产重估与资产处置、财政补贴、会计政策变更等，更值得投资者重视。

2）安全性。公司的财务安全性主要是指公司偿还债务从而避免破产的特性，通常用公司的负债与公司资产和资本金相联系来衡量公司的财务稳健性或安全性。这类指标同时也反映了公司自有资本与总资产之间的杠杆关系，因此也称为杠杆比率。除此之外，财务安全性分析往往还涉及债务担保比率、长期债务比率、短期财务比率等指标。

3）流动性。公司资金链状况也是影响经营的重要因素，流动性强的公司抗风险能力较强，尤其在经济处于低迷时期，这一类公司的股票往往会有较好的表现；反之，流动性脆弱的公司，一旦资金链断裂，很容易陷入技术性破产。

（4）公司改组或合并。公司改组或合并有多种情况，有的是为了扩大规模、增强竞争能力而改组或合并，有的是为了消灭竞争对手，有的是为了控股，也有的是为操纵市场而进行恶意兼并。公司改组或合并总会引起股价剧烈波动，但要分析此举对公司的长期发展是否有利，改组或合并后是否能够改善公司的经营状况，这是决定股价变动方向的重要因素。

2. 行业与部门因素

股票市场中，经常能观察到某一行业（如有色金属、装备制造、商业零售、房地产）或者板块（如金融、能源）的股票在特定时期表现出齐涨共跌的特征，这说明在这些股票中存在着某种行业性或产业性的共同影响因素，对这些因素的分析称为行业/部门分析。

3. 宏观经济与政策因素

宏观经济发展水平和状况是影响股票价格的重要因素。宏观经济影响股票价格的特点是波及范围广、干扰程度深、作用机制复杂和股价波动幅度较大。

（1）经济增长。一个国家或地区的社会经济是否能持续稳定地保持一定的发展速度，是股票价格能否稳定上升的重要影响因素。当一国或地区的经济运行态势良好，一般来说，大多数企业的经营状况也较好，它们的股票价格会上升；反之，股票价格会下降。

（2）经济周期循环。社会经济运行经常表现为扩张与收缩的周期性交替，每个周期一般都要经过高涨、衰退、萧条、复苏四个阶段，即所谓的景气循环。经济周期循环对股票市场的影响非常显著，可以说，景气变动从根本上决定了股票价格的长期变动趋势。

股票价格的变动通常比实际经济的繁荣或衰退领先一步，即在经济高涨后期股价已率先下跌；在经济尚未全面复苏之际，股价已先行上涨，因此，股票价格水平已成为经济周期变动的灵敏信号或先导性指标。

（3）货币政策。中央银行的货币政策对股票价格有直接的影响。货币政策是政府重要的宏观经济政策，中央银行通常采用存款准备金制度、再贴现政策、公开市场业务等货币政策手段调控货币供应量，从而实现发展经济、稳定货币等政策目标。中央银行放松银根、增加货币供应，资金面较为宽松，大量游资需要新的投资机会，股票成为理想的投资对象。一旦资金进入股市，引起对股票需求的增加，立即促使股价上升。反之，中央银行收紧银根，减少货币供应，资金普遍吃紧，流入股市资金减少，加上企业抛出持有的股票以获取现金，使股票市场的需求减少，交易萎缩，股价下跌。

（4）财政政策。财政政策也是政府的重要宏观经济政策。财政政策对股票价格的影响有四个方面：第一，通过扩大财政赤字、发行国债筹集资金，增加财政支出，刺激经济发展；或者是通过增加财政盈余或降低赤字，减少财政支出，抑制经济增长，调整社会经济发展速度，改变企业生产的外部环境，进而影响企业利润水平和股息派发。第二，通过调节税率影响企业利润和股息。提高税率，企业税负增加，税后利润下降，股息减少；反之，企业税后利润和股息增加。第三，干预资本市场各类交易适用的税率，如利息税、资本利得税、印花税等，直接影响市场交易和价格。第四，国债发行量会改变证券市场的证券供应和资金需求，从而间接影响股票价格。

（5）市场利率。市场利率变化通过以下途径影响股票价格：1）利率提高，利息负担加重，负有债务的公司净利润和股息相应减少，股票价格下降；利率下降，利息负担减轻，公司净盈利和股息增加，股票价格上升。2）利率提高，其他投资工具收益相应增加，一部分资金会流向储蓄、债券等其他收益固定的金融工具，对股票需求减少，股价下降；利率下降，对固定收益证券的需求减少，资金流向股票市场，对股票的需求增加，股票价格上升。3）利率提高，一部分投资者要负担较高的利息才能借到所需资金进行证券投资。如果允许进行信用交易，买空者的融资成本相应提高，投资者会减少融资和对股票的需求，股票价格下降。利率下降，投资者能以较低利率借到所需资金，增加融资和对股票的需求，股票价格上涨。

（6）通货膨胀。通货膨胀对股票价格的影响较复杂，它既有刺激股票市场的作用，又有抑制股票市场的作用。通货膨胀是因货币供应过多造成货币贬值、物价上涨。在通货膨胀之初，公司会因产品价格的提升和存货的增值而增加利润，从而增加可以分派的股息，并使股票价格上涨。在物价上涨时，股票实际股息收入下降，股份公司为股东利益着想，会增加股息派发，使股息名义收入有所增加，也会促使股价上涨。通货膨胀给其他收益固定的证券带来了不可回避的通货膨胀风险，投资者为了保值，增加购买收益不固定的股票，对股票的需求增加，股价也会上涨。但是，当通货膨胀严重、物价居高不下时，企业因原材料、工资、费用、利息等各项支出增加，使得利润减少，引起股价下降。严重的通货膨胀会使社会经济秩序紊乱，使企业无法正常地开展经营活动，同时政府也会采取治理通货膨胀的紧缩政策和相应的措施，此时对股票价格的负面影响更大。

（二）影响股价的其他因素

1. 政治因素及其他不可抗力

政治因素对股票价格的影响很大，往往很难预料，主要有以下几方面：

（1）战争。战争是最有影响力的政治因素。战争会破坏社会生产力，使经济发展停滞、生产凋敝、收入减少、利润下降。特别是全面的、长期的战争，会使股票市场受到致命打击，股票价格会长期低迷。

（2）政权更迭、领袖更替等政治事件。这些事件的爆发都会影响社会安定，进而影响投资者的心理状态和投资行为，引起股票市场的涨跌变化。

（3）政府重大经济政策的出台、社会经济发展规划的制定、重要法规的颁布等，这些会影响投资者对社会经济发展前景的预期，从而也会引起股票价格变动。

（4）国际社会政治、经济的变化。随着世界经济一体化的进程，国家之间、地区之间的政治、经济关系更趋密切，加之先进通信工具的运用，国际关系的细微变化都可能引起各国股市发生敏感的联动。

（5）因发生不可预料和不可抵抗的自然灾害或不幸事件，给公司带来重大财产损失而又得不到相应赔偿，股价也会下跌。

2. 心理因素

投资者的心理变化对股价变动影响很大。当大多数投资者对股市持观望态度时，市场交易量就会减少，股价往往呈现盘整格局。股票市场中的中小投资者由于信息不灵，缺乏必要的专业知识和投资技巧，往往有严重的盲从心理，而有的人就利用这一盲从心理故意制造假象、渲染气氛，诱使中小投资者在股价上涨时盲目追涨，或者股价下跌时恐慌抛售，从而加重了股价涨跌的程度。

3. 稳定市场的政策与制度安排

为保证证券市场的稳定，各国的证券监管机构和证券交易所会制定相应的政策措施和作出一定的制度安排。例如，证券交易所根据需要，可以对出现重大异常交易情况的证券账户限制交易。有的证券交易所对每日股票价格的涨跌幅度有一定限制，即涨跌停板规定，使股价的涨跌大大平缓。另外，当股票市场投机过度或出现严重违法行为时，证券监督管理机构也会采取一定的措施以平抑股价波动。

4. 人为操纵因素

人为操纵往往会引起股票价格短期的剧烈波动。因大多数投资者不明真相，操纵者乘机浑水摸鱼、非法牟利。人为操纵违背公开、公平、公正的原则，会影响股票市场的健康发展，一经查明，操纵者会受到行政处罚或法律制裁。

任务三　股票投资收益的计算

一、与股票投资收益相关的概念

（一）股利政策

股利政策是指股份公司对公司经营获得的盈余公积和应付利润采取现金分红或派息、发放红股等方式回馈股东的制度与政策。

股利政策体现了公司的发展战略和经营思路，稳定的且可预测的股利政策有利于股东利益最大化，是股份公司稳健经营的重要指标。获取经常性收入是投资者购买股票的重要原因之一，分红派息是股票投资者经常性收入的主要来源。

从理论上说，不管公司盈利前景如何好，如果一家上市公司永远不分红，那它的股票将毫无价值。

1. 现金股利

现金股利是指股份公司以现金分红方式将盈余公积和当期应付利润的部分或全部发放给股东，股东为此应支付所得税。我国对个人投资者获取上市公司现金分红使用的利息税率为20%，目前减半征收。机构投资者由于本身需要缴纳所得税，为避免双重税负，在获取现金分红时不需要缴税。现金股利的发放致使股份公司的资产和股东权益减少同等数额，导致股份公司现金流出，是真正的股利。稳定的现金股利政策对公司现金流管理有较高的要求，通常将那些经营业绩较好、具有稳定且较高的现金股利支付的公司股票称为蓝筹股。

2. 股票股利

股票股利是指股份公司对原有股东无偿派发的股票。送股时，将上市公司的留存收益转入股本账户，留存收益包括盈余公积和未分配利润，现在的上市公司一般只将未分配利润部分送股。送股实质上是留存利润的凝固化和资本化，表面上看，送股后，股东持有的股份数量因此而增长，其实股东在公司里占有的权益份额和价值均无变化。投资者获上市公司送股时也需缴纳所得税。

3. 资本公积金转增股本

资本公积金是在公司的生产经营之外，由资本、资产本身及其他原因形成的股东权益收入。

股份公司的资本公积金，主要来源于股票发行的溢价收入、接受的赠与、资产增值、因合并而接受其他公司资产净额等。其中，股票发行溢价是上市公司最常见、最主要的资本公积金来源。资本公积金转增股本是指在股东权益内部，把公积金转到“实收资本”或者“股本”账户，并按照投资者所持有公司的股份额比例的大小分到各个投资者的账户中，以此增加每个投资者的投资资本。资本公积金转增股本同样会增加投资者持有的股份数量，但实质上，它不属于利润分配行为，因此投资者无需纳税。

4. 四个重要日期

（1）股利宣布日，即公司董事会将分红派息的消息公布于众的时间。

（2）股权登记日，即统计和确认参加本期股利分配的股东的日期，在此日期持有公司股票的股东方能享受股利发放。

（3）除息除权日，通常为股权登记日之后的1个工作日，本日之后（含本日）买入的股票不再享有本期股利。

（4）派发日，即股利正式发放给股东的日期。

（二）股票分割与合并

1. 股票分割

股票分割又称股票拆细或拆股，即将原来的一股分为若干股。股票拆细并没有改变资本总额，只是增加了股票总量和股权总数。当公司利润增多或股票价格上涨后，投资者购入每手股票所需的资金增多，股票的市场交易就会发生困难。在这种情况下，就可以将股票分割，即采取分割股票的方式来降低单位股票的价格，以争取更多的投资者，扩大市场交易量。

股票分割对公司的资本结构不会产生任何影响，一般只会使发行在外的股票总数增加，资产负债表中股东权益各账户（股本、资本公积、留存收益）的余额都保持不变，股东权益的总额也保持不变。

例2－3 吴先生拥有1 000股甲公司的股票，当甲公司将其股票分割为5∶4后，吴先生原有的1 000股股票便会变为：

$$1\ 000\times\frac{5}{4}=1\ 250\text{（股）}$$

如果1股股票原先价格是60元，那么分割后的价格为：

$$60\times\frac{4}{5}=48\text{（元）}$$

在股票未分割前，其总市值是1 000×60=60 000元；分割后，其总市值是1 250×48=60 000元，股票的总市值还是一样的。

2. 股票合并

股票合并即将若干股股票合并成较少的几股或一股。股票合并一般在股票面值过低时采用。公司实行股票合并主要出于如下原因：公司资本减少、公司合并或股票市值由于供应减少而回升。

例2-4 李女士拥有1 500股乙公司的股票，当乙公司将其股票合并为1∶2后，李女士原有的1 500股股票便会变为：

$$1\,500\times\frac{1}{2}=750\text{（股）}$$

如果一股股票原先价格是10元，那么反向分割（合并）后的价格为：

$$10\times\frac{2}{1}=20\text{（元）}$$

在股票未合并前，其总市值是1 500×10=15 000元；合并后，其总市值是750×20=15 000元，股票的总市值还是一样的。

3. 股票分割与合并对股价的影响

从理论上说，不论是分割还是合并，并不影响股东权益的数量及占公司总股权的比重，因此，也应该不会影响调整后股价。

但是股票分割会在短时间内使公司股票每股市价降低，买卖该股票所必需的资金量减少，易于增加该股票在投资者之间的换手，并且可以使更多的资金实力有限的潜在股东变成持股的股东。因此，股票分割可以促进股票的流通和交易。股票合并后，流动性可能提高，估值上调，股价上升。

（三）增发、配股、转增股本与股份回购

1. 增发

增发指公司因业务发展需要增加资本额而发行新股。上市公司可以向公众公开增发，也可以向少数特定机构或个人增发。增发之后，公司注册资本相应增加。增资之后，若会计期内增量资本未能产生相应效益，将导致每股收益下降，称为稀释效应，会造成股价下跌。从另一个角度看，若增发价值高于增发前每股净资产，则增发后可能会导致公司每股净资产增厚，有利于股价上涨。再者，增发总体上增加了发行在外的股票总量，短期内增加了股票供给，若无相应需求增长，股价可能下跌。

2. 配股

配股是指面向原有股东，按持股数量的一定比例增发新股。原股东可以放弃配股权。现实中，由于配股价通常低于市场价格，配股上市之后可能导致股价下跌。在实践中我们

经常发现，对那些业绩优良、财务结构健全、具有发展潜力的公司而言，增发和配股意味着将增加公司经营实力，会给股东带来更多回报，股价不仅不会下跌还可能会上涨。

3. 转增股本

转增股本是指将原本股东权益的资本公积转为实收资本，股东权益总量和每位股东占公司的股份比例均未发生任何变化，唯一的变动是发行在外的总股数增加了。

4. 股份回购

上市公司利用自有资金，从公开市场上买回发行在外的股票，称为股份回购。我国《公司法》第142条规定，公司不得收购本公司股份，但是有下列情形之一的除外：减少公司注册资本；与持有本公司股份的其他公司合并；将股份奖励给本公司职工；股东因对股东大会作出的公司合并、分立决议持异议，要求公司收购其股份的。通常，股份回购会导致公司股价上涨。原因主要包括：首先，股份回购改变了原有供求平衡，增加需求，减少供给；其次，公司通常在股价较低时实施回购行为，而市场一般认为公司基于信息优势作出的内部估值比外部投资者的估值更准确，从而向市场传达了积极的信息。

二、股票投资收益的构成及计算

（一）股票投资收益的构成

股票投资收益是投资者投资行为的报酬。一般情况下，股票投资收益主要有两大类：一类是货币收益；另一类是非货币收益。

1. 货币收益

货币收益是投资者购买股票后在一定时期内获得的货币收入。它由两部分组成：获得股利和资本利得。股利是指股票投资者以股东身份，按照持股的份额，在公司盈利分配中得到的相应的收益，包括股息、现金红利和红股等。在我国的一些上市公司中，有时还可得到一些其他形式的收入，如配股权证的转让收入等。股票收益大部分来自股票价格变动引起的资本利得，即将股票低价买进、高价卖出所得到的差价收益。

2. 非货币收益

非货币收益的形式多种多样。例如，投资者购买股票成为股东后，可以参加公司的股东大会，查阅公司的有关数据资料，获取更多的有关公司的信息，在一定程度上参与公司的经营决策，在公司重大决策中有一定的表决权，这在一定程度上可满足投资者的参与感；大额投资者购买一定比例的公司股票后，可以进入公司的董事会，可以影响甚至决定公司的经营活动。

（二）股票投资收益率及计算

任何一项投资，投资者最为关心的就是收益率，收益率越高，获利越多；收益率越低，获利越少。投资者正是通过收益率的对比，来选择最有利的投资方式的。

股票投资收益率指投资于股票所获得的收益总额与原始投资额的比率。股票之所以得到投资者的青睐，是因为购买股票所带来的收益。股票投资收益率的计算公式为：

$$股票投资收益率=\frac{收益额}{原始投资额}\times 100\%$$

其中：

收益额＝收回投资额＋全部股利－（原始投资额＋全部佣金＋税款）

衡量股票投资收益水平的指标主要有股票最终收益率、持有期回收率和持有期收益率等。

若股票未卖出，收益额即为股利，此时计算的收益率为股票持有期回收率；若股票已卖出，按照上述公式计算的收益率为股票最终收益率；若继续持有股票，按照上述公式计算的收益率为持有期收益率。

例 2－5 张先生于 2019 年 8 月 15 日在证券二级市场购买了甲公司股票 1 000 股，每股买入价格是 8 元。张先生在持有期间获得股息分配，每 10 股派现金 1 元，并于 2020 年 8 月 15 日全部卖出，每股卖出价格是 10 元，卖出股票时需缴纳证券印花税 0.1%，请计算张先生的股票收益率。（佣金忽略不计）

收益额＝收回投资额＋全部股利－（原始投资额＋全部佣金＋税款）

$$=1\,000\times10+100-(8\times1\,000+1\,000\times10\times0.1\%)=2\,090\text{（元）}$$

$$\text{股票投资收益率}=\frac{\text{收益额}}{\text{原始投资额}}\times100\%$$

$$=\frac{2\,090}{8\,000}\times100\%=26.125\%$$

例 2－6 百盛公司 2020 年 1 月 5 日买进 1 000 股兄弟公司股票，每股 12 元。2020 年 3 月 31 日分得股息 800 元。2020 年 7 月 5 日，股票价格为 15 元。百盛公司准备继续持有。若卖出时印花税为 0.1%，目前百盛公司股票持有期回报率是多少？股票持有期投资收益率是多少？（佣金忽略不计）

$$\text{股票持有期回报率}=800\div12\,000=6.67\%$$

$$\text{股票持有期投资收益率}=[800+(15-12)\times1\,000-15\times1\,000\times0.1\%]\div12\,000=31.54\%$$

项目小结

1. 股票是一种有价证券，它是股份有限公司公开发行的、用以证明投资者的股东身份和权益，并据以获得股息和红利的凭证。

2. 股票作为一种投资工具，具有收益性、风险性、流通性、参与性、不可偿还性等特征。

3. 根据股东承担的风险和享受的权利不同，可将股票分为普通股和优先股；根据股票票面是否记载股东姓名，可将股票分为记名股票和无记名股票；按股票是否有票面金额，可将股票分为面额股票和无面额股票；按照投资主体划分，我国上市公司的股票可以分为国有股、法人股和社会公众股；按股票上市地点划分，我国上市公司的股票有 A 股、B 股、H 股、N 股、S 股及沪港通等的区分；按公司业绩好坏，可将股票分为绩优股和垃圾股。

4. 股利政策是指股份公司对公司经营获得的盈余公积和应付利润采取现金分红或派息、发放红股等方式回馈股东的制度与政策。

5. 股票的价值包括股票的票面价值、股票的账面价值、股票的清算价值、股票的内在价值（即理论价值）。

6. 股票的价格包括股票的理论价格及股票的市场价格。

7. 股票指数是反映不同时期的股价变动情况的相对指标，本身就包含了股价平均数的计算，就一个较长的时期来说，股票指数比股价平均数能更为精确地衡量股价的变动。

8. 股票投资收益是投资者投资行为的报酬。一般情况下，股票投资收益主要有两大类：一类是货币收益；另一类是非货币收益。

9. 宏观经济和证券市场运行状况、行业前景以及公司经营状况是影响投资者对将来股价的预期的基本因素。

课后习题

一、名词解释

1. 股票　2. 优先股　3. 股权登记日　4. 开盘价　5. 市盈率　6. 股票收益率　7. 股票指数

二、单项选择题

1.（　　）是股票最基本的特征。

A. 风险性　　B. 收益性　　C. 流动性　　D. 参与性

2. 股票按照股东享有权利的不同，可以分为（　　）。

A. A 股与 B 股　　B. 普通股票与优先股票

C. 有面额股票与无面额股票　　D. 记名股票与无记名股票

3. 无面额股票的价值与公司净资产价值（　　）。

A. 同方向变化　　B. 反方向变化　　C. 相等　　D. 无关

4. 在我国，股票的票面价值统一规定为（　　）元人民币。

A. 1　　B. 100　　C. 1 000　　D. 50

5. 在股票票面上标明的金额，是股票的（　　）。

A. 票面价值　　B. 账面价值　　C. 清算价值　　D. 内在价值

6. 股票的发行价格高于面值，称为（　　）。

A. 平价发行　　B. 折价发行　　C. 溢价发行　　D. 市价发行

7. 每股股票的账面价值是以公司（　　）除以发行在外的普通股票股数求得的。

A. 总股本　　B. 总资产　　C. 净资产　　D. 净利润

8. 清算价值是公司清算时每一股份所代表的（　　）。

A. 票面价值　　B. 账面价值　　C. 内在价值　　D. 实际价值

9. 股票的理论价值是（　　）。

A. 票面价值　　B. 账面价值　　C. 清算价值　　D. 内在价值

10. 引起股票价格变动的直接原因是（　　）。

A. 股票的理论价值　　B. 股票的净值
C. 供求关系变化　　D. 宏观政策

三、多项选择题

1. 下列关于股票的描述，正确的有（　　）。
A. 股票是一种有价证券
B. 股票是股份有限公司发行的凭证
C. 股票是证明投资者股东身份的凭证
D. 股票发行人定期支付利息并到期偿付本金

2. 股票具有的特征有（　　）。
A. 收益性　B. 风险性　C. 流动性　D. 参与性
E. 不可偿还性

3. 按公司业绩分类，可将股票分为（　　）。
A. 绩优股　B. 普通股　C. 优先股　D. 垃圾股

4. 股票投资的收益来源于（　　）。
A. 公司分红　B. 买卖差价　C. 股息收入　D. 国家补贴

5. 按股东享有的权利不同，股票可分为（　　）。
A. 普通股票　B. 优先股票　C. 记名股票　D. 无记名股票

6. 优先股的优先权主要表现在（　　）。
A. 认股权　　B. 分配剩余资产
C. 分配公司收益　　D. 公司经营表决权

7. 有面额股票具有的特点是（　　）。
A. 明确表示每一股所代表的股权比例
B. 为股票发行价格的确定提供依据
C. 转让相对方便
D. 安全性较好

8. 影响股票市场价格的因素主要包括（　　）。
A. 公司经营状况　　B. 政治因素
C. 宏观经济因素　　D. 心理因素

9. 股票市价表现为（　　）等形式。
A. 开盘价　B. 收盘价　C. 最高价　D. 最低价

四、判断题

1. 股票一经认购，持有者不能以任何理由要求退还股本，只能通过证券市场将股票转让和出售。（　　）

2. 股票一经发行，持有者即为发行股票的公司的股东，有权分享公司的利益，不能参与公司的决策。（　　）

3. 股票的风险性是指股票持有人有权参与公司重大决策的特征。（　　）

4. 股票有不同的分法，按照股东权利的不同，可以分为普通股票和优先股票。（　　）

5. 所谓记名股票，是指在股票票面上记载股东姓名的股票。（　　）

6. 在我国，股票发行价格可以按票面金额发行，也可以超过票面金额发行，还可以低于票面金额发行。 （ ）

7. 多数公司的实际清算价值总是高于账面价值。 （ ）

8. 股票的市场价格主要由股票的内在价值所决定，同时也受许多其他因素的影响，其中最直接的影响因素是心理因素。 （ ）

9. 我国现行的股票按投资主体不同，分为国家股、法人股、社会公众股和外资股等类型。 （ ）

10. 股票价格指数是反映股市行情变化的指示器，也是整个国民经济的“晴雨表”。

（ ）

五、简答题

1. 简述股票的特征。

2. 简述股票的分类。

3. 简述股票的价值。

4. 简述影响股价的因素。

六、计算题

石油公司总股本为 10 000 万元，流通在外的普通股为 10 000 万元，2019 年石油公司净利润为 5 000 万元，石油公司净资产为 40 000 万元。

张太太 2020 年 2 月 6 日购入石油公司股票 2 000 股，每股购入价格为 55 元。3 月 31 日，收到石油公司发放的股利 3 300 元，当天股票收盘价格为每股 56 元。4 月 1 日，石油公司将其股票分割为 2∶1，当日该股票收盘价为 30 元。张太太打算继续持有石油公司的股票。卖出股票时需缴纳证券印花税 0.1%（佣金忽略不计）。

1. 石油公司每股收益和净资产收益率是多少？

2. 到 2020 年 3 月 31 日，张太太的股票持有期回报率是多少？持有期投资收益率是多少？

3. 2020 年 4 月 1 日，张太太拥有多少股石油股票？与前一个交易日相比，张太太股票市值变化了多少？

实训任务

散户炒股亏损

近日，媒体披露了上海证券交易所关于 A 股投资者近三年半长期收益的一组大数据，首次揭示了中国散户投资者的交易行为特征。上海证券交易所数据显示，在 2016 年 1 月至 2019 年 6 月期间，A 股个人投资者，无论是账户在 10 万以下的“小散”，还是资金在千万级别以上的“牛散”，单账户平均年度收益均为负值，只有机构投资者（含公司法人投资者）在此统计区间内实现了单账户的平均年化正收益。

上海证券交易所的统计数据显示，2016 年 1 月至 2019 年 6 月期间，市值 10 万元以下的散户，单账户平均年化收益为－2 457 元，择时收益为－774 元，选股收益为－1 532 元，交易成本为 151 元。

市值在10万～50万元的散户，近三年平均年化收益为−6 601元，择时收益为−3 018元，选股收益为−2 433元，交易成本为1 140元。

市值在50万～300万的散户，单账户平均年化收益为−30 443元，择时收益为−15 558元，选股收益为−10 171元，交易成本为4 714元。

市值在300万元以上的散户平均下来同样亏钱。市值在300万～1 000万元的散户平均年化收益为−164 503元，择时收益为−80 767元，选股收益为−65 269元，交易成本为18 466元。

市值在1 000万元以上的超级“牛散”，近三年平均年化收益为−89 890元，择时收益为−411 584元，选股收益为402 271元，交易成本为80 577元。

但数据显示，机构投资者近三年平均年化收益为1 344.77万元，择时收益为−417.69万元，选股收益为1 807.48万元，交易成本为45.03万元。此外，公司法人投资者近三年的平均年化收益为2 344.09万元，择时收益为−1 476.64万元，选股收益为3 824.46万元，交易成本为37 361元。

上交所统计数据提示了两大市场推论：

1. 专业人做专业事

机构投资者平均收益明显高于个人投资者平均收益。这正是为什么一直强调A股必须加速“去散户化”的重要原因。

2. 长期投资与价值投资是规避风险的最佳策略

个人投资者、机构投资者、公司法人投资者在统计区间内依靠择时均未能实现盈利，仅有机构投资者和公司法人投资者依靠选股实现了正收益。这充分证明了“择时”难于“选股”的命题，因为市场涨跌是难以掌控的；同时它也证明了“选股”重于“择时”，因为股票的好坏优劣是可以判断的，正确选股要比准确择时更容易实现。因此，成熟市场强调长期投资和价值投资的重要性。

资料来源：董登新．散户炒股亏损的真实原因．(2020-08-06)[2021-07-06]. https://www.sohu.com/a/411689604_126158.

思考：

1. 影响股票价格的因素有哪些？

2. 股票的投资风险有哪些？

项目三
基本证券——债券

学习目标

1. 理解债券的概念。
2. 了解债券的特征与类型。
3. 理解影响债券价格的因素。
4. 理解债券指数的含义。
5. 掌握如何计算债券投资收益。

引入案例

中国进出口银行发行2020年第六期及增发2019年第九期和2020年第七期金融债券主要发行要素

序号	债券代码	期限	新发/增发	品种	票面利率	发行量	招标时间	本计息期起息日	缴款日	分销期	上市日	到期日	招标方式
1	200306	1年	新发	固息	竞标确认	不超过30亿元	2020-3-27 10:00-11:10	2020-3-30	2020-3-30	2020-3-27至2020-3-30	2020-4-1	2021-3-30	荷兰式
2	190309	2年	第六次增发	固息	2.90%	不超过40亿元	2020-3-27 10:00-11:10	2019-12-23	2020-3-30	2020-3-27至2020-3-30	2020-4-1	2021-12-23	荷兰式
3	200307	7年	第五次增发	固息	3.26%	首场不超过40亿元，追加场不超过20亿元	2020-3-27 首场：10:00-11:10 追加场：如确认追加，首场确认后20分钟	2020-2-24	2020-3-30	2020-3-27至2020-3-30	2020-4-1	2027-2-24	荷兰式

资料来源：中国进出口银行金融债券发行说明。

思考：什么是债券？债券的基本要素有哪些？债券有哪些种类？

任务一　认识债券

一、债券的概念和票面要素

（一）债券的概念

最早的债券形式就是在奴隶制时代产生的公债券。据文献记载，希腊和罗马在公元前4世纪就开始出现国家向商人、高利贷者和寺院借债的情况。进入封建社会之后，公债得到进一步的发展，许多封建主、帝王和共和国每当遇到财政困难特别是发生战争时，便发行公债。12世纪末期，在当时经济最发达的意大利城市佛罗伦萨，政府曾向金融业者募集公债。其后，热那亚、威尼斯等城市相继仿效。15世纪末16世纪初，随着美洲新大陆被发现，欧洲和印度之间的航路开通，贸易范围进一步扩大。

19世纪40—50年代，由政府担保的铁路债券迅速增长，有力地推动了美国的铁路建设。19世纪末到20世纪，欧美资本主义各国相继进入垄断阶段，为确保原料来源和产品市场，建立和巩固殖民统治，加速资本的积聚和集中，股份公司发行大量的公司债，并不断创造出新的债券种类，这样就组建形成了今天多品种、多样化的债券体系。

1949年新中国成立以后，我国国债发行基本上分为两个阶段：20世纪50年代是第一阶段；20世纪80年代以来是第二阶段。

20世纪50年代，我国发行过两种国债：一种是1950年发行的人民胜利折实公债；另一种是1954—1958年发行的国家经济建设公债。我国进入第一个“五年计划”建设时期以后，为了加速国家经济建设，中央人民政府决定于1954年开始连续发行建设公债，一共发行了五次，发行对象是社会各阶层人士。在20世纪60年代和70年代，我国停止发行国债。

进入20世纪80年代以后，中央政府于1981年恢复发行国债。1981—1994年，面向个人发行的国债一直只有无记名国库券一种。1994年，我国面向个人发行的债券品种从单一型（无记名国库券）逐步转向多样型（凭证式国债和记账式国债等）。随着2000年国家发行的最后一期实物券（1997年3年期债券）全面到期，无记名国债宣告退出国债发行市场。1997年亚洲金融危机爆发后，我国出现有效需求不足和通货紧缩的现象，在这种特殊背景下，为扩大内需，我国政府连续7年实施积极的财政政策，增发国债。这一时期的国债主要采取凭证式国债形式。2006年，财政部研究推出新的储蓄债券品种——储蓄国债（电子式）。

债券是一种有价证券，是社会各类经济主体为筹集资金而向债券投资者出具的、承诺按一定利率定期支付利息并到期偿还本金的债权债务凭证。债券所规定的资金借贷双方的权责关系主要有：第一，所借贷货币资金的数额；第二，借贷的时间；第三，在借贷时间内的资金成本或应有的补偿（即债券的利息）。

债券所规定的借贷双方的权利义务关系包含四个方面的内容：第一，发行者是借入资金的经济主体；第二，投资者是出借资金的经济主体；第三，发行者必须在约定的时间付息还本；第四，债券反映了发行者和投资者之间的债权债务关系，而且是这一关系的法律凭证。

（二）债券的票面要素

债券一般以一定格式的票面形式来表现。通常，债券票面有四个基本要素。

1. 票面价值

债券的票面价值是债券票面上表明的货币价值，是债券发行人承诺在债券到期日偿还给债券持有人的金额。债券的面值包括两个基本要素：面值的币种和面值的大小。

2. 债券的到期期限

债券发行之日起到偿清本息之日止的时间，也是债券发行人承诺履行合同义务的全部时间。债券的到期期限短则几个月，长则几十年。

3. 债券的票面利率

债券的票面利率也称名义利率，是债券年利息与债券票面价值的比值，用百分数表示。形式有单利、复利和贴现利率等。影响债券票面利率的因素包括借贷资金市场利率水平、债券发行者的资信、债券期限的长短。

4. 债券发行者名称

债券发行者是债券的债务主体，这一要素明确了债券发行人对债权人偿还本息的义务，也为债权人到期追索本息提供了依据。

以上要素虽然是基本要素，但是所有要素不一定都体现在票面上，可能会以公告形式公布利率、偿还期限等重要因素。票面也可能包括其他因素，如还本付息方式、资金的用途等。

二、债券的特征

从投资者的角度看，债券具有以下四个特征。

（一）偿还性（返还性）

偿还性（返还性）指债券必须规定到期期限，由债务人按期向债权人支付利息并偿还本金。当然，也曾有过例外，如无期公债或永久性公债。这种公债不规定到期时间，债权人也不能要求清偿，只能按期支取利息。历史上，只有英国、法国等少数几个国家在战争期间为筹措军费而采用过。

（二）流动性

流动性指债券能够迅速转变为货币而又不会在价值上蒙受损失的一种能力。一般来说，如果一种债券在持有期内不能任意转换为货币，或者在转换成货币时需要付出较高的成本，如较高的交易成本或较大的资本损失，这种债券的流动性就较低。高流动性的债券一般具有两个特点：一是发行人具有及时履行各种义务的信誉；二是偿还期短，市场利率的上升只能轻微地减少其价值。

（三）安全性

债券的安全性是相对于债券价格下跌的风险性而言的。一般来说，具有高流动性的债券其安全性也较高。导致债券价格下跌的风险有两类：一是信用风险，指债务人不能按时支付利息和偿还本金的风险。这主要与发行者的资信情况和经营状况有关。发行者的信用等级高，信用风险就小。信用风险对于任何一个投资者来说都是存在的。二是市场风险，指债券的市场价格因市场利率上升而跌落的风险。债券的市场价格与利率呈反方向变化。市场利率上升，债券价格下降；市场利率下降，债券价格上升。债券的有效期（指到期之前的时期）越长，债券价格受市场利率波动的影响越大；随着债券到期日的临近，债券价格便趋近于票面价值。

（四）收益性

债券的收益性是指投资者在持有期内根据债券的规定，取得稳定的利息收入；投资者通过在市场上买卖债券，获得资本收益。这一点主要是通过对市场利率的预期来实现的。

债券的偿还性、流动性、安全性与收益性之间存在着一定的矛盾。一种债券，很难同时具备以上四个特征。如果某种债券流动性强、安全性高，人们便会争相购买，于是该种债券价格上涨、收益率降低；反之，如果某种债券的风险大、流动性差，购买者减少，债券价格低，其收益率相对提高。对于投资者来说，可以根据自己的投资目的和财务状况，对债券进行合理选择和组合。

三、债券的类型

在债券的发展历程中出现过许多不同品种的债券，各种债券共同构成了一个完整的债券体系。下面主要介绍几种常见的债券分类方式。

（一）按照发行主体划分

按照发行主体划分，债券可以分为政府债券、金融债券、公司债券和国际债券。

1. 政府债券

政府债券是政府为筹集资金而发行的债券，主要包括国债、地方政府债券等。

（1）国债，即国家债券的简称，是指由中央政府发行的债券。政府发行国债的主要目的是解决由政府投资的公共设施或重点建设项目的资金需要和弥补国家财政赤字。国债因其信誉好、利率优、风险小而被称为“金边债券”。国债是最主要的政府债券。国债的分类很多，下面介绍两种主要分类方法。

1）按偿还期限不同，国债可分为定期国债和不定期国债。

定期国债是指国家发行的、严格规定有还本付息期限的国债。

不定期国债是指国家发行的、不规定还本付息期限的国债。这类国债的持有人可按期获得利息，但没有要求清偿债务的权利。如英国曾发行的永久性国债即属此类。

2）从债券形式来看，我国发行的国债可分为凭证式国债、无记名（实物）国债、储蓄国债和记账式国债四种。

凭证式国债不能上市流通，从购买之日起计息。在持有期内，持有人如遇特殊情况需要提取现金，可以到购买网点提前兑取。提前兑取时，除偿还本金外，利息按实际持有天数及相应的利率档次计算，经办机构按兑付本金的1‰收取手续费。

无记名（实物）国债是一种实物债券，以实物券的形式记录债权，面值不等，不记名，不挂失，可上市流通。发行期内，投资者可直接在销售国债机构的柜台购买。在证券交易所设立账户的投资者，可委托证券公司通过交易系统申购。发行期结束后，实物券持有者可在柜台卖出，也可将实物券交证券交易所托管，再通过交易系统卖出。无记名（实物）国债现在已停止发行。

储蓄国债（也称电子式国债）是政府面向个人投资者发行，以吸收个人储蓄资金为目的，满足长期储蓄性投资需求的不可流通记名国债品种。电子储蓄国债就是以电子方式记录债权的储蓄国债品种。

记账式国债以记账形式记录债权，由财政部发行，通过证券交易所的交易系统发行和交易，可以记名、挂失、上市转让。投资者进行记账式国债买卖，必须在证券交易所设立账户。由于记账式国债的发行和交易均无纸化，所以效率高、成本低、交易安全。

（2）地方政府债券，即由各级地方政府发行的债券。除了政府部门直接发行的债券外，有些国家把政府担保的债券也划归为政府债券体系，称为政府保证债券。这种债券由一些与政府有直接关系的公司或金融机构发行，并由政府提供担保。

2. 金融债券

金融债券是由银行和非银行金融机构发行的债券。在我国，目前金融债券主要由国家开发银行、进出口银行等政策性银行发行。金融机构一般有雄厚的资金实力，信用度较高，因此金融债券往往有良好的信誉。它们发行债券的目的主要有：筹资用于某种特殊用途；改变本身的资产负债结构。

近年来，我国金融债券市场发展较快，金融债券品种不断增加，主要有以下几种：

（1）中央银行票据，简称央票，是央行为调节基础货币而向金融机构发行的票据，是一种重要的货币政策工具，期限为3个月。央行票据与金融市场各发债主体发行的债券有根本性的区别：各发债主体发行的债券是一种筹集资金的手段，其目的是筹集资金，即增加可用资金；中央银行发行的央行票据是中央银行调节基础货币的一种货币政策工具，目的是减少商业银行可贷资金量。商业银行在支付认购央行票据的款项后，其直接结果就是可贷资金量的减少。

（2）政策性金融债券，是政策性银行在银行间债券市场发行的金融债券。政策性金融债券的主要发行主体包括国家开发银行、中国农业发展银行、中国进出口银行三大政策性银行。2004年以前，国家开发银行和中国进出口银行是政策性金融债券唯一的两家发行人，其中又以国家开发银行为主要发行体，发行量占整个政策性金融债券发行量的90%以上。2004年以后，中国农业发展银行正式恢复政策性金融债券的发行业务。

政策性金融债券推出的券种按期限分有3个月、6个月、1年期、2年期、3年期、5年期、7年期、10年期、20年期、30年期。按性质分，有浮动利率债券、固定利率债券、投资人选择权债券、发行人选择权债券及增发债券等。

2014年1月7日，上海证券交易所集中竞价交易系统迎来首批国开债的上市，包括个人在内的各类社会公众投资者均可参与交易。政策性金融债券首度登陆证券交易所，意味着我国债券市场互联正继续有序深化。

（3）商业银行次级债券。我国商业银行次级债券是指根据《商业银行次级债券发行管理办法》的规定，由商业银行发行的、本金和利息的清偿顺序列于商业银行其他负债之后、先于商业银行股权资本的债券。次级债券在银行间债券市场发行，其投资人范围包括银行间债券市场的所有投资人。次级债券发行结束后，经人民银行批准可在银行间债券市场上市交易。由于次级债券可计入银行附属资本，并且相对于发行股票补充资本的方式来说，发行次级债程序相对简单、周期短，是一种快捷、可持续的补充资本金的方式。特别对于那些刚刚发行新股或未满足发行新股条件的商业银行而言，如果急需扩大资本金来捕捉新的业务机会，通常会倾向于先发行次级债。如果投资者判断整个商业环境较好，企业及个人贷款需求旺盛，银行能够顺利发行数额可观的次级债扩大资金规模是偏利好新闻。不过，次级债的风险和利率成本一般都会高于银行发行的其他债券。

（4）混合资本债券，属于混合型证券，是针对《巴塞尔协议》对于混合资本工具的要求而设计的一种债券形式，所募资金可计入银行附属资本。商业银行可通过发行一定额度的混合资本债券，来填补现有附属资本不足核心资本100%的差额部分。《巴塞尔协议》按照资本质量及弥补损失的能力，将商业银行的资本划分为一级资本、二级资本和三级资本，其中二级资本又可以分为低二级资本和高二级资本。混合资本债券（混合资本工具）就是属于二级资本中的高二级资本。与次级债券相比，混合资本债券具有较高的资本属性，当银行倒闭或清算时，其清偿顺序列于次级债券之后、先于股权资本。混合资本债券的期限要求在15年以上，且10年内不得赎回，10年后银行有一次赎回权，但需得到监管部门的批准。

（5）证券公司债券，是指证券公司依法发行的、约定在一定期限内还本付息的有价证券。不包括证券公司发行的可转换债券和次级债券。证监会依法对证券公司债券的发行和转让行为进行监督。2004年10月，中国证监会和中国银监会、中国人民银行制定并发布《证券公司短期融资券管理办法》。证券公司短期融资券是指证券公司以短期融资为目的，在银行间债券市场发行的约定在一定期限内还本付息的金融债券。

（6）保险公司次级债券，指保险公司经批准定向募集的，期限在5年以上（含5年），本金和利息的清偿顺序列于保单责任和其他负债之后、先于保险公司股权资本的保险公司债务。目前在中国，保险公司补充资本金的渠道非常有限，除中国人保、中国人寿和中国平安集团通过海外上市筹集部分资本金之外，其他公司只能通过现有股东增资、吸引外资等私募方式扩充资本金。这些方式都存在时间长、成本高的问题，融资难已经成为制约中国保险业发展的一个主要问题。在评估保险公司偿付能力时，各国监管部门都按照一定的标准将次级债认可为附属资本。中国保监会依法对保险公司次级定期债券的定向募集、转让、还本付息和信息披露行为进行监督管理。与商业银行次级债券不同的是，按照《保险公司次级定期债务管理暂行办法》的规定，保险公司次级债券的偿还只有在确保偿还次级债本息后偿付能力充足率不低于100%的前提下，募集人才能偿付本息；并且，募集人在无法按时支付利息或偿还本金时，债权人无权向法院申请对募集人实施破产清偿。

（7）财务公司债券。为满足企业集团发展过程中财务公司充分发挥金融服务功能的需要，为改变财务公司资金来源单一的现状，满足其调整资产负债期限结构和化解金融风险的需要，同时也为了增加银行间债券市场的品种、扩大市场规模，2007年7月，中国银监会下发《企业集团财务公司发行金融债券有关问题的通知》，明确规定企业集团财务公司发行债券的条件和程序，并允许财务公司在银行间债券市场发行财务公司债券。

3. 公司债券

公司债券是企业依照法定程序发行，约定在一定期限内还本付息的债券。公司债券的发行主体是股份公司，但有些国家也允许非股份制的企业发行债券，所以在归类时，一般将公司债券和企业发行的债券合在一起，可直接称为公司（企业）债券。按债券可否提前赎回，公司债券可分为可提前赎回债券和不可提前赎回债券。如果公司在债券到期前有权定期或随时购回全部或部分债券，这种债券就称为可提前赎回公司债券；反之，则是不可提前赎回公司债券。

4. 国际债券

国际债券是一国政府、金融机构、工商企业或国家组织为筹措和融通资金，在国外金融市场上发行的，以外国货币为面值的债券。由于国际债券的发行者与发行地点不属同一国家，因此其发行者与投资者分属于不同的国家。国际债券主要分为以下几种：

（1）外国债券，是指某一国家借款人在本国以外的某一国家发行的以该国货币为面值的债券。它的特点是债券发行人属于一个国家，债券的面值货币和发行市场则属于另一个国家。外国债券是传统的国际债券，已存在几个世纪，它的发行必须经发行地所在国政府的批准，并受该国金融法令的管辖。例如，在美国发行的外国债券称为扬基债券，它是由非美国发行人在美国债券市场发行的吸收美元资金的债券。在日本发行的外国债券称为武士债券，它是由非日本发行人在日本债券市场发行的以日元为面值的债券。

（2）欧洲债券，是指一国发行人或国际机构，同时在两个或两个以上的外国债券市场上，以发行国货币以外的一种可自由兑换的货币特别是提款或欧洲货币单位发行的债券。欧洲债券是欧洲货币市场三种主要业务之一，因此它的发行无需任何国家金融法令的管辖。

（3）亚洲债券，是指用亚洲国家货币定值，并在亚洲地区发行和交易的债券。亚洲债券的供给方大都来自亚洲经济体，而其需求方则来自包括亚洲各经济体在内的全球投资者。亚洲债券市场就是亚洲债券发行、交易和流通的市场。作为以亚洲地区为主的区域性债券市场，亚洲债券市场的发展已日益成为亚洲各经济体特别是东亚经济体加强区域金融合作的重要内容。

（二）按照付息方式划分

按照付息方式的不同，债券可以分为零息债券、定息债券、浮息债券。

1. 零息债券

零息债券也叫贴现债券，是指券面上不附息票，发行时按规定的折扣率以低于票面金额的价格发行，到期按债券面额偿还本金的债券。其发行价格与债券面额的差价即为利息。从利息支付方式来看，贴现债券以低于面额的价格发行，可以看作是利息预付，因而又可称为利息预付债券、贴水债券。

2. 定息债券

定息债券也叫固定利率债券，是将利率印在票面上并按其向债券持有人支付利息的债券。该利率在债券存续期间不随市场利率的变化而调整，因而这种债券可以较好地抵制通货紧缩风险。

3. 浮息债券

浮息债券的息票率随市场利率变动而调整，其利率通常根据市场基准利率加上一定的利差来确定。因为浮息债券的利率同当前市场利率挂钩，而当前市场利率又考虑到了通货膨胀率的影响，所以浮息债券可以较好地抵制通货膨胀风险。浮息债券往往是中长期债券。

（三）按照形态划分

按照债券形态的不同，可分为实物债券、凭证式债券、记账式债券。

1. 实物债券

实物债券是一种具有标准格式实物券面的债券。在其券面上，一般印制了债券面额、债券利率、债券期限、债券发行人全称、还本付息方式等各种债券票面要素。我国曾发行的无记名国债就属于实物债券，它以实物券的形式记录债权、面值等，不记名，不挂失，可上市流通。

2. 凭证式债券

此处以凭证式国债为例。凭证式国债是指国家采取不印刷实物券，而用填制“国库券收款凭证”的方式发行的国债。我国从 1994 年开始发行凭证式国债。凭证式国债具有类似储蓄又优于储蓄的特点，通常被称为“储蓄式国债”，是以储蓄为目的的个人投资者理想的投资方式。我国近几年通过银行系统发行的凭证式国债，券面上不印制票面金额（而是根据认购者的认购额填写实际的缴款金额），是一种国家储蓄债，可记名、挂失，以“凭证式国债收款凭证”记录债权，不能上市流通，从购买之日起计息。

3. 记账式债券

记账式债券指没有实物形态的票券，以电脑记账方式记录债权，通过证券交易所的交易系统发行和交易的债券。我国近几年通过沪、深交易所的交易系统发行和交易的记账式国债就是这方面的实例。如果投资者进行记账式债券的买卖，就必须在证券交易所设立账户。记账式国债又称无纸化国债，由于其发行和交易均采用无纸化，所以交易效率高、成本低、流动性强，是未来债券发展的趋势。

（四）按照是否有财产担保划分

根据有无抵押担保，可分为信用债券、抵押债券和担保债券。

1. 信用债券

信用债券又称无抵押担保债券，是指既无抵押品做抵押，又无担保人做担保，完全凭信用发行的债券。政府债券属于此类债券，这种债券由于其发行人的绝对信用而具有坚实的可靠性。除此之外，一些公司也可发行这种债券，即信用公司债，但发行这种债券的公司往往受到种种限制，只有那些信誉卓著、资金雄厚的大公司才有资格发行。

2. 抵押债券

抵押债券是指以发行者的不动产或有关证券作为抵押而发行的债券。它包括两种：一种是抵押不动产债券；另一种是以其他债券或股票等有价证券作为抵押品而发行的债券。一旦债券发行人违约，信托人就可将抵押品进行变卖处置，以保证债权人的优先求偿权。

3. 担保债券

担保债券是指以第三方担保偿还本息而发行的债券。这种债券的担保人，一般是银行或非银行金融机构。到期后，债券发行人不能偿还债务时，债权人有权向担保人追索。

（五）按照计息方式分类

按照计息方式分类，债券可以分为附息债券、贴现债券、单利债券和累进利率债券。

1. 附息债券

附息债券是指债券券面上附有各种息票的债券。息票上标明利息额、支付利息的期限和债券号码等内容。息票一般以 6 个月为一期。债券到期时，持有人从债券上剪下息票并据此领取利息。由于息票到期时可获得利息收入，因此附息债券被看作是一种可以流通、转让的金融工具，也叫复利债券。

2. 贴现债券

贴现债券亦称贴水债券，是指券面上不附有息票，发行时按规定的折扣率以低于票面价值的价格出售，到期按票面价值偿还本金的一种债券。贴现债券的发行价格与票面价值的差价即为贴现债券的利息。

3. 单利债券

单利债券是指债券利息的计算采用单利计算方法，即按本金只计算一次利息，利不能生利。计息公式为：

利息＝债券面额×年利率×期限

4. 累进利率债券

累进利率债券是指债券的利率按照债券的期限分为不同的等级，每一个时间段按相应利率计付利息，然后将几个分段的利息相加，便可得出该债券总的利息收入。

（六）按照偿还期限分类

按照偿还期限划分，债券可以分为短期债券、中期债券、长期债券。

1. 短期债券

偿还期限在 1 年以下（含 1 年）的为短期债券。

2. 中期债券

偿还期限在 1 年或 1 年以上、10 年以下（包括 10 年）的为中期债券。

3. 长期债券

一般来说，偿还期限在 10 年以上的为长期债券。

值得注意的是，我国企业债券的期限划分与上述标准有所不同。在我国，偿还期限在 1 年以内的为短期企业债券，偿还期限在 1 年以上 5 年以下的为中期企业债券，偿还期限在 5 年以上的为长期企业债券。

任务二 债券的价值与价格

一、债券价值的计算

债券价值是指进行债券投资时，投资者预期可获得的现金流入的现值。收入的资本化定价方法认为，资产的内在价值等于投资者投资的资产获得预期现金收入的现在价值。债券的现金流入主要包括利息和到期收回的本金或出售时获得的现金两部分。当债券的购买价格低于债券价值时，才值得购买。

为了方便计算债券价值，假定债券不存在信用风险，也不考虑通货膨胀对债券收益的影响，从而对债券的估价可以集中于时间的影响上；在确定债券内在价值时，需要估计预期货币收入和投资者要求的适当收益率或必要收益率。债券的必要收益率一般是比照具有相同风险程度和偿还期限的债券的收益率得出的。

（一）计算公式

根据上述分析，债券的价值主要由两部分组成，用公式表示为：

债券价值＝未来各期利息收入的现值合计＋未来到期本金或售价的现值

其中，未来的现金流入包括利息、到期的本金（面值）或售价（未持有至到期）；计算现值时的折现率为等风险投资的必要收益率。

（二）计算步骤

（1）计算各期的利息现值并加总得利息现值总和；

（2）计算债券到期所收回本金的现值；

（3）将上述两者相加。

（三）一次还本付息债券的价值计算

对于一次还本付息的债券来说，其预期货币收入是期末一次性支付的利息和本金。如果一次性还本付息债券按单利计息、单利贴现，其内在价值决定公式为：

$$P=M(1+i\times n)/(1+r\times n)$$

式中：P——债券的内在价值；

M——票面价值；

i——每期利率；

n——剩余期数；

r——必要收益率。

上述公式的分子代表最终的货币收入，为资本利得（卖出价格与买入价格之差）与利息收入之和。

例 3-1 某债券票面金额为 1 000 元，年利率为 10%，投资者期望必要收益率为 12%，投资期为 5 年，按单利计息、单利贴现，计算该债券的内在价值。

$$P=1\,000\times(1+10\%\times 5)/(1+12\%\times 5)=937.5\ （元）$$

该债券的内在价值为 937.5 元，投资者以该价格购入该债券，5 年后将获得 1 500 元收入，且必要收益率为 12%。该债券票面收入为 62.5 元，利息收入为 500 元。

二、影响债券价值的因素

（一）影响债券价值的内部因素

内部因素是指债券本身的因素，债券自身有六个方面的基本特性影响着其定价。

1. 期限

一般来说，债券的期限越长，其市场变动的可能性就越大，其价格的易变性也就越大，投资价值越低。

2. 票面利率

债券票面利率越高，债券利息收入就越高，债券收益也越高。发行时，市场利率越高，票面利率就越高；债券期限越长，票面利率就越高；发行者信用水平越高，票面利率就越低；债券的流动性越高，票面利率就越低。

债券的票面利率越低，债券价格的易变性也就越大。在市场利率提高的时候，票面利率较低的债券的价格下降较快。但是，当市场利率下降时，它们增值的潜力也较大。

3. 提前赎回条款

提前赎回条款是债券发行人所拥有的一种选择权，它允许债券发行人在债券发行一段时间以后，按约定的赎回价格在债券到期前部分或全部偿还债务。这种规定在财务上对发行人是有利的，因为发行人可以发行利率较低的债券取代那些利率较高的被赎回的债券，从而减少融资成本。而对于投资者来说，提前赎回使其再投资机会受到限制，再投资利率也较低，这种风险是要补偿的。因此，具有较高提前赎回可能性的债券应具有较高的票面利率，也应具有较高的到期收益率，其内在价值也就较低。

4. 税收待遇

一般来说，免税债券的到期收益率比类似的应纳税债券的到期收益率低。此外，税收还以其他方式影响着债券的价格和收益率。例如，任何一种按折扣方式出售的低利率附息债券提供的收益有两种形式：息票利息和资本收益。在美国，这两种收入都被当作普通收入进行征税，但是对于后者的征税可以推迟到债券出售或到期时才进行。这种推迟就表明大额折价债券具有一定的税收利益。在其他条件相同的情况下，这种债券的税前收益率必然略低于高利附息债券，也就是说，低利附息债券比高利附息债券的内在价值要高。

5. 流通性

流通性是指债券可以迅速出售而不会发生实际价格损失的能力。如果某种债券按市价卖出很困难，持有者会因该债券的市场性差而遭受损失，这种损失包括较高的交易成本以及资本损失，这种风险也必须在债券的定价中得到补偿。因此，流通性好的债券与流通性差的债券相比，具有较高的内在价值。

6. 债券的信用等级

债券的信用等级是指债券发行人按期履行合约规定的义务、足额支付利息和本金的可靠性程度，又称信用风险或违约风险。除政府债券以外，一般债券都有信用风险，只不过风险大小有所不同而已。信用等级越低的债券，投资者要求的到期收益率就越高，债券的内在价值也就越低。

（二）影响债券价值的外部因素

1. 基础利率

基础利率是债券定价过程中必须考虑的一个重要因素。在证券的投资价值分析中，基础利率一般是指无风险债券利率。政府债券可以看作是现实中的无风险债券，它的风险最小，收益率也最低。一般来说，银行利率应用广泛，债券的收益率也可参照银行存款利率来确定。

2. 市场利率

市场利率风险是各种债券都面临的风险。市场利率的变动与债券价格的变动呈反向关系，在市场总体利率水平上升时，债券的收益率水平也应上升，从而使债券的内在价值降低；在市场总体利率水平下降时，债券的收益率水平也应下降，从而使债券的内在价值增加。并且，市场利率风险与债券的期限相关，债券的期限越长，其价格的利率敏感度也就越大。

3. 市场供求、货币政策和财政政策

市场供求、货币政策和财政政策会对债券价格产生影响，从而影响投资者购买债券的成本，因此市场供求、货币政策和财政政策也是我们考虑投资收益时不可忽略的因素。

4. 其他因素

影响债券定价的外部因素还有通货膨胀水平及外汇汇率风险等。通货膨胀的存在可能会使投资者从债券投资中实现的收益不足以抵补由于通货膨胀而造成的购买力损失。当投资者投资于某种外币债券时，汇率的变化会使投资者的未来本币收入受到贬值损失。这些损失的可能性也都必须在债券的定价中得到体现，使其债券的到期收益率增加，债券的内在价值降低。

上面介绍了影响债券投资价值的内部因素和外部因素，关键是能判断这些因素和债券投资价值的关系。

三、债券的价格

（一）债券的转让价格

债券的转让价格，一般是指在二级市场上非交易所里进行的债券买卖和流通中，债券还没有到期、投资者就想收回本金时的卖出价格。债券投资者在买卖债券时通常根据各自对收益率的要求来确定买卖债券价格。卖出时，投资者一般根据市场收益率计算债券的卖出价格。转让价格的计算公式为：

$$\text{转让价格}=\frac{\text{债券到期价值}}{1+\text{市场收益率}\times\text{待偿期}}$$

例 3-2 甲投资者在 2021 年 1 月 1 日购买票面金额为 1 000 元的公司债券，期限一年，利率为 10%，持有半年后卖出，待偿期为半年，假设乙投资者愿意接受 10% 的年收益率，则：

债券到期价值为：$1\,000\times(1+10\%)=1\,100$（元）

转让价格为：$\frac{1\ 100}{1+10\%\times0.5}=1\ 047.60$（元）

若市场利率提高到12%，则转让价格为：$\frac{1\ 100}{1+12\%\times0.5}=1\ 037.70$（元）

若市场利率降低到8%，则转让价格为：$\frac{1\ 100}{1+8\%\times0.5}=1\ 057.70$（元）

（二）债券的交易价格

1. 债券交易价格的定义

债券的交易价格是指投资者在买卖债券时其实际市场价格水平。债券的交易价格反映在行情表上有开盘价、收盘价、最高价和最低价。一天的交易中，最高的成交价为最高价，最低的成交价为最低价；当天开市的第一笔交易价为开盘价，闭市前的最后一笔交易价为收盘价。计算收益率时要用到的是收盘价，其他列出来的价格是供分析价格走势用的。

2. 影响债券交易价格的因素

债券的交易价格也是在多种因素的影响下不断变动的，其中主要的有7个方面因素：

(1) 市场利率水平。市场利率上升，表明信贷紧缩，用于债券的投资减少，将导致债券价格下跌；市场利率下降，表明信贷放松，用于债券的投资增加，从而使债券价格上涨。

(2) 物价水平。当物价上涨的速度轻快或通货膨胀率较高时，人们出于保值的考虑，一般会投资于房地产、黄金、外汇等可以保值的领域，从而引起资金供应的不足，导致债券价格下跌；反之，债券价格上涨。

(3) 经济发展。当经济趋向繁荣时，资金需求量扩大，造成市场利率上升，债券价格下降；当经济走向衰退时，资金需求量减少，造成市场利率下降，债券价格上升。

(4) 企业的资信程度。债券信用评级大多是企业债券信用评级，即对具有独立法人资格的企业所发行的某一特定债券，按期还本付息的可靠程度进行评估，并标示其信用程度的等级。这种信用评级，是为投资者购买债券和证券市场债券的流通转让活动提供信息服务。发行者资信程度高，其债券的风险就小，因而价格就高；而资信程度低，其债券价格就低。所以在债券市场上，对于其他条件相同的债券，国债的价格一般要高于金融债券，而金融债券的价格一般又要高于企业债券。

(5) 新债券的发行量。倘若新上市的债券发行量过大，而可用于债券投资的新增资金又相对较小，那么市场的供求平衡将被破坏，供给大于需求，债券价格也将下跌。

(6) 汇率变动。汇率变动表明某种货币升值或贬值。当某种货币升值时，投资者便会购买以该种货币标价的债券，导致债券价格上升；当某种货币贬值时，投资者便会抛售以该种货币标价的债券，导致债券价格下跌。

(7) 投机操纵。在债券交易中，人们总是想方设法地赚取差价，而一些实力较为雄厚的机构大户就会利用手中的资金或债券进行技术操作，如拉抬或打压债券价格从而引起债券价格的变动。

（三）债券指数

债券指数是反映债券市场价格总体走势的指标体系。和股票指数一样，债券指数是一个比值，其数值反映了当前市场的平均价格相对于基期市场平均价格的位置。

债券指数是一国债券财富水平的集中体现，是一国债券市场发展程度的基本标志。债券指数可以用来进行市场分析研究和市场预测。投资人可以通过对静态与实时债券指数走势图线进行一定的技术分析，预测未来债券市场整体的变化趋势。

目前，国内市场上的债券指数众多，有公开数据可查、编制规则较为透明的包括沪深债券指数、中债债券指数、中信标普债券指数、中证债券指数、新华富时债券指数以及新华巴克莱资本中国债券指数等。其中，中债债券指数、中信标普债券指数、中证债券指数在业内的知名度较高，使用较为频繁。

总体来看，中债债券指数体系的产品数量最多，中证债券指数体系次之，中信标普债券指数体系最少；三者的指数产品都覆盖了交易所市场债券、银行间市场债券及跨市场债券，但在指数加权方式、成分券取价规则上各有区别。

任务三　债券的投资收益

一、债券投资收益的概念

债券投资收益是指投资者投资债券所获得的回报。债券投资收益可以表现为三个方面：一是利息收入，即投资债券可以给投资者定期或不定期地带来利息收入；二是资本损益，即投资者可以利用债券价格的变动，买卖债券赚取差额；三是再投资收益，即由投资者投资所得或利润导致的所有者权益的增加额。

二、债券收益率的计算方法

投资债券，投资者最关心的就是债券收益。为了精确衡量债券收益，一般使用债券收益率这个指标。债券收益率是债券收益与其投入本金的比率，通常用年率表示。债券收益率的计算方法主要有票面收益率、直接收益率、持有期收益率、到期收益率等。

（一）票面收益率

票面收益率又被称为面值收益率，它是指利息收入与票面额的比率，在数值上等同于票面利率。显然，票面收益率假设债券的购买价值等同于面额，并且没有考虑其他的收益来源，因而票面收益率只能是收益率的最简单衡量，并不能说明债券的投资价值。票面收益率的计算公式为：

$$\text{票面收益率}=\frac{\text{每年的利息收入}}{\text{债券面值}}\times 100\%$$

票面收益率只适用于投资者按照票面金额买入债券并持有到期满时按票面金额收回本金这种情况，没有考虑到买入价格可能与票面金额不一致，也没有考虑到未将债券持有到期而中途卖出的可能。因此，票面收益率并不能够真实地反映债券投资的收益。

（二）直接收益率

直接收益率，即只要考虑债券利息收入的收益率。

直接收益率是指债券的年利息收入与买入债券的实际价格的比率。计算公式为：

$$直接收益率=\frac{债券面额\times每年的利息收入}{买入价}\times 100\%$$

直接收益率度量的是债券年利息收益与购买价格的百分比，可反映每单位投资能够获得的债券年利息收益，但不反映每单位投资的资本损益。

例 3-3 张小姐以 800 元的价格买入面额为 1 000 元、票面利率为 10%、剩余期限为 6 年的债券，请计算其直接收益率。

$$直接收益率=1\ 000\times 10\%\div 800\times 100\%=12.5\%$$

（三）持有期收益率

由于人们在债券持有期内可以在市场进行买卖，因此，债券收益不同于债券利息，债券收益除利息收入外，还包括买卖盈亏差价。

持有期收益率是指从买入债券到卖出债券期间所获得的年平均收益（包括当期发生的利息收益和资本利得）与买入债券的实际价格的比率。其计算公式为：

$$持有期收益率=\frac{出售价格-购入价格+持有期间总利息}{购入价格\times持有期间}\times 100\%$$

持有期收益率度量的是持有债券期间的收益占购买价格的百分比，反映每单位投资能够获得的全部收益。

例 3-4 赵先生于 2021 年 1 月 1 日以 102 元的价格购买了一张面值为 100 元、利率为 10%、每年 1 月 1 日支付利息的 2017 年发行的 5 年期国债，并打算持有到 2022 年 1 月 1 日到期，请计算购买者收益率和出售者收益率。

$$购买者收益率=(100+100\times 10\%-102)\div(102\times 1)\times 100\%=7.8\%$$

$$出售者收益率=(102-100+100\times 10\%\times 4)\div(100\times 4)\times 100\%=10.5\%$$

（四）到期收益率

到期收益，是指将债券持有到偿还期所获得的收益，包括利息收入和资本损益。到期收益率又称最终收益率，是投资购买债券的内部收益率，即可以使投资购买债券获得的未来现金流量的现值等于债券当前市价的贴现率。用公式表示为：

$$到期收益率=\frac{债券年利息+\dfrac{债券面值-债券买入价}{剩余到期年限}}{债券买入价}\times 100\%$$

例 3-5 于先生在 2018 年 5 月以市价 105 元购买一张面值为 100 元的、2014 年发行的某公司债券，利率为 10%，剩余年数为 4 年，计算其到期收益率。

到期收益率$=[100\times10\%\times1+(100-105)\div4]\div105\times100\%=8.33\%$

项目小结

1. 债券是一种有价证券，是社会各类经济主体为筹集资金而向债券投资者出具的、承诺按一定利率定期支付利息并到期偿还本金的债权债务凭证。

2. 债券票面有票面价值、债券的到期期限、债券的票面利率、债券发行者名称四个基本要素。

3. 从投资者的角度看，债券具有偿还性（返还性）、流动性、安全性、收益性四个特征。

4. 按照发行主体划分，债券可以分为政府债券、金融债券、公司债券和国际债券；按照付息方式划分，债券可以分为零息债券、定息债券、浮息债券；按照形态的不同，债券可分为实物债券、凭证式债券、记账式债券；按照是否有财产担保划分，可分为信用债券、抵押债券和担保债券；按照计息方式分类，债券可以分为附息债券、单利债券和累进利率债券；按照偿还期限分类，债券可以分为短期债券、中期债券、长期债券。

5. 债券价值是指进行债券投资时，投资者预期可获得的现金流入的现值。债券的现金流入主要包括利息和到期收回的本金或出售时获得的现金两部分。

6. 影响债券价值的内部因素有期限、票面利率、提前赎回条款、税收待遇、流通性、债券的信用等级；影响债券价值的外部因素有基础利率、市场利率，以及市场供求、货币政策和财政政策等。

7. 债券投资者在买卖债券时通常根据各自对收益率的要求来确定买卖债券价格。债券的交易价格是指投资者在买卖债券时其实际市场价格水平。债券的交易价格反映在行情表上有开盘价、收盘价、最高价和最低价。

8. 影响债券交易价格的因素有市场利率水平、物价水平、国民经济、企业的资信程度、新债券的发行量、汇率变动、投机操纵。

9. 债券指数是反映债券市场价格总体走势的指标体系。和股票指数一样，债券指数是一个比值，其数值反映了当前市场的平均价格相对于基期市场平均价格的位置。

10. 债券投资收益是指投资者投资债券所获得的回报。债券投资收益可以表现为三个方面：一是利息收入，即投资债券可以给投资者定期或不定期地带来利息收入；二是资本损益，即投资者可以利用债券价格的变动，买卖债券赚取差额；三是再投资收益，即由投资者投资所得或利润导致的所有者权益的增加额。

课后习题

一、名词解释

1. 债券 2. 政府债券 3. 金融债券 4. 国际债券 5. 中央银行票据 6. 商业银行次级债券 7. 公司债券 8. 欧洲债券 9. 零息债券 10. 抵押债券

二、单项选择题

1. 一般来说，期限较长的债券，（　　），利率应该定得高一些。

A. 流动性强，风险相对较小　　B. 流动性强，风险相对较大

C. 流动性差，风险相对较小　　D. 流动性差，风险相对较大

2. 债券的票面利率是债券年利息与（　　）的比率。

A. 债券到期本息之和　　B. 债券票面价值

C. 购入债券价格　　D. 债券发行价格

3. 债券持有人可以按照自己的需要和市场的实际状况，灵活地转让债权提前收回资金。债券的这一特征称为（　　）。

A. 偿还性　　B. 流动性　　C. 安全性　　D. 收益性

4. 按债券形态分类，债券可分为实物债券、凭证式债券和（　　）。

A. 地方政府债券　　B. 记账式债券　　C. 金边债券　　D. 专项债券

5. 记账式债券因为发行和交易无纸化，所以效率高、成本低且（　　）。

A. 流动性高　　B. 交易安全　　C. 灵活性高　　D. 交易方便

6. 政府债券可分为中央政府债券和（　　）。

A. 国债　　B. 地方政府债券　　C. 专项债券　　D. 建设债券

7. 偿还期限在 1 年以上 10 年以下的国债被称为（　　）。

A. 短期国债　　B. 中期国债　　C. 长期国债　　D. 无期国债

8. 在美国发行的外国债券被称为（　　）。

A. 武士债券　　B. 扬基债券　　C. 龙债券　　D. 美元债券

9. 欧洲债券的特点是（　　）。

A. 债券发行者、债券发行地同属于一个国家

B. 债券发行者、债券发行地、债券面值同属于一个国家

C. 债券发行者、债券发行地同不属于一个国家

D. 债券发行者、债券发行地、债券面值分别属于不同的国家

10. 外国债券的特点是（　　）。

A. 发行人在一个国家，债券的面值货币和发行市场属另一个国家

B. 发行人、债券的面值货币在一个国家，发行市场属另一个国家

C. 发行人、发行市场在一个国家，债券的面值货币属另一个国家

D. 发行人、债券的面值货币和发行市场分属不同的国家

11. 在日本发行的外国债券被称为（　　）。

A. 武士债券　　B. 扬基债券　　C. 龙债券　　D. 日元债券

12. （　　）是反映债券市场价格总体走势的指标体系。

A. 债券信用级别　　B. 物价指数　　C. 利率水平　　D. 债券指数

三、多项选择题

1. 债券票面有（　　）等基本要素。

A. 票面价值　　B. 债券的到期期限

C. 债券的票面利率　　D. 债券发行者名称

2. 从投资者的角度看，债券具有（　　）等特征。

A. 偿还性　B. 流动性　C. 安全性　D. 收益性

3. 按发行主体划分，债券可以分为（　　）。

A. 政府债券　B. 金融债券　C. 公司债券　D. 国际债券

4. 债券按其形态，可分为（　　）。

A. 实物债券　B. 凭证式债券　C. 记账式债券　D. 无记名债券

5. 债券利率受很多因素影响，主要有（　　）。

A. 债券期限的长短　B. 市场经济状况

C. 市场利率水平　D. 筹资者资信

6. 下列关于金融债券的说法正确的是（　　）。

A. 发行主体是银行或非银行金融机构

B. 金融机构信用度较高

C. 对于金融机构来说，吸收存款和发行债券都是它的资金来源，都构成它的负债

D. 发行债券是金融机构主动负债，金融机构有更大的主动权和机动权

7. 股票与债券（　　）。

A. 同属于有价证券　B. 同属金融投资工具

C. 同属于公司筹资工具　D. 收益率相互影响

8. 根据债券发行条款中是否规定在约定期限向债券持有人支付利息，债券可分为（　　）。

A. 零息债券　B. 浮息债券　C. 记账式债券　D. 定息债券

9. 政府债券又可分为（　　）。

A. 中央政府债券　B. 政府保证债券

C. 地方政府保证债券　D. 地方政府债券

10. 与其他债券相比，政府债券所显示的特点有（　　）。

A. 安全性高　B. 流通性强　C. 收益稳定　D. 免税待遇

11. 国际债券的特征有（　　）。

A. 资金来源广、发行规模大　B. 存在汇率风险

C. 有国家主权保障　D. 以自由兑换货币作为计量货币

四、判断题

1. 债券均以一定格式的票面形式来表现。（　　）

2. 流动性是指债券能够迅速转变为货币而又不会在价值上蒙受损失的一种能力。（　　）

3. 当未来市场利率趋于下降时，应发行期限较短的债券，这样可以避免市场利率下降而负担较高的利息。（　　）

4. 债券具有永久性的特征。（　　）

5. 债券投资不能安全收回有两种情况：一是债务人不履行债务；二是流通市场风险。（　　）

6. 实物债券是一种具有标准格式实物券面的债券，我国发行的无记名国债即属此类。（　　）

7. 凭证式债券不可记名、挂失。 (　　)

8. 公司债券和股票对于其发行者来说都是筹资手段。 (　　)

9. 所有政府发行的债券都叫国债。 (　　)

10. 国家债券是中央政府发行的债券。国债的发行量大、品种多，是债券市场上最主要的投资工具。 (　　)

11. 以个人为目标的流通债券，一般是吸收个人小额储蓄资金，故有时称之为储蓄债券。 (　　)

12. 证券公司债包括证券公司发行的可转换债券和次级债券。 (　　)

13. 直接收益率是指债券的年利息收入与买入债券的实际价格的比率。 (　　)

14. 国际债券是一国政府、金融机构、工商企业或国际性组织为筹措中长期资金，而在国外金融市场上发行的以外国货币为面值的债券。 (　　)

五、简答题

1. 简述债券的特征。

2. 简述金融债券的分类。

3. 简述债券的价值及其影响因素。

六、计算题

2019 年 6 月 1 日，王某购买了一份面值 1 000 元、票面利率 10%、期限 2 年的债券，债券利息在 2020 年 6 月 1 日和 2021 年 6 月 1 日分两次支付，2020 年 6 月 1 日市场上的利率是 12%。请问：

1. 王某在 2020 年 6 月 1 日领取利息后，该债券的市值是多少?

2. 如果王某在 2020 年 6 月 1 日领取利息后，于当日出售该债券，则这一年王某持有该债券的实际收益率是多少?

3. 如果王某持有该债券到 2021 年 6 月 1 日，其持有该债券的实际收益率是多少? 此时该收益率是否受市场利率波动的影响?

实训任务

2020 年中国经济“V 型”反弹

101 万亿元！中国经济迎来重要里程碑。国家统计局发布的数据显示，2020 年我国国内生产总值（GDP）1 015 986 亿元，首次突破 100 万亿元大关，比 2019 年增长 2.3%。

当前，新冠肺炎疫情仍在全球肆虐，但中国经济已逐渐复苏，走出一条“V 型”反弹曲线：2020 年一季度同比下降 6.8%，二季度增长 3.2%，三季度增长 4.9%，四季度增长 6.5%。如果把视野放宽到全世界，2020 年中国可能是全球唯一实现经济正增长的主要经济体，且经济总量在世界经济中的比重占到 17%。

2020 年是极不平凡的一年，新冠肺炎疫情肆虐全球，各国政府施展各种办法，试图稳住经济航向。但从目前结果来看，只有中国真的稳住了，并且交出了一份可以载入史册的答卷：GDP 比 2019 年增长 2.3%，首次突破 100 万亿元大关；居民消费价格（CPI）上涨 2.5%，低于 2019 年涨幅与全年预期目标；现行标准下农村贫困人口全部脱贫，832 个贫困县全部摘帽，绝对贫困现象历史性消除；全国居民人均可支配收入 32 189 元，比 2019 年实际增长 2.1%，与经济增长基本同步，比 2010 年翻一番的目标如期实现。

无论是经济总量、GDP 增速等宏观指标，还是就业、失业率和居民收入等微观数据，都显示着这份答卷的分量。

疫情防控是 2020 年中国经济面临的第一大挑战。受疫情影响，许多行业与企业都按下暂停键，一季度 GDP 增速同比下降 6.8%，这是改革开放以来从未有过的经历。暂停之后的重启，只是时间问题。2020 年 3 月下旬，本土疫情传播基本阻断，4 月中旬，规模以上企业开工率超过 90%。伴随企业复工复产、各地人员往来流动，中国经济在之后的 3 个季度走出一条“V 型”反弹曲线。

资料来源：中青网. 2020 年中国经济“V 型”反弹.（2021-01-29）[2021-07-06]. http://zqb.cyol.com/html/2021-01/19/nw.D110000zgqnb_20210119_2-01.htm.

思考：结合我国 2020 年经济“V 型”反弹的背景，了解我国 2020 年债券市场的情况。

项目四

衍生证券——金融衍生工具

学习目标

1. 了解金融衍生工具的概念及特征。
2. 了解金融衍生工具的发展。
3. 掌握金融期货的概念及特征。
4. 掌握金融期权的概念及特征。
5. 熟悉可转换债券和认股权证。
6. 能够熟练计算可转换债券的转换比例。

引入案例

巴林银行破产案

巴林银行集团曾经是英国伦敦城内历史悠久、声名显赫的商业银行集团，以发展稳健、信誉良好而驰名，其客户也多为显贵阶层。巴林银行集团的业务专长是企业融资和投资管理，业务网点主要在亚洲及拉美新兴国家和地区。巴林银行破产的直接原因是新加坡巴林公司期货经理尼克·里森错误地判断了日本股市的走向。1995 年 1 月，日本经济呈现复苏势头，里森看好日本股市，分别在东京和大阪等地买进大量期货，希望在日经指数上升时赚取大额利润。但是，1995 年 1 月 17 日突发的日本阪神大地震打击了日本股市的回升势头，股价持续下跌。巴林银行因此损失金额高达 14 亿美元，这几乎是巴林银行当时的所有资产，这座曾经辉煌的金融大厦就此倒塌。巴林银行集团破产的消息震动了国际金融市场，对于欧美金融业的隐性影响不可估量。

事情表面看起来很简单，里森的判断失误是整个事件的导火线。然而，正是这次事件引起了全世界的密切关注，金融衍生工具的高风险被广泛认识。从里森个人的判断失误到整个巴林银行的倒闭，伴随着金融衍生工具成倍放大的投资回报率的是同样成倍放大的投资风险。这是金融衍生工具本身的“杠杆”特性决定的。

资料来源：赵文君．证券投资基础与实务．北京：清华大学出版社，2010.

思考：什么是金融衍生工具？金融衍生工具的风险有哪些？

任务一 认识金融衍生工具

一、金融衍生工具的产生和发展

20 世纪 70 年代，随着美元的不断贬值，布雷顿森林体系崩溃，国际货币制度由固定汇率制度走向浮动汇率制度。1973 年和 1978 年两次石油危机使西方国家经济陷入滞胀，为对付通货膨胀，美国不得不运用利率工具，这又使金融市场的利率发生剧烈波动。利率的上升会引起证券价格的反方向变化，并直接影响投资者的收益。面对利市、汇市、债市、股市发生的前所未有的波动，市场风险急剧放大，迫使商业银行、投资机构、企业寻找可以规避市场风险、进行套期保值的金融工具，金融期货、期权等金融衍生工具便应运而生。从这个意义上讲，规避风险是金融衍生工具产生的最基本的原因。

20 世纪 80 年代以来的金融自由化进一步推动了金融衍生工具的发展。金融自由化一方面使利率、汇率、股价的波动更加频繁、剧烈，使得投资者迫切需要可以避险的工具；另一方面，金融自由化促进了金融竞争，由于允许各金融机构业务交叉、相互渗透，多元化的金融机构纷纷出现，直接或迂回地夺走了银行业的大部分市场。再加上银行业本身业务向多功能、综合化方向发展，同业竞争激烈，存贷利率趋于缩小，不得不寻找新的收益来源，改变以存贷款业务为主的传统经营方式，把金融衍生工具视作未来的新增长点。

金融机构通过金融衍生工具的设计开发，以及担任中介，显著地推进了金融衍生工具的发展。可以说，金融机构的利润驱动是金融衍生工具产生和迅速发展的又一个重要原因。

与此同时，电子计算机信息处理技术与通信技术的飞速发展、金融机构的积极推动、金融理论的突破，也推动了金融衍生工具的产生和发展。

二、金融衍生工具的概念

金融衍生工具又称“金融衍生产品”，指建立在基础金融工具和基础金融变量之上，其价格随基础金融产品的价格（或数值）变动的派生金融产品。

金融衍生工具是由金融基础工具衍生出来的各种金融合约及其各种组合形式，其价值主要受基础工具价值变动的影响。金融衍生工具是根据货币利率或债务工具的价格、外汇汇率、股价或股票指数、商品期货价格等金融资产价格走势的预期而定值，并从这些金融产品的价值中派生出自身价值的金融工具。它是以支付少量保证金签订远期合约或互换不同金融产品的交易合约。目前，最主要的金融衍生工具有远期合同、金融期货、期权和互换等。

三、金融衍生工具的基本特征

（一）跨期交易

金融衍生：工具是交易双方通过对利率、汇率、股价等因素变动趋势的预测，约定在未来某一时间按照一定条件进行交易或选择是否交易的合约。无论是哪一种金融衍生工具，都涉及未来某一时间金融资产的转移，跨期交易的特点十分突出。

（二）杠杆效应

金融衍生工具交易一般只需要支付少量的保证金或权利金就可签订远期大额合约或互换不同的金融工具。例如，期货交易保证金通常是合约金额的5%，也就是说，期货投资者可以控制20倍于所投资金额的合约资产，实现以小搏大。金融衍生工具的杠杆效应在一定程度上决定了其高投机性和高风险性。

（三）不确定性和高风险

金融衍生工具的成败有赖于投资者对未来市场价格的预测和判断，金融工具价格的变幻莫测，决定了其交易盈亏的不稳定性，也成为金融衍生工具高风险的重要诱因。

（四）套期保值和投机套利共存

金融衍生工具产生的直接动因是规避风险、进行套期保值，然而，要求保值的交易者不可能都恰好相互达成协议。金融衍生工具在集中了社会经济各种风险之后，要得以释放和分配，需要有大量活跃的参与者承担风险，即投机者的加入。金融衍生工具的杠杆效应正具备了吸引投机者的条件，这种低成本、高收益的交易使相当多的人甘愿冒高风险去一试高低。不论投机者的个人目的如何，他们确实成为金融衍生工具市场不可缺少的角色，他们类似赌博的行为承担并分散了市场所集中的风险，为市场注入了活力，提高了市场运作效率，使避险者能轻易地在这个市场上转移风险。正是套期保值和投机套利在金融衍生工具市场上的“相互利用”，使金融衍生工具轻易地得以生存和发展。

四、金融衍生工具的分类

金融衍生工具可以按不同的标准进行分类。

（一）按产品形态和交易场所不同分类

按产品形态和交易场所不同，金融衍生工具可分为内置型衍生工具、场内交易衍生工具和场外交易衍生工具。

（1）内置型衍生工具，指嵌入到非衍生合同——主合同中的金融衍生工具，该衍生工具使主合同的部分或全部现金流量将按照特定利率、金融工具价格、汇率、价格指数或利率指数、信用等级或信用指数，或类似变量的变动发生调整。

（2）场内交易衍生工具，指在制定统一规则的交易所上市交易的衍生工具。在期货（权）交易所交易的各类期货（权）合约均属此列，一般以集中竞价的方式买卖交易所事先制定的具有统一标准、格式的合约。

（3）场外交易衍生工具，指不在集中的交易所，而是通过各种通信方式，实行分散的、一对一的大宗买卖金融工具的行为。OTC（柜台交易市场）衍生工具交易主要以金融远期和金融互换为代表。

（二）按照金融衍生工具自身的交易方法分类

按照金融衍生工具自身的变易方法分类，可分为金融远期、金融期货、金融期权和金融互换。

（1）金融远期，指合约双方同意在未来日期按照固定价格交换金融资产的合约。金融远期合约规定了将来交换的资产、交换的日期、交换的价格和数量，合约条款因合约双方的需要各有不同。金融远期合约主要有远期利率协议、远期股票合约、远期外汇合约等。

（2）金融期货，指买卖双方在有组织的交易所内以公开竞价的形式达成的，在将来某一特定时间交割标准数量特定金融工具的协议。主要包括外汇期货、利率期货和股指期货、股票期货等。

（3）金融期权，指合约双方按约定价格、在约定日期内就是否买卖某种金融工具所达成的契约，包括现货期权、期货期权等。

（4）金融互换，指两个或两个以上的当事人按共同商定的条件，在约定的时间内，交换不同金融工具的一系列支付款项或收入款项的合约。主要有货币互换、利率互换等。

（三）按照金融衍生工具交易性质的不同分类

按照金融衍生工具交易性质的不同分类，可分为远期类工具和选择权类工具。

（1）远期类工具，指交易双方均负有在未来某一日期按一定条件进行交易的权利与义务，双方的风险与收益是对称的金融衍生工具。主要有远期合约、期货合约、互换合约等。

（2）选择权类工具，指合约的买方获得根据市场情况选择的权利，即买方拥有不执行的权利，而合约的卖方则负有在买方履行合约时执行合约的义务，双方的权利义务及风险收益是不对称的金融衍生工具。主要有期权合约，另有期权的变通形式，如认股权证、可转换债券等。

（四）按照基础工具种类的不同分类

按照基础工具种类的不同，金融衍生工具可分为股权式衍生工具、货币衍生工具、利率衍生工具、信用衍生工具和其他衍生工具。

（1）股权式衍生工具，指以股票或股票价格指数为基础工具的金融衍生工具。主要包括股票期货、股票期权、股指期货、股指期权及上述合约的混合交易合约。

（2）货币衍生工具，指以各种货币作为基础工具的金融衍生工具。主要包括远期外汇合约、外汇期货、外汇期权、货币互换及上述合约的混合交易合约。

（3）利率衍生工具，指以利率或利率的载体——有息资产为基础工具的金融衍生工具。主要包括远期利率协议、利率期货、利率期权、利率互换及以上合约的混合交易合约。

（4）信用衍生工具，指以基础产品所蕴含的信用风险或违约风险为基础变量的金融衍生工具，用于转移或防范信用风险，是 20 世纪 90 年代以来发展最为迅速的一类衍生产品。主要包括信用互换、信用联结票据等。

(5) 其他衍生工具，除以上四类金融衍生工具之外，还有相当数量的金融衍生工具是在非金融变量的基础上开发的。例如，用于管理气温变化风险的天气期货、管理政治风险的政治期货、管理巨灾风险的巨灾衍生产品等。

上述分类方法仅仅是传统的划分方式，随着金融衍生工具的日益发展，两种、三种甚至更多不同种类的金融衍生工具，经过变化、组合及合成创造出来的再衍生工具和合成衍生工具正在出现，使衍生工具的传统分类模糊难辨。如由期货和期权合约组成的期货期权、由期权和互换合成的互换期权、由远期和互换合成的远期互换等。

五、金融衍生工具的作用

(一) 金融衍生工具的积极作用

(1) 规避风险。通过金融衍生品与传统金融工具组合，投资者可以将一个市场的损失由另一个市场的收益来弥补，其实是将汇率、利率、股票价格等变化锁定在较小的变化范围内。

(2) 投资获利。由于金融衍生工具交易存在明显的杠杆效应，投资者如果判断正确、操作得当，就可以获得较高的收益。此外，金融衍生工具交易通常可以采用双向交易，从而增加了投资者的获利机会。例如，一般股票市场只有做多才能获利，股票价格下跌就无利可图，但利用股票价格指数期货进行做空交易，也可以获得收益。

(3) 价格发现。金融衍生品的场内交易拥有众多的投资者，通过竞价方式进行交易，市场竞争比较充分，能够在很大程度上反映金融商品价格走势的预期。金融衍生工具的交易价格一经产生就能通过先进的通信系统传播到各个角落，成为重要的价格信息。

(4) 增强市场流动性。金融衍生品交易，使得金融市场的各类风险能够被有效转移，因而提高了资本运作的效率和速度，增强了市场的流动性。

(二) 金融衍生工具的消极作用

金融衍生工具虽然是有效的风险管理工具，但也有可能成为巨大的风险源。金融衍生工具具有较高的杠杆比率，投资者利用较少的资金就可以控制十几倍、几十倍的交易，基础价格的轻微变动便会导致金融衍生工具交易账户的巨大变动。此外，金融衍生工具推出时并不一定完善，有可能导致投资者难以理解和掌握，甚至操作失误从而造成损失。有时，金融衍生品推出后，但相关法律法规还没有出台，容易引起法律纠纷。

任务二 金融期货

一、金融期货的概念

金融期货交易产生于20世纪70年代的美国期货市场。1972年5月16日，芝加哥商业交易所（CME）的国际货币市场（IMM）推出了外汇期货交易，标志着金融期货正产生新的期货类别。从那时起，不仅外汇期货本身的交易数量迅速增加，各种新的金融期货品种也陆续推出，并逐渐占据了期货市场的主导地位。

金融期货是指以金融工具作为标的物的期货合约。金融期货交易是指交易者在特定的交易所通过公开竞价方式成交，承诺在未来特定日期或期间内，以事先约定的价格买入或卖出特定数量的某种金融商品的交易方式。金融期货交易具有期货交易的一般特征，但与商品期货相比，其合约标的物不是实物商品，而是金融商品，如外汇、债券、股票指数等。

二、金融期货的特征

（一）金融期货合约的标准化

这一特征主要表现在以下四个方面：标准化的合同面额和合同数量；标准化的交割时间；实行涨跌停限制，规定价格最大和最小的变化幅度；标准化的合同标的物。

（二）交易所组织交易

期货交易所直接介入每一笔期货交易，充当期货买卖双方的相对方，即买方的卖方和卖方的买方。

（三）保证金制度

保证金是履约保证，保证金比率因期货合约和交易所不同而有所区别，但一般都低于100%，因此，期货交易是一种以小搏大的杠杆投资工具。

（四）合约对买卖双方强制执行

合约到期时，买卖双方必须按合同规定进行实物交割。不过，实践中一般都是在合约到期前通过数额相等、方向相反的交易来抵消。

三、金融期货的分类

按基础工具划分，金融期货主要有三种类型：外汇期货、利率期货、股权类期货。

（一）外汇期货

外汇期货又称货币期货，指以汇率为标的物的期货合约，交易双方约定在未来某一期间，依据现在约定的比例，以一种货币交换另一种货币。外汇期货是最早出现的金融期货品种，是适应各国从事对外贸易和金融业务的需要而产生的，目的是借此规避汇率风险。

目前，外汇期货交易的主要品种有美元、英镑、德国马克、日元、瑞士法郎、加拿大元、澳大利亚元、法国法郎、荷兰盾等。从世界范围看，外汇期货的主要市场在美国，其中又基本集中在芝加哥商业交易所的国际货币市场（IMM）、中美洲商品交易所（MCE）和费城期货交易所（PBOT）。

（二）利率期货

利率期货是指协议双方同意在约定的未来某个日期，按约定条件买卖一定数量的某种信用工具的可转让的标准化协议。利率期货交易的对象有长期国库券、政府住宅抵押证券、中期国债、短期国债等，主要交易场所有芝加哥期货交易所、芝加哥商业交易所国际货币市场、中美洲商品交易所等。

（三）股权类期货

股权类期货是以股票价格指数、单只股票或者股票组合为基础资产的期货合约。

（1）股票价格指数期货。股票价格指数是反映整个股票市场上各种股票市场价格总体水平及其变动情况的指标。股票价格指数期货又称股指期货，就是以股票价格指数为基础变量的期货合约，是以股票价格指数为标的物的标准化期货合约，双方约定在未来的某个特定日期，可以按照事先确定的股票价格指数的大小，进行标的指数的买卖。作为期货交易的一种类型，股指期货交易与普通商品期货交易具有基本相同的特征和流程。股票价格指数期货是为了适应人们控制股市风险，尤其是系统性风险的需要而产生的。

（2）单只股票期货，是以单只股票作为基础工具的期货，买卖双方约定以约定价格在合约到期时买卖规定数量的股票。事实上，股票期货均实现现金交割，买卖双方只需要按规定的合约乘数乘以价差，盈亏以现金方式进行交割。相对于证券市场上的股票先后买卖，股票期货交易除具有一般期货交易的优点之外，还有交易费用低廉、沽空股票更便捷、降低海外投资者的外汇风险等特点。

（3）股票组合期货，是目前金融期货中最新的一类，是以标准化的股票组合为基础资产的金融期货。它是指协议双方同意在将来某一时期按约定的价格买卖规定数量的股票组合的可转让的标准化合约。

四、金融期货的功能

金融期货的基本功能包括套期保值、价格发现、投机、套利四种。

（一）套期保值

套期保值是通过在现货市场与期货市场建立相反的头寸，锁定未来现金流的交易行为。具体做法是在现货市场和期货市场对同一种类的商品同时进行数量相等但方向相反的买卖活动，即在买进或卖出现货的同时，在期货市场上卖出或买进同等数量的期货，经过一段时间，当价格变动使现货买卖上出现盈亏时，可由期货交易上的亏盈得到抵消或弥补，从而建立一种对冲机制，以使价格风险降到最低限度。

套期保值分为多头套期保值和空头套期保值两种。多头套期保值是指持有现货空头的交易者担心将来现货价格上涨而买入期货合约，即建立期货多头；空头套期保值是指持有现货多头、空头的交易者担心将来现货价格下跌而卖出期货合约，即建立期货空头。

（二）价格发现

价格发现是指利用市场公开集中竞价交易等交易制度，形成一个反映市场供求关系的市场价格。期货市场将众多影响供求关系的因素集中于交易场所内，通过公开的竞价，形成一个统一的交易价格，价格形成后向世界各地传播并影响供求关系，从而形成新的价格，如此循环，使价格趋于合理。

（三）投机

期货市场交易者利用对未来期货价格走势的预期来进行投机。具体做法是预计价格会上涨而建立期货多头；或预计价格会下跌而建立期货空头。

（四）套利

套利是指利用不同市场或不同形式的同类或相似金融产品的价格差异进行买卖，赚取差价。

任务三　金融期权

一、金融期权的概念

金融期权是指赋予其购买者在规定期限内，按双方约定的价格购买或出售一定数量某种金融资产的权利的合约。期权购买者向期权出售者支付一定的费用后，即获得了能在未来某一特定时间，以某一特定价格向期权出售者买进或卖出一定数量的金融资产的权利。同时，期权的购买者也有权选择不执行权利，即选择不买或不卖，因此期权交易也称选择权交易。

二、金融期权的特征

与金融期货相比，金融期权的主要特征在于它仅仅是买卖权利的交换。期权的买方在支付了期权费后，就获得了期权合约所赋予的权利，即在期权合约规定的时间内，以事先确定的价格向期权的卖方买进或卖出某种金融工具的权利，但并没有必须履行该期权合约的义务。期权的买方可以选择行使他所拥有的权利；期权的卖方在收取期权费后就承担着在规定时间内履行该期权合约的义务，即当期权的买方选择行使权利时，卖方必须无条件地履行合约规定的义务，而没有选择的权利。

三、金融期权的种类

根据不同的分类标准，可以将金融期权划分为不同的类别，常见的金融期权合约类型如下。

（一）根据选择权的性质划分

根据选择权的性质划分，金融期权合约可以分为买入期权合约和卖出期权合约。

(1) 买入期权合约，又称看涨期权合约，是指期权合约的买方拥有在将来某一特定时间以约定价格购买一定数量标的资产的权利。购买者之所以买入看涨期权合约，是因为他预期这种标的资产价格会上涨。如果判断正确，当标的资产的市场价格高于约定价格时，持有人就会选择执行合约，按约定价格买入标的资产，在现货市场上以市价卖出，可赚取市场价格与约定价格之间的差额。否则不执行期权合约，则期权合约的买方损失期权合约费。

(2) 卖出期权合约，又称看跌期权合约，是指期权合约的买方拥有在将来某一特定时间以约定价格出售一定数量标的资产的权利。购买者之所以买入看跌期权合约，是因为他预期这种标的资产价格会下跌。如果判断正确，当标的资产的市场价格低于约定价格时，持有人就会选择执行合约，在现货市场上以市场价格买进标的资产并按约定价格卖给期权合约的卖方，期权合约的买方就可赚取约定价格与市场价格之间的差额。否则不执行期权合约，则期权合约的买方损失期权费。

（二）按照履约时间划分

按照履约时间不同，期权合约分为欧式期权合约、美式期权合约和百慕大式期权合约。

欧式期权合约赋予持有人仅在期权合约到期日买入或卖出相关标的资产的权利。也就是说，这种期权合约不可以提前执行。美式期权合约赋予持有人在到期日（含）前的任一时日（交易日）买入或卖出相关标的资产的权利。也就是说，美式期权合约可以提前执行。美式期权合约的灵活性更大，因而期权费价格更高一些。百慕大式期权合约赋予持有人在期权合约到期日之前的一系列规定日期买入或卖出相关标的资产的权利。

（三）按照期权合约中标的资产性质不同划分

按照期权合约中标的资产性质不同，金融期权合约可分为股权类期权合约、利率期权合约、货币期权合约和互换期权合约等。我国证券市场中的权证是涉及股权的期权合约。

（四）根据期权交易的场所划分

根据期权交易的场所，分为场内期权和场外期权。场内期权是指在集中性的交易场所内进行的标准化的期权交易。而场外期权，也称为“店头市场期权”或“柜台式期权”，是指在非集中性的交易场所进行非标准化的期权交易。两者的根本区别在于期权合约是否标准化。场内期权的交易数量、协定价格、到期日及履约时间等均由交易所统一规定，场外期权的交易数量、协定价格、到期日及履约时间等由交易双方协定。

四、金融期权与金融期货的关系

金融期货和金融期权买卖的都是远期交易的标准化合约，都要通过公开竞价进行交易，这是两者的共性。但金融期货和金融期权也存在明显的区别，主要体现在以下几个方面。

（一）基础资产不同

期权交易的标的是一种权利；期货交易的标的是商品期货合同。可作期货交易的金融工具都可作期权交易；可作期权交易的金融工具却未必可作期货交易。实践中，只有金融期货期权，而没有金融期权期货。

（二）交易者权利与义务的对称性不同

金融期权合约是单向合约，期权的买方在支付权利金后即取得履行或不履行买卖期权合约的权利，可不必承担义务，而卖方则有被动履约的义务。金融期货合约则是双向合约，交易双方都要承担期货合约到期交割的义务。如果不愿实际交割，则必须在有效期内对冲。

（三）履约保证不同

金融期货交易双方均需开立保证金账户，并按规定缴纳履约保证金，但买卖双方都不必向对方支付费用。金融期权交易中，买方不需交纳履约保证金，只要求卖方交纳履约保证金，但买方要向卖方支付权利金，卖方收到权利金。

（四）合约了结的方式不同

金融期权交易中，投资者了结的方式包括三种：平仓、执行履约或到期。金融期货交易中，投资者可以平仓或进行实物交割的方式了结期货交易。期权交易可不在交易所进行，比期货交易方式灵活。

（五）现金流转不同

金融期权交易中，在成交时，期权购买者为取得期权合约所赋予的权利，必须向期权出售者支付一定的期权费，但在成交后，除了到期履约外，交易双方将不发生任何现金流转。金融期货交易双方在成交时不发生现金收付关系，但在成交后，由于实行逐日结算制度，交易双方将因价格的变动而发生现金流转。

（六）盈亏特点不同

金融期权交易中的盈利和亏损也具有不对称性。理论上说，期权购买者在交易中的潜在亏损是有限的，仅限于其所支付的期权费，而可能取得的盈利却是无限的；相反，期权出售者在交易中所取得的盈利是有限的，仅限于其所收取的期权费，而其可能遭受的损失却是无限的。

金融期货交易双方无权违约，也无权要求提前交割或推迟交割，到期前的任一时间可通过反向交易实现对冲或到期实行实物交割。从理论上说，金融期货交易中双方潜在的盈利和亏损都是无限的。

（七）套期保值的作用与效果不同

金融期权进行套期保值，若价格发生不利变动，套期保值者可通过执行期权来避免损失；若价格发生有利变动，套期保值者又可通过放弃期权来保护利益。金融期货进行套期保值，在避免价格不利变动造成的损失的同时也必须放弃价格有利变动可能获得的利益。但是，这并不是说金融期权比金融期货更为有利可图。

所以，金融期权与金融期货可谓各有所长、各有所短。在现实交易活动中，人们往往将二者结合起来，通过一定的组合或搭配来实现某一特定目标。

任务四 可转换债券

一、可转换债券的概念

可转换债券是指其持有者可以在一定时期内，按一定比例或价格将之转换成一定数量的另一种证券的有价证券。可转换债券是金融产品创新中出现的一种新产品，由于它兼具筹资和避险功能，因而比单纯的筹资工具（如股票、债券）和避险工具（如期货、期权等）更具吸引力。可转换债券的持有者可以选择以此债券来换取发行企业所发行的另一种证券（比如普通股）。如果可转换债券持有者能换取的证券的市场价值更高，那么他就可以通过以可转换债券从发行者手中换取新的证券来获利。这样，这种转换对债券持有者来说是一种具有吸引力的选择权。因此，可转换债券是一种兼具债权和股权的混合证券。其赋予持有者一种投资机会（一种选择权），这种机会是不可转换债券的持有者享受不到的。正因为如此，可转换债券的收益要低于不可转换债券。

拓展阅读

可转换债券起源于美国，自 1843 年美国纽约伊利铁道公司发行第一张可转换公司债券已有 170 多年的发展历史。我国发行可转换债券的探索始于 20 世纪 90 年代。1991 年 8 月，琼能源发行了 3 000 万元可转换债券，这是我国最早的可转换债券。随后，一些公司也开始在国内或国外发行可转换债券，但是整个可转换债券的发行规模并不大。1997 年 3 月 25 日，国务院证券委员会发布了《可转换公司债券管理暂行办法》，该办法明确了上市公司及非上市重点国有企业均可发行可转换债券。1997 年 12 月，南宁化工、吴江丝绸和茂名石化被国务院批准为发行可转换债券试点企业。1999 年起，上市公司成为可转换债券试点和实施的主要对象。1999 年虹桥机场可转换债券和 2000 年鞍钢新轧可转换债券成功发行并上市。2001 年 4 月 16 日，中国证监会发布《上市公司发行可转换公司债券实施办法》后，江苏阳光成为首家发行可转换债券的上市公司。此后，深圳万科、南京水运等陆续发行了可转换债券。2003 年，雅戈尔可转换债券的上市，标志着我国的可转换债券市场进入一个高速发展时期。可转换债券已经成为我国上市公司一种重要的融资工具和投资品种。近年来，随着宏观环境的变化，股市持续低迷，投资者投资机会减少，投资风险增加。作为为数不多的较为安全的投资品种，可转换债券投资价值凸显，成为在配股、增发新股等再融资方式中最受机构投资者欢迎的方式。

2018 年以来，可转债市场的政策约束明显放松，整个市场扩容明显。存量从 2017 年的 66 只（规模合计为 1 200.74 亿元）大幅增至 2020 年底的 396 只（规模合计为 5 332.05 亿元）。但在我国 114.34 万亿的债券市场中，可转债仍属于典型的小众市场，即便将 1 730.34 亿元的可交换债券市场纳进来，合计规模也不到 7 300 亿元。

二、可转换债券的特征

（一）可转换债券的债权性

可转换债券在转换以前，具备债券的一切特征，有规定的利率和期限，体现的是债权、债务关系。投资者如果在转换期内未将其转换成股票，发债公司到期必须无条件地还本付息。因此，可将可转换债券视为公司债券的一种特殊形式。对于筹资者来说，可转换债券是一种有效的融资工具。发行公司可以用相对低的票面利率筹集资金，从而可避免短期利润稀释的压力，还可以优化股权与债权结构。

（二）可转换债券的期权性

发行公司赋予可转换债券的投资者一个选择权，即在规定的转换期内，投资者既可以行使转换权，将可转换债券按转换价格（类似于期权的敲定价格）转换成一定数量的股票，也可以放弃转换的权利，发行公司不得强制投资者行使转换权利。正因为有了这种可转换的选择权，可转换债券应归为股票期权的一种，是一种衍生工具。但是，可转换债券只赋予投资者将来按转换价格买入股票的权利，而没有赋予卖出的权利，所以只是一种股票看涨期权，具有半期权性。

（三）可转换债券的内在回购性

回购性是指可转换债券中一般带有赎回条款，它规定发行公司在可转换债券到期前可按一定条件赎回债券。此条款只是作为可转换债券协议书上的一个附加条款而非必然条款。与投资者的转换选择权相适应，可转换债券的发行公司拥有是否实施赎回条款的选择权。双重选择权是可转换债券最主要的金融特征，它的存在使投资者和发行人的风险、收益限定在一定的范围内，并利用这一特点对股票进行套期保值，获得更加确定的收益。

（四）可转换债券的股权性

可转换债券的股权性与其期权性紧密联系。投资者如果按规定将持有的可转换债券转换为普通股，就成为该发行公司的股东，可以充分分享发行人业绩增长和股票价格增长带来的收益。因此，可转换债券对投资人具有强大的吸引力。事实上，可转换债券的债权性和股权性是相对应的：有债权就没有股权；获得了股权，就同时失去了债权。

三、可转换债券的要素

可转换债券约定在一定条件下可以转换成普通股票，它的转换条件通常在证券发行时就做了规定。

（一）有效期限和转换期限

可转换债券的有效期限与一般债券相同。转换期限是指投资者可以将可转换债券转换成普通股股票的期限。在大多数情况下，发行公司都规定某一具体期限，在这个有效期限内，允许持有者按规定的价格或比例转换。在很多情况下，发行公司还规定在有限期限内转换比例逐渐递减条款。我国《可转换公司债管理办法》规定，可转换公司债的期限最短为1年，最长为6年，自发行之日起6个月后可转换为公司股票。

（二）票面利率或股息率

票面利率（或股息率）是指可转换债券作为债券所具有的票面年利率或作为优先股所具有的票面股息率。

（三）转换比例和转换价格

转换比例是指一定面额可转换债券可换成普通股的股数。转换价格是可转换债券转换为每股股票时所支付的价格。转换比例与转换价格的关系如下式所示：

$$转换比例=\frac{可转换债券面值}{转换价格}$$

$$转换价格=\frac{可转换债券面值}{转换比例}$$

例如，某可转换债券面值为1 000元，规定其转换价格为20元，则转换比例为50（=1 000÷20），即1 000元债券按20元一股的价格可转换为50股该公司普通股。

可转换债券发行后，若因发行新股、配股、拆股、送股或因其他原因引起股份公司发生变动的，发行人应及时调整转换比例和转换价格，并公之于众。

我国《可转换公司债管理办法》规定，上市公司发行可转换公司债券的转换价格应以公布募集说明书前30个交易日公司股票的平均收盘价格为基础，并上浮一定幅度。

（四）赎回条款与回售条款

赎回条款是指当公司普通股价格在一段时间内连续高于转换价格达到一定幅度时，公司有权按照事先约定的价格买回尚未转换的可转换债券。这样做一方面是为了避免市场利率下调时公司承担较高的利率风险；另一方面是为了在股价大幅上扬时迫使投资者行使转换权。

回售条款是指当公司股票在一段时期内连续低于转换价格达到一定幅度时，可转换债券持有人有权按事先约定的价格将所持有证券卖给发行人。这一条款使投资者有机会在股价低迷时要求发行人以一定的回报率将债券买回，从而为投资者提供了一种额外的保护。

（五）强制性回购条款

强制性回购条款是指发行人约定在一定条件下，要求投资者将持有的可转债转换为公司股份的条款。

四、可转换债券的价值

由于可转换债券既有债券或优先股的特征，又有转化成普通股的潜在可能，所以在不同的条件下具有不同的价值，主要表现为转换价值、理论价值及市场价格。

（一）可转换债券的转换价值

转换价值是可转换债券实际转换时按转换成普通股的市场价格计算的理论价格。转换价值等于每股普通股的市价乘以转换比例。因为可转换债券在普通股价格上涨时转换较为有利，所以它的转换价值与所转换的股票价格有关。股票价格越高，转换价值越大。用公式表示为：

$$CV = P_0 \cdot R$$

式中：CV——可转换债券的转换价值；

P_0——股票价格；

R——转换比例。

例如，某一可转换债券，面值为 1 000 元，票面利率为 5%，每年支付 50 元利息，转换比例为 20，转换年限为 5 年，若当前的普通股市价为 16 元 1 股，股票价格预期每年上涨 10%；而投资者预期的可转换债券到期收益率为 9%，则该债券的转换价值为 320（=16×20）元。

（二）可转换债券的理论价值

可转换债券的理论价值又称投资价值，这一价值相当于将未来一系列债息收入加上面值按一定市场利率折成的现值。购买可转换债券的投资者实际并不希望债券还本，而是希望实现普通股的转换。因此，可转换债券的理论价值应为未来一系列债息收入与转换价值总和的现值。

（三）可转换债券的市场价格

可转换债券的市场价格以理论价值为基础并受供求关系影响，可能与理论价值相同，也可能不同。在可转换债券到期前，只要投资者对所转换的普通股的价格看涨，可转换债券的市场价格就会高于它的转换价值。从理论上说，当市场价格与转换价值相同时，称为转换平价；当市场价格高于转换价值时，成为转换升水；当市场价格低于转换价值时，称为转换贴水。

任务五　认股权证

一、认股权证的概念

认股权证全称股票认购授权证，它由上市公司发行，给予持有权证的投资者在未来某个时间或某一段时间以事先确认的价格购买一定数量该公司股票的权利。认股权证实质上是一种股票的长期看涨期权。通常，认股权证与债券或优先股共同发行。

二、认股权证的要素

（一）认股数量

认股数量是指认股权证认购股份的数量，它可以用两种方式约定：一是确定每一单位认股权证可以认购普通股票的数量；二是确定每一单位认股权证可以认购普通股票的金额。

（二）认股价格

认股价格的确定，一般在认股权证发行时该公司普通股票价格的基础上上浮10%～30%。

（三）认股期限

认股期限是指认股权证的有效期。认股期限多为3～10年。

三、认股权证的交易

认股权证的交易既可以在交易所内进行，也可以在场外交易市场上进行。认股权证交易中最常见的价格是认股权证行使价，它是指以认股权证换取普通股的成本价。计算公式如下：

$$\text{行使价}=\frac{\text{认股权证的市价}\times\text{每手认股权证的数目}}{\text{每手认股权证可换的普通股数目}}+\text{认股价}$$

四、认股权证的价值

认股权证的价值有内在价值和投机价值两方面。认股权证内在价值的计算公式为：

$$\text{认股权证内在价值}=(\text{公司发行的普通股的市场价格}-\text{认股权证的认购价格})\times\text{换股比率}$$

认股权证的内在价值在很大程度上取决于普通股的市价。如果普通股的市价高于认股价格，则认股权证的内在价值就可能大于零；如果普通股的市价等于认股价格，则认股权证的内在价值就可能等于零。但认股权证的内在价值不会小于零，因为认股权证本身还具有投机价值。如果普通股的现行市价低于认股价格，这只应看作是一种暂时现象，它并不意味着股价会永远低于认股价格。只要认股权证没有到期，股价就仍有超越认股价格的机会。

项目小结

1. 金融衍生工具又称“金融衍生产品”，是指建立在基础金融工具和基础金融变量之上，其价格随基础金融产品的价格（或数值）变动的派生金融产品。

2. 金融衍生工具是根据货币利率或债务工具的价格、外汇汇率、股价或股票指数、商品期货价格等金融资产价格走势的预期而定值，并从这些金融产品的价值中派生出自身价值的金融工具。

3. 金融衍生工具的基本特征：跨期交易、杠杆效应、不确定性和高风险、套期保值和投机套利共存。

4. 金融衍生工具可以按不同的标准进行分类。

5. 金融衍生工具的积极作用：规避风险、投资获利、价格发现、增强市场流动性。同时，金融衍生工具也具有一定的消极作用。

6. 金融期货是指以金融工具作为标的物的期货合约。金融期货交易是指交易者在特定的交易所通过公开竞价方式成交，承诺在未来特定日期或期间内，以事先约定的价格买入或卖出特定数量的某种金融商品的交易方式。

7. 金融期货的特征：金融期货合约的标准化、交易所组织交易、保证金制度、合约对买卖双方强制执行。

8. 金融期货按基础工具划分，主要有三种类型：外汇期货、利率期货、股权类期货。

9. 外汇期货又称货币期货，指以汇率为标的物的期货合约，交易双方约定在未来某一期间，依据现在约定的比例，以一种货币交换另一种货币。

10. 利率期货是指协议双方同意在约定的未来某个日期，按约定条件买卖一定数量的某种信用工具的可转让的标准化协议。

11. 股权类期货是以单只股票、股票组合或者股票价格指数为基础资产的期货合约。

12. 股票价格指数是反映整个股票市场上各种股票市场价格总体水平及其变动情况的指标。股票价格指数期货又称股指期货，就是以股票价格指数为基础变量的期货合约，是以股票价格指数为标的物的标准化期货合约，双方约定在未来的某个特定日期，可以按照事先确定的股票价格指数的大小，进行标的指数的买卖。

13. 单只股票期货是以单只股票作为基础工具的期货，买卖双方约定以约定价格在合约到期时买卖规定数量的股票。

14. 股票组合期货是目前金融期货中最新的一类，是以标准化的股票组合为基础资产的金融期货。它是指协议双方同意在将来某一时期按约定的价格买卖规定数量的股票组合的可转让的标准化合约。

15. 金融期货的基本功能包括套期保值、价格发现、投机、套利四种。

16. 金融期权是指赋予其购买者在规定期限内，按双方约定的价格购买或出售一定数量某种金融资产的权利的合约。

17. 与金融期货相比，金融期权的主要特征在于它仅仅是买卖权利的交换。

18. 根据不同的分类标准，可以将金融期权划分为不同的类别。

19. 金融期货和金融期权买卖的都是远期交易的标准化合约，都要通过公开竞价进行交易，这是两者的共性。但金融期货和金融期权也存在明显的区别。

20. 可转换债券是指其持有者可以在一定时期内，按一定比例或价格将之转换成一定数量的另一种证券的有价证券。

21. 可转换债券的特征：债权性、期权性、内在回购性、股权性。

22. 可转换债券约定在一定条件下可以转换成普通股票，它的转换条件通常在证券发行时就做了规定。

23. 由于可转换债券既有债券或优先股的特征，又有转化成普通股的潜在可能，所以在不同的条件下具有不同的价值，主要表现为转换价值、理论价值及市场价格。

24. 认股权证全称股票认购授权证，它由上市公司发行，给予持有权证的投资者在未来某个时间或某一段时间以事先确认的价格购买一定数量该公司股票的权利。

课后习题

一、名词解释

1. 金融衍生工具 2. 金融期货 3. 金融期权 4. 可转换债券 5. 认股权证

二、单项选择题

1. 金融衍生工具产生的最基本原因（　　）。

A. 新技术革命　B. 金融自由化　C. 利润驱动　D. 避险

2. 根据（　　）划分，金融期权可以分为欧式期权、美式期权和百慕大式期权。

A. 选择权的性质

B. 合约所规定的履约时间的不同

C. 金融期权基础资产性质的不同

D. 协定价格与基础资产市场价格的关系

3. 下面关于可转换债券的叙述，错误的是（　　）。

A. 可转换债券是一种附有转股权的特殊债券

B. 可转换债券具有双重选择权

C. 投资者可自行选择是否转股，而可转换债券发行人拥有是否实施赎回条款的选择权

D. 可转换债券限定了发行人的收益、投资者的风险，对发行人的风险、投资者的收益却没有限制

4. 下列有关金融期货叙述不正确的是（　　）。

A. 金融期货必须在有组织的交易所进行集中交易

B. 在世界各国，金融期货交易至少要受到1家以上的监管机构监管，交易品种、交易者行为均需符合监管要求

C. 金融期货交易是非标准化交易

D. 金融期货交易实行保证金制度和每日结算制度

5. 美式权证持有人行权的时间（　　）。

A. 可以在权证失效日之前任何交易日

B. 可以在失效日当日

C. 可以在失效日之前一段规定时间内

D. 可以在失效日之后一段规定时间内

6. 可转换债券实际上是一种普通股票的（　　）。

A. 长期看涨期权　B. 长期看跌期权

C. 短期看涨期权　D. 短期看跌期权

三、多项选择题

1. 金融衍生工具的基本特征包括（　　）。

A. 跨期交易　B. 价格的联动性　C. 杠杆效应　D. 高风险性

2. 按基础工具划分，金融期货主要有（　　）。

A. 外汇期货　　B. 利率期货　　C. 股权类期货　　D. 股指期货

3. 以期权买方获得的权利来划分，可将期权分为（　　）。

A. 看涨期权　　B. 看跌期权　　C. 双向期权　　D. 欧式期权

4. 金融期货最基本的经济功能包括（　　）。

A. 规避风险　　B. 套期保值　　C. 价格发现　　D. 投资

5. 下列有关金融现货交易和金融期货交易的比较，正确的是（　　）。

A. 金融现货交易的对象是某一具体形态的金融工具，而金融期货交易的对象是金融期货合约

B. 金融现货交易和金融期货交易的主要目的都是套期保值

C. 金融现货交易价格是实时的成交价，而金融期货交易价格是对金融现货未来价格的预期

D. 金融现货交易和金融期货交易在交易方式和结算方式上是相似的

四、判断题

1. 期货交易中商品的交割必须在交易所指定的交割仓库进行。（　　）

2. 所有的商品都可以成为期货商品。（　　）

3. 期货交易必须遵循公开竞价的原则，它表现为所有交易必须公开进行，同时为保障公平原则，成交的先后顺序为数量优先、价格优先、时间优先。（　　）

4. 只有具备期货交易所会员资格才能代理客户进行期货交易。（　　）

5. 机构交易便是套期保值，个人买卖是投机。（　　）

6. 只要完整掌握了各种技术分析法，便可以准确预测期货价格运动趋势。（　　）

7. 股票指数期货交易可以回避股票市场的一切风险。（　　）

8. 期权买卖双方都要交纳一定比例的履约保证金。（　　）

9. 期权剩余期限的长短只影响期权的时间价值。（　　）

10. 风险基金是由政府出资建立用于防范期货市场风险的。（　　）

五、简答题

1. 简述股票指数期货的特点。

2. 简述金融期权的特征。

3. 可转换债券有哪些特点？

六、计算题

如果某可转换债券面额为 1 000 元，转换价格为 40 元，当股票的市价为 60 元时，该债券的转换比例为多少？当前的转换价值为多少？

实训任务

沪深 300 股指期货的买卖

沪深 300 股指期货是一种保证金交易，买卖不需要全额资金操作，其操作过程和买卖股票类似。用户需要在正规的期货公司开户，之后才能买卖沪深 300 股指期货。

沪深300股指期货特点：

（1）跨期性。沪深300股指期货是交易双方通过对股票指数变动趋势的预测，约定在未来某一时间按照一定条件进行交易的合约。因此，沪深300股指期货的交易是建立在对未来预期的基础上，预期的准确与否直接决定了投资者的盈亏。

（2）杠杆性。沪深300股指期货交易不需要全额支付合约价值的资金，只需要支付一定比例的保证金就可以签订较大价值的合约。例如，假设沪深300股指期货交易的保证金为10%，投资者只需支付合约价值10%的资金就可以进行交易。这样，投资者就可以控制10倍于所投资金额的合约资产。当然，在收益可能成倍放大的同时，投资者可能承担的损失也是成倍放大的。

（3）联动性。沪深300股指期货的价格与其标的资产——股票指数的变动联系极为紧密。股票指数是沪深300股指期货的基础资产，对沪深300股指期货价格的变动具有很大影响。与此同时，沪深300股指期货是对未来价格的预期，因而对股票指数也有一定的引导作用。

（4）高风险性和风险的多样性。沪深300股指期货的杠杆性决定了它具有比股票市场更高的风险性。此外，沪深300股指期货还存在着特定的市场风险、操作风险、现金流风险等。

在买卖沪深300股指期货时，需要注意以下几点：

（1）沪深300股指期货的波动比较大，投资者不要进行满仓操作。

（2）要充分认识沪深300股指期货的风险，新手不要配资做沪深300股指期货。

（3）要设置止盈与止损的目标，严格执行。

（4）不要盲目追涨，要根据当前的市场情况来做出判断。

思考：

1. 股指期货的基本功能是什么？
2. 股指期货有哪些特点？

项目五

投资组合——证券投资基金

学习目标

1. 理解投资基金的概念。
2. 了解投资基金的特征与类型。
3. 了解投资基金的运作流程。
4. 理解影响投资基金价格的因素。
5. 掌握证券投资基金的费用的计算。
6. 掌握证券投资基金资产估值的计算。
7. 掌握投资基金投资收益的计算。

引入案例

2020年基金业绩榜揭晓，冠军收益超166%

2020年的基金经理业绩排名揭晓：农银汇理赵诣管理的农银工业4.0以166.56%的收益夺冠，同时，赵诣管理的另外三只基金也夺得了全市场基金的第二、第三和第四名。这是继2019年刘格菘之后，基金行业再现“大满贯”（即一位基金经理同时获得全市场的冠亚季军）。

紧随赵诣之后，是黄安乐管理的工银中小盘、陆彬管理的汇丰晋西低碳先锋及孙迪、郑澄然管理的广发高端制造，三个产品的收益率均超过133%，且上下差距不超过1%。

盘点分类基金，陆彬的汇丰晋信低碳成为股票型基金冠军；赵诣的农银工业4.0成为混合型基金冠军，刘文良管理的南方昌元成为债基冠军。

此外，2020年股票型基金与混合型基金平均收益均超过25%，大幅超越市场指数和海外股票基金业绩，长期持有的国内基金持有人应该是收益满满。

思考：什么是基金？有哪些类型？如何计算基金投资收益？

任务一 认识证券投资基金

一、证券投资基金的概念

一般认为，基金起源于英国，是在 18 世纪末 19 世纪初产业革命的推动下出现的。当时，产业革命的成功使英国生产力水平迅速提高，工商业都取得较大的发展，其殖民地和海外贸易遍及全球，大量的资金为追逐高额利润而涌向其他国家。可是大多数投资者缺乏国际投资知识，又不了解外国的情况，难以直接参与海外投资。于是，人们便萌发了众人集资、委托专人经营和管理的想法。这一想法得到了英国政府的支持。1868 年，由政府出面组建了海外和殖民地政府信托组织，公开向社会发售受益凭证。海外和殖民地政府信托组织是公认的最早的基金机构，以分散投资于国外殖民地的公司债为主，其投资地区遍及南北美洲、中东、东南亚地区和意大利、葡萄牙、西班牙等国，当时的投资总额共达 48 万英镑。该基金类似股票，不能退股，也不能兑现，认购者的权益仅限于分红和派息。

一百多年来，随着社会经济的发展，世界基金产业从无到有、从小到大，尤其是 20 世纪 70 年代以来，随着世界投资规模的剧增、现代金融业的创新，品种繁多、名目各异的基金风起云涌，形成了一个庞大的产业。以美国为例，2006 年年底，美国共同基金的净资产总额已达 8.9 万亿美元，超过了商业银行的资产规模；2007 年，达到 10.4 万亿美元。基金产业已经与银行业、证券业、保险业并驾齐驱，成为现代金融体系的四大支柱之一。

证券投资基金在我国发展的时间还比较短，但在证券监管机构的大力扶植下，在短短的几年时间里获得了突飞猛进的发展。1997 年 11 月，国务院颁布《证券投资基金管理暂行办法》；1998 年 3 月，两只封闭式基金——基金金泰、基金开元设立，分别由国泰基金管理公司和南方基金管理公司管理；2004 年 6 月 1 日，《中华人民共和国证券投资基金法》正式实施，以法律形式确认了证券投资基金在资本市场及社会主义市场经济中的地位和作用，成为中国证券投资基金业发展史上的一个重要里程碑。证券投资基金业从此进入崭新的发展阶段，基金数量和规模迅速增长，市场地位日趋重要。

截至 2020 年 11 月底，我国境内共有基金管理公司 132 家，其中，中外合资公司 44 家，内资公司 88 家；取得公募基金管理资格的证券公司或证券公司资产管理子公司共 12 家、保险资产管理公司 2 家。以上机构管理的公募基金资产净值合计 18.75 万亿元。

投资基金，是指按照共同投资、共享收益、共担风险的基本原则和股份有限公司的某些原则，运用现代信托关系的机制，以基金方式将各个投资者彼此分散的资金集中起来以实现预期投资目的的投资组织制度。

证券投资基金是一种利益共享、风险共担的集合证券投资方式，即通过发行基金单位，集中投资者的资金，由基金托管人托管，由基金管理人管理和运用资金，从事股票、债券、外汇、货币等金融工具投资，以获得投资收益和资本增值。

从以上分析，我们可以看出证券投资基金包含了两层含义：

（1）证券投资基金是一种投资制度。

（2）证券投资基金发行的基金是一种面向社会大众的投资工具。

二、投资基金的运作流程

投资基金就是汇集众多分散投资者的资金，委托投资专家（如基金管理人）按其投资策略，统一进行投资管理，为众多投资者谋利的一种投资工具。投资基金集合大众资金，共同分享投资利润，分担风险，是一种利益共享、风险共担的集合投资方式。

投资基金运作基本流程如下：

（1）投资者资金汇集成基金。

（2）该基金委托投资专家——基金管理人投资运作。

其中，投资者、基金管理人、基金托管人通过基金契约方式建立信托协议，确立投资者出资（并享有收益、承担风险）、基金管理人受托负责理财、基金托管人负责保管资金三者之间的信托关系。基金管理人与基金托管人（主要是银行）通过托管协议确立双方的责权。

（3）基金管理人经过专业理财，将投资收益分给投资者。

在我国，基金托管人必须由合格的商业银行担任，基金管理人必须由专业人员担任。基金投资人享受证券投资基金的收益，也承担亏损的风险。

证券投资基金就是通过向社会公开发行基金单位筹集资金，并将资金用于证券投资。基金单位的持有者对基金享有资产所有权、收益分配权、剩余财产处置权和其他相关权利，并承担相应义务。

三、证券投资基金的特点

证券投资基金之所以在许多国家受到投资者的广泛欢迎，发展迅速，与证券投资基金自身的特点有关。作为一种现代化投资工具，证券投资基金所具备的特点是十分明显的。

（一）集合投资

基金的特点是将零散的资金汇集起来，交给专业机构进行投资运作以谋取资产的增值。基金对投资的最低限额要求不高，投资者可以根据自己的经济能力决定购买数量，有些基金甚至不限制投资额大小，因此，基金可以最广泛地吸收社会闲散资金，集腋成裘，汇成规模巨大的投资资金。在参与证券投资时，资本越雄厚，优势越明显，而且可能享有大额投资在降低成本上的相对优势，从而获得规模效益的好处。

（二）分散风险

以科学的投资组合降低风险、提高收益是基金的另一大特点。在投资活动中，风险和收益总是并存的，因此，“不能将鸡蛋放在一个篮子里”。但是，要实现投资资产的多样化，需要一定的资金实力。对小额投资者而言，由于资金有限，很难做到这一点，而基金则可以帮助中小投资者解决这个困难，即可以凭借其集中的巨额资金，在法律规定的投资范围内进行科学的组合，分散投资于多种证券，实现资产组合多样化。通过多元化的投资组合，一方面，借助于资金庞大和投资者众多的优势使每个投资者面临的投资风险变小；另一方面，利用不同投资对象之间收益率变化的相关性，达到分散投资风险的目的。

（三）专业理财

将分散的资金集中起来以信托方式交给专业机构进行投资运作，既是证券投资基金的一个重要特点，也是它的一个重要功能。基金实行专业理财制度，由受过专门训练、具有比较丰富的证券投资经验的专业人员运用各种技术手段收集、分析各种信息资料，预测金融市场上各个品种的价格变动趋势，制定投资策略和投资组合方案，从而可避免投资决策失误，提高投资收益。对于那些没有时间，或者对市场不太熟悉的中小投资者来说，投资于基金可以分享基金管理人在市场信息、投资经验、金融知识和操作技术等方面所拥有的优势，从而尽可能地避免盲目投资带来的失误。

（四）共同受益

基金投资者是基金的所有者，基金投资者共担风险、共享收益。基金投资收益在扣除由基金承担的费用后的盈余全部归基金投资者所有，并依据各投资者所持有的基金份额比例进行分配。为基金提供服务的基金托管人、基金管理人只能按规定收取一定的托管费、管理费，并不参与基金收益的分配。

（五）监管严格

为切实保护投资者的利益，增强投资者对基金投资的信心，中国证监会对基金业实行比较严格的监管，对各种有损投资者利益的行为进行严厉的打击，并强制基金进行较为充分的信息披露。在这种情况下，监管严格与信息透明也就成为基金的一个显著特点。

四、证券投资基金的作用

（一）基金为中小投资者拓宽了投资渠道

对中小投资者来说，存款或买债券较为稳妥，但收益率较低；投资于股票有可能获得较高收益，但风险较大。证券投资基金作为一种新型的投资工具，将众多投资者的小额资金汇集起来进行组合投资，由专家来管理和运作，经营稳定，收益可观，为中小投资者提供了较为理想的间接投资工具，大大拓宽了中小投资者的投资渠道。在美国，有50%左右的家庭投资于基金，基金占所有家庭资产的40%左右。可以说，基金已进入寻常百姓家，成为大众化的投资工具。

（二）有利于证券市场的稳定和发展

一方面，基金的发展有利于证券市场的稳定。证券市场的稳定与否同市场的投资者结构密切相关。基金的出现和发展，能有效地改善证券市场的投资者结构。基金由专业投资人士经营管理，其投资经验比较丰富，收集和分析信息的能力较强，投资行为相对理性，客观上能起到稳定市场的作用。同时，基金一般注重资本的长期增长，多采取长期的投资行为，较少在证券市场上频繁进出，能减少证券市场的波动。另一方面，基金作为一种主要投资于证券市场的金融工具，它的出现和发展增加了证券市场的投资品种，扩大了证券市场的交易规模，起到了丰富和活跃证券市场的作用。随着基金的发展壮大，它已成为推动证券市场发展的重要动力。

五、证券投资基金与股票、债券的区别

（一）反映的经济关系不同

股票反映的是所有权关系，债券反映的是债权债务关系，而基金反映的则是信托关系，但公司型基金除外。

（二）所筹集资金的投向不同

股票和债券是直接投资工具，筹集的资金主要投向实业，而基金是间接投资工具，所筹集的资金主要投向有价证券等金融工具。

（三）风险水平不同

股票的直接收益取决于发行公司的经营效益，不确定性强，投资于股票有较大的风险。债券的直接收益取决于债券利率，而债券利率一般是事先确定的，投资风险较小。基金主要投资于有价证券，投资选择灵活多样，从而使基金的收益有可能高于债券，投资风险又可能小于股票。因此，基金能满足那些不能或不宜直接参与股票、债券投资的个人或机构的需要。

六、证券投资基金的分类

（一）按基金的组织形式不同划分

按基金的组织形式不同，基金可分为契约型基金和公司型基金。

1. 契约型基金

契约型基金又称为单位信托基金，是指将投资者、管理人、托管人三者作为信托关系的当事人，通过签订基金契约的形式发行受益凭证而设立的一种基金。契约型基金起源于英国，后来在新加坡、印度尼西亚、中国香港等国家和地区十分流行。契约型基金是基于信托原理而组织起来的代理投资方式，没有基金章程，也没有公司董事会，而是通过基金契约来规范三方当事人的行为。基金管理人负责基金的管理操作；基金托管人作为基金资产的名义持有人，负责基金资产的保管和处置，对基金管理人的运作实行监督。

2. 公司型基金

基金公司是依据基金公司章程设立，在法律上具有独立法人地位的股份投资公司。公司型基金以发行股份的方式募集资金，投资者购买基金公司的股份后，以基金持有人的身份成为基金公司的股东，凭其持有的股份依法享有投资收益。公司型基金在组织形式上与股份有限公司类似，由股东选举董事会，由董事会选聘基金管理公司，基金管理公司负责管理基金的投资业务。

公司型基金的特点主要有两个方面：一方面，基金的设立程序类似于一般股份公司，

基金本身为独立法人机构，但不同于一般股份公司的是，它委托基金管理公司作为专业的财务顾问或管理人来经营、管理基金资产；另一方面，基金的组织结构与一般股份公司类似，设有董事会和持有人大会，基金资产归基金所有。

（二）按基金的运作方式不同划分

按基金的运作方式不同，基金可分为封闭式基金和开放式基金。

1. 封闭式基金

封闭式基金是指经核准的基金份额总额在基金合同期限内固定不变，基金份额可以在依法设立的证券交易场所交易，但基金份额持有人不得申请赎回的基金。由于封闭式基金在封闭期内不能追加认购或赎回，投资者只能通过证券经纪商在二级市场上进行基金的买卖。封闭式基金的期限是指基金的存续期，即基金从成立起到终止之间的时间，通常在5年以上，一般为10年或15年，经受益人大会通过并经主管机关同意可以适当延长期限。我国的封闭式基金存续期，是经证监会设立的，不得少于5年。封闭式基金期满后，投资者可按持有的份额分得相应的剩余净资产。

2. 开放式基金

开放式基金是指基金份额总额不固定，基金份额可以在基金合同约定的时间和场所申购或者赎回的基金。开放式基金没有发行规模限制，投资者可随时提出申购或赎回申请，基金规模随之增加或减少。为了满足投资者赎回资金、实现变现的要求，开放式基金一般都从所筹资金中拨出一定比例，以现金形式保持这部分资产。这虽然会影响基金的盈利水平，但对于开放式基金来说是必需的。开放式基金没有固定期限，投资者可随时向基金管理人赎回基金份额，若大量赎回甚至会导致清盘。

（三）按投资标的划分

按投资标的划分，可分为国债基金、股票基金、货币市场基金、指数基金、黄金基金、衍生投资基金等。

1. 国债基金

国债基金，是一种以国债为主要投资对象的证券投资基金。由于国债的年利率固定，又有国家信用作为保证，因而这类基金的风险较低，适合于稳健型投资者。国债基金的收益会受市场利率的影响，当市场利率下调时，其收益会上升；若市场利率上调，其收益将下降。除此之外，汇率也会影响基金的收益，管理人在购买国际债券时，往往还需要在外汇市场上进行套期保值。

2. 股票基金

股票基金，是指以上市股票为主要投资对象的证券投资基金。股票基金的投资目标侧重于追求资本利得和长期资本增值。基金管理人拟订投资组合，将资金投放到一个或几个国家甚至全球的股票市场，以达到分散投资、降低风险的目的。股票基金是最重要的基金品种，它的优点是资本的成长潜力较大，投资者不仅可以获得资本利得，还可以通过股票基金将较少的资金投资于各类股票，从而实现在降低风险的同时保持较高收益的投资目标。按基金投资的分散化程度，可将股票基金划分为一般股票基金和专门化股票基金。前者分散投资于各种普通股票，风险较小；后者专门投资于某一行业、某一地区的股票，风险相对较大。由于股票投资基金聚集了巨额资金，几只甚至一只大规模的基金就可以引发股市动荡，所以各国政府对股票基金的监管都十分严格，不同程度地规定了基金购买某一家上市公司的股票总额不得超过基金资产净值的一定比例，以防止基金过度投机和操纵股市。

3. 货币市场基金

货币市场基金，是以货币市场工具为投资对象的一种基金，其投资对象期限在 1 年以内，包括银行短期存款、国库券、公司短期债券、银行承兑票据及商业票据等货币市场工具。货币市场基金的优点是资本安全性高，购买限额低，流动性强，收益较高，管理费用低，有些还不收取赎回费用。因此，货币市场基金通常被认为是低风险的投资工具。

4. 指数基金

指数基金是 20 世纪 70 年代以来出现的新的基金品种，其特点是投资组合模仿某一股价指数或债券指数，收益随着即期的价格指数上下波动。当价格指数上升时，基金收益增加；反之，收益减少。基金因始终保持即期的市场平均收益水平，因而收益不会太高，也不会太低。

5. 黄金基金

黄金基金，是指以黄金或其他贵金属及其相关产业的证券为主要投资对象的基金。其收益率一般随贵金属的价格波动而变化。

6. 衍生投资基金

衍生证券投资基金是一种以衍生证券为投资对象的基金，包括期货基金、期权基金、认股权证基金等。这种基金风险大，因为衍生证券一般是高风险的投资品种。

（四）按投资目标划分

按投资目标划分，可分为成长型基金、收入型基金和平衡型基金。

1. 成长型基金

这种基金追求的是基金资产的长期增值，为了达到这一目标，基金管理人通常将基金资产投资于信誉度较高、有长期成长前景或长期盈余的所谓成长公司的股票。成长型基金又可分为稳健成长型基金和积极成长型基金。

2. 收入型基金

主要投资于可带来现金收入的有价证券，以获取当期的最大收入为目的。收入型基金资产的成长潜力较小，损失本金的风险相对也较低，一般可分为固定收入型基金和股票收入型基金。固定收入型基金的主要投资对象是债券和优先股，因而尽管收益率较高，但长期成长的潜力很小，而且当市场利率波动时，基金净值容易受到影响。股票收入型基金的成长潜力比较大，但易受股市波动的影响。

3. 平衡型基金

将资产分别投资于两种不同特性的证券上，并在以取得收入为目的的债券及优先股和以资本增值为目的的普通股之间进行平衡。这种基金一般将资产投资于债券及优先股，其余的投资于普通股。平衡型基金的主要目的是从其投资组合的债券中得到适当的利息收益，同时又可以获得普通股的升值收益。投资者既可获得当期收入，又可得到资金的长期增值。平衡型基金的特点是风险比较低，缺点是成长的潜力不大。

（五）按基金交易所交易的开放式划分

按照基金交易所交易的开放式，基金可分为交易所交易基金和上市开放式基金。

交易所交易的开放式基金是传统封闭式基金的交易便利性与开放式基金可赎回性相结合的一种新型基金。目前，我国沪、深证券交易所已经分别推出交易所交易基金和上市开放式基金两类变种。

1. 交易所交易基金

交易所交易基金指的是可以在交易所交易的基金。上海证券交易所则将其定名为“交易型开放式指数基金”。这是一种在交易所上市交易的、基金份额可变的基金运作方式，它结合了封闭式基金与开放式基金的运作特点，一方面，可以像封闭式基金一样在交易所二级市场进行买卖；另一方面，又可以像开放式基金一样申购、赎回。不同的是，它的申购是用一揽子股票换取其基金份额，赎回时也是换回一揽子股票而不是现金。这种交易方式使该类基金存在一、二级市场之间的套利机制，可有效防止类似封闭式基金的大幅折价现象。

2. 上市开放式基金

上市开放式基金是一种既可以在场外市场进行基金份额申购赎回，又可以在交易所（场内市场）进行基金份额交易、申购或赎回的开放式基金，它是我国对证券投资基金的一种本土化创新。

任务二　证券投资基金的资产估值与价格

一、证券投资基金的费用

基金从设立到终止都要支付一定的费用。通常情况下，基金所支付的费用主要有以下几个方面。

（一）基金管理费

基金管理费是指从基金资产中提取的、支付给为基金提供专业化服务的基金管理人的费用，即管理人为管理和操作基金而收取的费用。基金管理费通常按照每个估值日基金净资产的一定比率（年率）逐日计提，累计至每月月底，按月支付，管理费率的大小通常与基金规模成反比，与风险成正比。基金规模越大，风险越小，管理费率就越低；反之，则越高。不同的国家及不同种类的基金，管理费率不完全相同。在美国，各种基金的年管理费率通常在基金资产净值的1％左右。在各种基金中，货币市场基金的年管理费率最低，为基金资产净值的0.25％～1％；其次是债券基金，为0.5％～1.5％；股票基金居中，为1％～1.5％；认股权证基金为1.5％～2.5％。我国基金的年管理费率最初为2.5％，随着基金规模的扩大和竞争的加剧，管理费有逐步调低的倾向。目前，我国基金大部分按照1.5％的比例计提基金管理费，债券型基金的管理费率一般低于1％，货币基金的管理费率为0.33％。管理费通常从基金的股息、利息收益中或从基金资产中扣除，不另向投资者收取。

（二）基金托管费

基金托管费是指基金托管人为保管和处置基金资产而向基金收取的费用。托管费通常按照基金资产净值的一定比率提取，逐日计算并累计，按月支付给托管人。托管费从基金资产中提取，费率也会因基金种类不同而异，如香港怡富东方小型企业信托基金的托管费率为0.20%；而香港渣打世界投资基金支付的托管年费分得更细，股票基金为基金资产净值的0.25%，债券基金为基金资产净值的0.125%。目前，我国封闭式基金按照0.25%的比例计提基金托管费，开放式基金根据基金合同的规定比例计提，通常低于0.25%；股票型基金的托管费率要高于债券型基金及货币市场基金的托管费率。我国规定，基金托管人可磋商酌情调低基金托管费，经中国证监会核准后公告，无须为此召开基金持有人大会。

（三）其他费用

证券投资基金的费用还包括：封闭式基金上市费用；证券交易费用；基金信息披露费用；基金持有人大会费用；与基金相关的会计师、律师等中介机构费用；基金分红手续费；清算费用；法律法规及基金契约规定可以列入的其他费用。上述费用由基金托管人根据法律法规及基金合同的相应规定，按实际支出金额支付。

二、证券投资基金资产估值

基金资产的估值是指计算、评估基金资产和负债的价值，以确定基金资产净值和基金份额净值的过程。经基金资产估值后确定的基金资产净值而计算出的基金份额净值，是计算基金份额转让价格尤其是计算开放式基金申购与赎回价格的基础。

估值对象为基金依法拥有的各类资产，如股票、债券、权证等。基金管理人应于每个变易日当天对基金资产进行估值；遇到特殊情况，可以暂停估值。

（一）估值基本原则

按照《企业会计准则》和中国证监会相关规定，估值的基本原则包括以下内容：

（1）对存在活跃市场的投资品种，如果估值日有市价的，应采用市价确定公允价值。估值日无市价，但最近交易日后经济环境未发生重大变化的，应采用最近交易市价确定公允价值；估值日无市价，且最近交易日后经济环境发生了重大变化的，应参考类似投资品种的现行市价及重大变化因素，调整最近交易市价，确定公允价值。有充分证据表明最近交易市价不能真实反映公允价值的（如异常原因导致长期停牌或临时停牌的股票等），应对最近交易市价进行调整，以确定投资品种的公允价值。

（2）对不存在活跃市场的投资品种，应采用市场参与者普遍认同且被以往市场实际交易价格验证，具有可靠性的估值技术确定公允价值。运用估值技术得出的结果，应反映估值日在公平条件下进行正常商业交易所采用的交易价格。采用估值技术确定公允价值时，应尽可能使用市场参与者在定价时考虑的所有市场参数，并应通过定期校验，确保估值技术的有效性。

（3）有充足理由表明按以上估值原则仍不能客观反映相关投资品种的公允价值的，基金管理公司需根据具体情况与托管银行进行商定，按最能恰当反映公允价值的价格估值。

（二）估值计算

（1）基金资产总值是指基金所拥有的各类证券的价值、银行存款本息、基金应收的申购基金款以及其他投资所形成的价值总和。

（2）基金资产净值是指基金资产总值减去负债后的价值，用公式表示为：

$$基金资产净值=基金资产总值-基金负债$$

其中，基金资产总值指基金拥有的所有资产，包括股票、债券、银行存款和其他有价证券等；基金负债指基金运作及融资时所形成的负债，包括应付给他人的各项费用、应付资金利息等。

（3）基金份额净值是指某一时点上某一投资基金每份基金份额实际代表的价值。用公式表示为：

$$基金份额净值=\frac{基金资产净值}{基金总份额}$$

其中，基金总份额是指当时发行在外的基金单位的总量。

（三）影响证券投资基金价值的主要因素

1. 基金管理公司

投资基金的价值在很大程度上取决于基金管理公司。一个好的基金管理公司，往往能给基金持有者极高的投资回报；反之，则可能因投资失败而使基金的净值大幅度下降。对基金管理公司可以从两方面去考察：一是考察基金管理公司领导班子的整体专业水平、调研能力、实际运作经验，尤其要注意主要负责者的社会背景、决策能力。一个和社会各阶层人士有密切联系的主要负责人，总能及时获取投资决策所需的信息，从而能捕捉到投资良机，规避市场风险。二是考察基金管理公司的以往战绩。一般认为，基金的长期业绩是专业水平、信息量、决策能力等诸项要素的综合反映，不存在偶然因素，而以往的战绩则具体反映了基金管理公司的诸项能力的高低。因此，在人事上没有大变动的情况下，其将来也会维持目前的获利水平。

2. 基金销售费用

基金销售费用是信托资产运行时必不可少的费用，但费用率的高低则影响着对投资者的回报率。一项对美国投资基金的调查研究认为，所收取的销售费用的高低与基金的经营管理无关，即收费高的基金与收费低的基金业绩相差不大。在这种情况下，收费高的基金很明显降低了基金的资产，少了一部分本可以产生利润的基金资产；而收费低或不收费的基金则可将大部分基金资产或全部基金资产用来投资，产生利润的基数要比前者大。

3. 基金发行规模

基金发行规模的大小，将影响基金的收益水平，从而影响着基金的价值。规模的大小影响着基金投资证券的持有期。小型基金由于进出容易，常进行短期投资，因此，规避系统性风险的能力较强，常可获得较高的投资收益率。大型基金则相反，易进难出的特点决定了其长期持有的投资策略，因此，在发生价格的不利波动时，不能有效地规避风险，从而影响了基金的收益。规模的大小影响着基金的单位费用率。小型基金在发行、运作时由于受其中的不变成本的影响，使单位费率标准居高不下，影响了投资收益率；而大型基金由于规模大，易产生规模效应，从而降低了单位费率。规模的大小影响着基金持有证券品种的多寡。小型基金由于资金量小，投资分散程度不够，不能有效规避非系统性风险；大型基金规模大，为了达到有关法律要求的持有比例，往往投资于几百种证券，但增加了管理成本，同时也不利于选择最佳的投资目标。

4. 基金举债规模

封闭式投资基金由于受固定规模的约束，不能靠增发基金份额来扩充经营规模，但它有多种筹资渠道，其中之一就是向金融机构及民间举债。举债目的，一是解决日常运作费用；二是扩大经营规模。另外，分析举债规模时不仅要分析债务占基金净资产的比重及对基金本金的影响程度，还要分析债务利率对基金经营的影响。一般来说，当利率低于基金投资收益时，使用财务杠杆较为有利；反之，则应弃之不用。

三、投资基金价格的决定

（一）开放式基金的价格决定

开放式基金由于经常不断地按客户要求购回或者卖出基金单位，因此，其价格分为两种，即申购价格和赎回价格。

1. 申购价格

开放式基金一般不进入证券交易所流通买卖，而主要在场外进行交易。投资者在购入开放式基金单位时，除了支付资产净值之外，还要支付一定的销售附加费用。也就是说，开放式基金单位的申购价格包括资产净值和一定的附加费用。用公式表示为：

$$申购价格=\frac{基金资产净值}{1-附加费率}$$

2. 赎回价格

开放式基金承诺投资者可以在任一赎回日根据个人意愿赎回其所持基金单位。对于赎回时不收取任何费用的开放式基金来说，赎回价格就等于基金资产净值。

有些开放式基金赎回时是收取费用的，按照基金投资年数不同而设立不同的赎回费率。持有该基金单位时间越长，费率越低。当然，也有一些基金收取的是统一费率。可见，开放式基金的价格与资产净值密切相关，在相关费用确定的条件下，开放式基金申购、赎回价格的计算，用公式表示为：

$$赎回价格=\frac{基金资产净值}{1+赎回费率}$$

例 5-1 刘先生有 100 万元用来申购开放式基金，假定申购的费率为 2%，单位基金净值为 1.5 元，那么：

申购费用=100×2%=2（万元）

净申购金额=100－2=98（万元）

申购份额=98÷0.000 15=653 333.33（份）

例 5-2 刘先生要赎回上述基金，假定赎回的费率为 1%，单位基金净值为 1.6 元，那么：

赎回价格＝1.6÷(1＋1%)＝1.584（元）

赎回金额＝653 333.33×1.584＝103.488（万元）

（二）封闭式基金的价格决定

封闭式基金的价格和股票价格一样，可以分为发行价格和交易价格。封闭式基金的发行价格由两部分组成：一部分是基金的面值；另一部分是基金的发行费用，包括律师费、会计师费等。封闭式基金发行期满后一般都申请上市交易，因此，它的交易价格和股票价格的表现形式一样，可以分为开盘价、收盘价、最高价、最低价、成交价等。

封闭式基金的交易价格主要受到六个方面的影响：基金资产净值、市场供求关系、宏观经济状况、证券市场状况、基金管理人的管理水平及政府有关基金的政策。其中，确定基金价格最根本的依据是每基金单位资产净值及其变动情况。

根据中国证监会的有关规定，封闭式基金须在每个交易日对基金资产按照市价估值。封闭式基金计算净值时的主要原则如下：

（1）任何上市流通的有价证券须以估值日在证券交易所挂牌的平均市价估值；估值日无交易的，以最近交易日的市价估值。

（2）配股和增发新股须以估值日在证券交易所挂牌的同一股票的市价估值。

（3）首次公开发行的股票，按成本估值。

（4）证券交易所市场未实行净价交易的债券按估值日收盘价减去债券收盘价中所含的债券应收利息得到的净价进行估值；估值日没有交易的，按最近交易日债券收盘价计算得到的净价估值。

（5）如有确凿证据表明按上述方法进行估值不能客观反映有价证券的公允价值，基金管理公司应根据具体情况与基金托管人商定后，按最能反映公允价值的价格估值。

尽管每个交易日均须估值，但是目前封闭式基金仅需每周对外公布一次单位净值，所以一般对外公布每周五的单位净值数。

（三）影响基金价格的因素

1. 基金单位资产净值

基金单位资产净值是基金单位的内在价值，是决定基金价格的最重要因素。基金单位资产净值高，基金价格就会相应较高；反之，基金价格就会较低。基金单位资产净值主要受三个因素影响：基金管理人的管理水平、证券市场的走势及活跃程度、基金的所得税政策。

2. 基金市场的活跃程度

一般来说，基金的价格和基金市场有着密切关系，活跃程度的大小直接影响着基金交易的活跃程度及基金价格。影响基金市场交易活跃程度的因素主要有以下三方面：

（1）基金交易成本。基金成本主要包括基金交易佣金标准和基金交易印花税政策等。如基金交易佣金和基金交易印花税调高，将增加基金的交易成本，减少基金的投资性，对基金的价格有负面影响。

（2）投资者的投机心理。如果大多数投资者偏重投机，追高杀跌，将加剧基金价格的波动。

（3）基金市场的供求关系。如果投资基金的人比较多，市场需求比较大，而基金发行的规模比较小，基金供不应求，将刺激二级市场基金价格的上升；反之，基金价格将会下跌。

3. 银行存款利率

对投资者来说，有许多投资选择，比如将手头的钱存入银行，或者直接投资于证券市场，或购买基金等。如果银行存款利率提高，将增加银行存款对投资者的吸引力，部分投资者将增加银行存款、减持基金，从而使基金价格回落；反之，如果调低银行存款利率，将使基金价格趋升。

总的来说，影响基金价格的因素很多，除上述几项因素外，还包括其他各种政治、经济和人文因素。

任务三　证券投资基金的投资收益

一、基金投资收益的来源

基金收益率在某种程度上是投资者选择投资基金的准绳之一。基金收益的来源主要有以下几方面。

（一）股票股利收入

基金的股利收益是指购入的股票在持有期从上市公司获得的一种分配收益。股利一般有两种形式，即现金股利和股票股利。现金股利以现金的形式发放。股票股利以送股或者配股的形式发送，不涉及现金收益，所以尽管属于基金收益，但是一般通过在除息日对分配所得的股票进行估值来体现，并不直接计入收入类科目。现金股利则是在除息时直接计入基金收益。

（二）利息收入

（1）债券利息。基金的债券利息是指投资于各种债券而获得的定期利息收入。

（2）存款利息。这部分收益占很小的一部分，指的是基金将资金存入银行或者中国证券登记结算有限责任公司所获得的利息收入。开放式基金必须随时准备接受基金投资人的赎回申请，因此必须保留部分（至少为5%）现金存在银行。存款利息逐日计提，计入基金收益。

（三）资本利得

证券买卖差价是基金在证券市场上买卖证券时形成的差价收益。一般来说，证券买卖差价在成交时即可确认为收入。

（四）买入返售证券收入

这部分收入是指在国家规定的场所进行融券业务而取得的收入。买入返售证券收入在证券持有期内采用直线法计提收益。

（五）其他收入

其他收入是指除上述收入类型以外的收入，例如，赎回费扣除基本手续费后的余额、手续费的返还、因运用基金资产而带来的成本和费用的节约等。

二、基金投资收益的分配

基金收益一般应作如下分配。

（一）确定收益分配的内容

确切地说，基金分配的客体是净收益，即基金收益扣除按照有关规定应扣除的费用后的余额。这里所说的费用，一般包括支付给基金管理公司的管理费、支付给托管人的托管费、支付给注册会计师和律师的费用、基金设立时发生的开办费及其他费用等。一般而言，基金当年净收益应在弥补上一年亏损后，才可进行当年收益分配；基金投资当年净亏损，则不应进行收益分配。特别需要指出的是，上述收益和费用数据都须经过具备从事证券相关业务资格的会计师事务所和注册会计师审计确认后，方可实施分配。

（二）确定收益分配的比例和时间

按照《证券投资基金管理办法》的规定，封闭式基金的收益分配每年不得少于一次，封闭式基金年度收益分配比例不得低于基金年度已实现收益的90%。开放式基金的基金合同应当约定每年基金收益分配的最多次数和基金收益分配的最低比例。基金管理人在进行红利分配时，需要定出某一天，界定哪些基金持有人可以参加分红，定出的这一天就是权益登记日。也就是说，在权益登记日当天仍持有基金并得到确认的投资者均可享受此次分红。

（三）确定收益分配的对象

无论是封闭式基金还是开放式基金，其收益分配的对象均为在特定时日持有基金单位的投资者。基金管理公司通常需规定获得收益分配权的最后权益登记日，只有在这一天交易结束后列于基金持有人名册上的投资者，方有权享受此次收益分配。

（四）确定收益分配的方式

基金利润（收益）分配通常有两种方式：一是分配现金，这是最普遍的分配方式；二是分配基金份额，即将应分配的净利润折为等额的新的基金份额送给受益人。基金收益分配应当采用现金方式。开放式基金的基金份额持有人可以事先选择将所获分配的现金收益按照基金合同有关基金份额申购的约定转为基金份额；基金份额持有人事先未作出选择的，基金管理人应当支付现金。

三、基金投资收益率的计算

基金投资收益率即基金证券投资实际收益与投资成本的比率。投资收益率的值越高，则基金证券的收益能力越强。如果基金证券的购买与赎回要缴纳手续费，则计算时应考虑手续费因素。计算公式为：

$$收益=当日基金净值\times基金份额\times(1-赎回费率)-申购金额+现金分红$$

$$收益率=\frac{收益}{申购金额}\times100\%$$

例 5-3 王小姐于 2021 年 2 月花了 10 000 元申购某基金，申购时基金份额净值 0.99 元，申购费率为 1‰；4 月份，现金分红每 10 份 0.2 元；6 月份赎回，赎回费率 0.5%，赎回时基金份额净值 1.05 元。那么，王小姐的最终收益为：

$$申购费用=10\ 000\times1‰=10（元）$$

$$申购份额=\frac{10\ 000-10}{0.99}=10\ 000（份）$$

$$现金分红=\frac{10\ 000}{10}\times0.2=200（元）$$

$$赎回费用=10\ 000\times1.05\times0.5\%=52.5（元）$$

$$赎回金额=10\ 000\times1.05-52.5=10\ 447.5（元）$$

$$投资收益=10\ 447.5+200-10\ 000=647.5（元）$$

$$收益率=\frac{647.5}{10\ 000}\times100\%=6.475\%$$

项目小结

1. 投资基金，是指按照共同投资、共享收益、共担风险的基本原则和股份有限公司的某些原则，运用现代信托关系的机制，以基金方式将各个投资者彼此分散的资金集中起来以实现预期投资目的的投资组织制度。

2. 投资基金就是汇集众多分散投资者的资金，委托投资专家（如基金管理人）按其投资策略，统一进行投资管理，为众多投资者谋利的一种投资工具。投资基金集合大众资金，共同分享投资利润，分担风险，是一种利益共享、风险共担的集合投资方式。

3. 证券投资基金所具备的特点有集合投资、分散风险、专业理财、共同受益、监管严格。

4. 按基金的组织形式不同，基金可分为契约型基金和公司型基金；按基金的运作方式不同，基金可分为封闭式基金和开放式基金；按投资标的划分，基金可分为国债基金、股票基金、货币市场基金等；按投资目标划分，基金可分为成长型基金、收入型基金和平衡型基金。目前，我国沪、深证券交易所已经分别推出交易所交易基金和上市开放式基金两类变种。

5. 基金从设立到终止都要支付一定的费用。通常情况下，基金所支付的费用主要有基金管理费、基金托管费及其他费用。

6. 基金资产总值是指基金所拥有的各类证券的价值、银行存款本息、基金应收的申购基金款以及其他投资所形成的价值总和。基金资产净值是指基金资产总值减去负债后的价值，即基金资产净值=基金资产总值-基金负债。

7. 影响证券投资基金价值的主要因素有基金管理公司、基金销售费用、基金发行规模、基金举债规模。

8. 开放式基金的价格分为两种，即申购价格和赎回价格。

9. 影响基金价格的因素有基金单位资产净值、基金市场的活跃程度、银行存款利率。

10. 基金收益的来源主要有股票股利收入、利息收入、资本利得、买入返售证券收入及其他收入。

11. 基金利润（收益）分配通常有两种方式：一是分配现金，这是最普遍的分配方式；二是分配基金份额，即将应分配的净利润折为等额的新的基金份额送给受益人。

课后习题

一、名词解释

1. 基金　2. 契约型基金　3. 公司型基金　4. 封闭式基金　5. 开放式基金　6. 国债基金　7. 股票基金　8. 货币市场基金　9. 指数基金　10. 成长型基金　11. 收入型基金　12. 平衡型基金　13. 交易所交易基金　14. 上市开放式基金

二、单项选择题

1. 证券投资基金通过发行基金单位集中的资金，交由（　　）管理和运作。

A. 基金托管人　　B. 基金承销公司

C. 基金管理人　　D. 基金投资顾问

2. 证券投资基金通过发行基金单位集中的资金，交由（　　）托管。

A. 证券托管人　　B. 证券承销公司

C. 证券管理公司　　D. 基金投资顾问

3. 证券投资基金在美国的称谓是（　　）。

A. 股票基金　　B. 单位信托基金

C. 证券投资信托基金　　D. 共同基金

4. 我国《基金法》于（　　）正式实施，成为中国证券投资基金业发展史上的一个重要里程碑。

A. 1997 年 11 月　　B. 1998 年 3 月

C. 2004 年 6 月　　D. 2006 年 8 月

5. 证券投资基金的资金主要投向（　　）。

A. 实业　　B. 邮票　　C. 有价证券　　D. 珠宝

6. 一般情况下，投资风险按由低到高顺序排列，正确的是（　　）。

A. 债券、基金、股票　　B. 基金、股票、债券

C. 股票、债券、基金　　D. 股票、基金、债券

7. 契约型基金是基于（　　）而组织起来的代理投资行为。

A. 信托原理　　B. 代理原理　　C. 契约原理　　D. 公约原理

8. 契约型证券投资基金反映的是（　　）。

A. 所有权关系　　B. 债权债务关系　　C. 经营权关系　　D. 信托关系

9. 认购公司型基金的投资人是基金公司的（　　）。
A. 债权人　B. 受益人　C. 股东　D. 委托人
10. 封闭式基金的交易方式是（　　）。
A. 赎回　B. 证交所上市
C. 既可赎回，又可上市　D. 柜台交易
11. 与开放式基金相比，封闭式基金的交易价格会更直接受制于（　　）。
A. 基金总产值　B. 基金净资产　C. 市场供求关系　D. 基金负债
12. 开放式基金的交易价格取决于（　　）。
A. 基金总资产值　B. 基金单位净资产值
C. 市场供求关系　D. 基金资产净值总额
13. 关于封闭式基金的基金规模和封闭期限，下列说法正确的是（　　）。
A. 规模和期限在任何情况下都可以改变
B. 规模在任何情况下不可以改变，期限若经受益人大会通过并经管理部门同意可以延长
C. 期限在任何情况下不可以改变，规模若经法定程序认可可以增加
D. 规模和期限若经法定程序认可均可以改变
14. 基金届满即为基金终止，对基金资产进行清产核资后的（　　）按投资者出资比例分配。
A. 基金净资产　B. 基金总资产　C. 基金投资额　D. 基金流动资产额

三、多项选择题

1. 证券投资基金的特点是（　　）。
A. 集合投资　B. 分散风险　C. 专业理财　D. 共同受益
E. 监管严格
2. 下列属于证券投资基金的功能的是（　　）。
A. 为中小投资者拓宽了投资渠道
B. 通过把投资转化为储蓄，有力地促进了产业发展和经济增长
C. 基金的发展有利于证券市场的稳定
D. 基金起了丰富和活跃证券市场的作用
3. 证券投资基金与股票、债券的区别在于（　　）。
A. 所反映的关系不同　B. 所筹资金的投向不同
C. 筹资规模不同　D. 风险水平不同
4. 按基金组织形式的不同，证券投资基金可分为（　　）。
A. 开放式基金　B. 封闭式基金　C. 契约型基金　D. 公司型基金
5. 契约型基金的当事人有（　　）。
A. 管理人　B. 托管人　C. 承销公司　D. 投资者
6. 影响封闭式基金单位价格的直接因素有（　　）。
A. 资产净值　B. 基金收益　C. 市场供求状况　D. 基金风险
7. 决定封闭式基金期限长短的因素主要包括（　　）。
A. 基金本身投资期限的长短

B. 基金本身的流通份额，份额大，期限则长；反之则短
C. 宏观经济的形势
D. 基金本身的流通份额，份额小则易扩募、期限长；份额大，期限则短
8. 股票基金的投资目标侧重于追求（　　）。
A. 股票红利　　B. 资本利得　　C. 长期资本增值　D. 公司控股权
9. 货币市场基金的投资工具有（　　）。
A. 债券　　B. 银行短期存款　C. 国库券　　D. 股票
10. 货币市场基金的投资对象包括（　　）。
A. 银行短期存款　　B. 短期国库券
C. 短期公司债券　　D. 银行承兑票据
11. 关于指数基金，下列说法正确的是（　　）。
A. 收益随证券价格指数上下波动
B. 收益始终保持当期的市场平均收益水平
C. 可以完全消除投资组合的非系统风险
D. 可以作为避险套利的重要工具
12. 根据投资目标划分，基金可以分为（　　）。
A. 成长型基金　　B. 收入型基金　　C. 产业型基金　　D. 平衡型基金
13. 基金投资人享有基金的（　　）。
A. 信息知情权　　B. 经营管理权　　C. 表决权　　D. 收益权
14. 基金持有人的义务包括（　　）。
A. 遵守基金契约　　B. 缴纳基金认购款项
C. 承担基金亏损　　D. 不从事有损基金的活动
15. 基金管理人的主要业务和职责是（　　）。
A. 保管基金财产　　B. 管理基金资产
C. 发起设立基金　　D. 向基金持有人支付基金收益

四、判断题

1. 证券投资基金通过发行基金单位集中的资金，交由基金管理人管理和运用。（　　）
2. 证券投资基金是指一种利益共享、风险共担的集合证券投资方式。（　　）
3. 投资基金是专门为中小投资者设计的间接投资工具。（　　）
4. 契约型基金是通过基金章程来规范当事人行为的。（　　）
5. 公司型基金的投资者比契约型基金的投资者权利要大一些。（　　）
6. 按基金的组织形式不同，基金可分为封闭式基金和开放式基金。（　　）
7. 开放式基金的申购费可在基金申购时收取，也可在赎回时从赎回金额中扣除。（　　）
8. 封闭式基金的规模在发行后未经法定程序认可，不能再增加发行。（　　）
9. 封闭式基金的买卖价格取决于基金单位净资产值。（　　）
10. 封闭式基金的规模是固定的，因此，在任何期限内均不可以扩大自身发行的规模。（　　）

11. 我国第一只开放式基金的基金管理人是华安基金管理公司。（ ）

12. 封闭式基金与开放式基金相比，前者适宜于进行长期投资。（ ）

13. 股票基金是指以股票为主要投资对象的证券投资基金，股票基金的投资目标侧重于追求资本利得和长期资本增值。（ ）

14. 成长型基金主要投资于可带来现金收入的有价证券，以获取当期最大收入为目的。（ ）

15. 在基金的运作过程中，基金单位价格会随着基金资产值和收益的变化而变化。（ ）

五、简答题

1. 简述基金的特征。
2. 简述投资基金的运作流程。
3. 简述契约型基金与公司型基金的区别。
4. 简述证券投资基金与股票、债券的区别。
5. 简述封闭式基金与开放式基金的主要区别。
6. 简述证券投资基金的费用的构成。
7. 简述基金投资收益的来源。

六、计算题

孙太太于 2021 年 2 月花了 35 000 元申购某基金，申购时基金份额净值 0.85 元，申购费率 1‰；4 月份，现金分红每 10 份 0.1 元；8 月份赎回，赎回费率 0.5%，赎回时基金份额净值 0.86 元。那么，孙太太的投资收益为多少？

实训任务

权益类基金成分红“铁公鸡”

年内基金分红的次数明显增多，但权益类基金分红热情并不高。据公开数据显示，截至 2019 年 3 月 19 日，今年以来，基金分红次数同比增加 42.86%。然而，基金分红的总额却在同期缩水超两成。从基金类型看，权益类产品年内分红金额同比缩水超九成，成为基金分红总额骤降的主因。在业内人士看来，受 2018 年 A 股市场的长期调整影响，部分权益类基金在市场回暖的情况下，净值仍不足分红标准，但后续应该会有明显提升。

分红频率大增

3 月 19 日，中加基金发布中加丰泽纯债债券型证券投资基金分红公告。公告内容显示，以 3 月 13 日为收益分配基准日，基准日基金份额净值为 1.091 元，可供分配的利润为 5 998.76 万元，分红方案为 0.08 元/10 份基金份额。现金红利发放日为 3 月 21 日，而选择红利再投资方式的投资者由红利转得的基金份额也将于 3 月 21 日直接划入其基金账户。

除中加基金外，3 月 19 日，华夏基金、嘉实基金、万家基金等 13 家基金公司也发布了旗下共 21 只基金的分红公告，分红方案为每 10 份基金份额从 0.012 元到 0.6 元不等。其中，交银施罗德基金旗下就有 4 只基金即将进行分红，华夏基金和万家基金也各有 3 只基金将进行分红。

分红热情不高

不过，次数大增的基金分红在额度方面却同比出现了下降。据数据统计，截至3月19日，年内基金分红仅有181.6亿元，较2018年同期的234.62亿元同比减少了22.6%。从单只基金的分红总额来看，今年以来，东方红睿华沪港深分红居首，达8.85亿元。而在2018年同期，东方红睿华沪港深分红就已达到14.13亿元。

值得一提的是，在具体基金类型方面，作为分红主力的权益类基金和债券型基金，今年以来，分红总额的占比较往年同期有明显不同。数据显示，截至3月19日，年内债券型基金累计分红达147.63亿元，占总额的81.29%。而权益类基金则分红11.41亿元，仅占总额的6.28%。

而在2018年同期，债券型基金和权益类基金的分红总额分别为42.48亿元和135.77亿元，各占总额的18.11%和57.87%。拉长时间线来看，2015—2017年相同时间段内，债券型基金分红占总额的比例为22.33%、14.67%和41.65%，而权益类基金分红则占55.09%、72.74%和44.57%。也就是说，此前权益类基金在分红总额方面的占比均超过债券型基金。但到了今年，权益类基金分红总额却远低于债券型基金，同比更是骤降91.6%，成为基金分红总额缩水的重灾区。

对于以往的分红情况，沪上一位市场分析人士也坦言，虽然债基产品合同中规定的分红次数一般都比较多，但是每次分红的比例却较少，导致了总体来看权益类基金的分红总额仍占比较高。

净值不达标成主因

那么，是什么原因导致上述基金分红情况的出现？长量基金资深研究员王骅表示，2018年，权益类基金受A股市场长期调整影响，众多权益类基金的单位净值回落到1元以下。虽然今年以来股市出现一定反弹，但符合分红标准的权益类基金仍然有限，且部分产品没有分红的要求。而2018年延续至今的债券牛市使得大多数债基都获得了不错的收益。此外，债基一般有定期分红的合同规定，今年以来整体大规模分红也是可以预见的。

正如王骅所说，一般而言，基金进行分红需要满足三项条件。首先，基金当年收益弥补以前年度亏损后方可进行分配。其次，基金收益分配后，单位净值不能低于面值。最后，基金投资当期出现净亏损则不能进行分配。而据数据显示，截至3月18日，在数据可统计的2 318只债券型基金（份额分开计算，下同）中，净值在1元及以上的产品多达2 212只，占总数量的95.43%。而同期，净值超过1元的权益类基金则仅有七成。

北京一家大型公募市场部人士也表示，一般情况下，基金经理将卖出基金持有的部分股票或者债券等资产所获得的现金用以分红。而分红的主要目的包括使投资者“落袋为安”、完善基金资产配置、以低净值吸引新投资者布局等。另外，不同基金在基金合同中规定的分红要求也有所不同，如部分债券型基金会要求正常情况下，一年分红12次，也有基金一年只需分红1次，甚至有的产品并没有分红要求。

因此，上述市场部人士解释道，基金分红可能与产品需求、合同规定、市场环境等多种因素有关。当前A股市场持续回暖，尤其是权益类基金经理可能更愿意在此时继续持有股票，而不是提前卖出用来分红。同时，截至目前，今年才过去2个多月，分红的基金会比较少，分红总额也会相对较低。“从投资者的角度来说，基金分红也只是把账面上获得的部分浮盈给到投资者。如果投资者觉得当前点位较高，也可以直接赎回，不会影响任何既得收益。”该市场部人士如是说。

对于后市基金分红的情况，王骅认为，随着今年以来A股市场回暖，权益类基金的单位净值也陆续满足了分红条件，后续权益类基金分红总额应该会有明显回升。

资料来源：北京商报．权益类基金成为分红“铁公鸡”．（2019-03-20）[2021-07-06]. https://www.sohu.com/a/302448385_115865.

思考：

1. 基金投资收益的来源有哪些？
2. 基金价值与价格受哪些因素的影响？

项目六
证券市场运行及监督管理

学习目标

1. 了解证券发行市场的概念及特征。
2. 了解证券交易市场的概念及特征。
3. 掌握证券发行与承销制度。
4. 掌握证券交易市场的类型。
5. 熟悉股票价格指数。
6. 熟悉证券市场监管的主要内容。

引入案例

注册制试点催生市场新生态

来自证监会的数据统计显示，2020 全年共有 396 只新股相继登陆沪深市场，募资近 4 700 亿元，上市企业数量和募资总额均创近 10 年新高。重组上市方面，2020 年仅有 6 家完成借壳上市。这也意味着，2020 年新股上市与重组上市呈现冰火两重天的态势。

相对于 2019 年 9 家企业完成重组上市，2020 年下滑幅度达到 33%。与 2015 年的 34 家相比，简直有天壤之别。完成重组上市案例的持续减少，个中并非没有原因。

并购重组曾是资本市场的热门题材。沪深股市一度出现过单个交易日有超过 200 家上市公司停牌的奇特现象，其中绝大多数都是由于筹划重大事项，背后基本上都剑指并购重组。个中原因主要由于在核准制背景下，企业上市过程冗长，且上会审核过程中也存在太多的不确定性。企业走 IPO 渠道上市，不仅面临着巨大的时间成本，一旦被否，要么重新提交 IPO 申请，要么只有另辟蹊径，通过重组上市。一些企业为了达到早日上市的目的，往往会选择走重组上市这条“捷径”。

重组上市案例大幅减少，显然与资本市场开启注册制试点密切相关。注册制试点实行更加包容的上市制度，亏损企业、同股不同权企业、红筹企业等在 A 股上市已没有障碍。

事实上，在注册制背景下，企业上市“宽进”的格局已经形成，一些原来只能通过重组上市的企业，如今也能通过IPO渠道实现上市了。并且，由于沪深交易所上市委审议通过率高，证监会注册率同样较高，从而使重组上市的吸引力大为降低。

除了重组上市案例的减少与注册制试点有关外，注册制也改变着资本市场其他多个方面的生态。核准制下，上市公司往往被认为是稀缺资源，因而上市公司的“壳”价值不菲，这也是此前众多上市公司每到年底掀起“保壳”大战的根本原因。而且，由于容易成为借壳的对象，小盘股也受到市场的追捧。但是，在注册制试点后，小盘股不再稀缺，壳价值被贬值，上市公司再掀起“保壳”大战也没有了任何的意义，特别是在监管部门不断完善退市制度的背景下更是如此。

注册制试点还有助于转变市场的投资理念。过去，众多投资者热衷于炒“小”、炒“新”、炒“差”，市场投机氛围较为浓厚。以信息披露为核心的注册制让更多企业有了上市的机会，挂牌的企业越多，意味着投资者选择的余地越大。业绩平平、质地一般的企业将无法吸引资金的关注，而质地较好、成长性不俗的企业将受到青睐。此时如果还抱着陈旧的投资观念，注定不会成为赢家。客观上，近几年来白马股、成长股涨势如虹，并不断创出历史新高，与注册制开启试点后，市场观念发生转变是分不开的。重组上市案例的持续减少，只是市场变化的一个缩影，注册制试点必将催生出市场新生态。

资料来源：上海证券报．注册制试点催生市场新生态．（2021-01-23）［2021-07-06］．http://news.cnstock.com/paper,2021-01-23,1422228.htm.

思考：证券发行市场的特征有哪些？证券发行制度有哪些？

任务一　证券发行市场

一、证券发行市场的概念及特征

（一）证券发行市场的概念

证券发行市场是指证券从发行人手中转移到认购人手中的场所，又称为“初级市场”或“一级市场”。证券发行实际上包括各个经济主体和政府部门筹划发行证券、证券承销商承销证券、认购人购买证券的全过程。证券发行市场使股票、债券等证券数量和种类不断增加，把众多的社会闲散资金集聚起来转变成资本，集中体现了证券市场筹集资金的功能。

（二）证券发行市场的特征

证券发行市场是整个证券市场的基础，其内容和发展决定着证券交易市场的内容和发展方向。证券发行市场具有以下特点：

（1）证券发行是直接融资的实现形式。证券发行市场的功能就是连接资金需求者和资金供给者，证券发行人通过销售证券向社会招募资金，而认购人通过购买其发行的证券提供资金，将社会闲散资金转化为生产建设资金，实现直接融资的目标。

(2) 证券发行市场是无形市场。证券发行市场通常不存在具体的市场形式和固定场所，新发行证券的认购和销售主要不是在有组织的固定场所内进行的，而是由众多证券承销商分散地进行，因而是抽象的、观念上的市场。

(3) 证券发行市场的证券具有不可逆转性。在证券发行市场上，证券只能由发行人流向认购人，资金只能由认购人流向发行人，而不能相反，这是证券发行市场与证券交易市场的一个重要区别。

二、证券发行市场的功能

(一) 筹资融资功能

证券发行市场为资金需求者提供融资渠道和场所，资金需求者可以通过在一级市场上发行股票、债券等筹集资金。发行人一般根据各类证券的期限、预期收益、风险性、发行成本，根据各自的需求和自身条件来确定发行何种证券，并根据证券市场上的供求需要和同类证券的市场行情来确定发行数量和发行价格。

(二) 投资功能

证券发行市场为资金提供者提供投资机会，谋求证券投资收益，实现储蓄向投资转化。投资者可以选择不同的投资工具，寻求获得投资利益的机会。

(三) 优化配置功能

证券发行市场促成资金流动的收益导向机制，实现了资源优化配置。证券市场通过发行市场使资金流向产业前景好、业绩优良、生产效益高的企业，促进资源优化配置。

三、证券发行市场的结构

发行市场一般没有一个有形的特定场所，证券的出售在发行者和投资者之间通过中介机构进行，因此，发行市场主要由证券发行者、证券中介和证券投资者三者构成；此外，还包括证券业协会、证券监督机构等。

(一) 证券发行者

证券发行者是资金的需求者和证券的供应者，主要是政府、企业和金融机构。

(1) 政府包括中央政府和地方政府。中央政府为弥补财政赤字或者筹措国民经济建设所需的资金发行国债，地方政府为当地的公共事业建设发行地方政府债券。政府发行债券已经成为政府财政收入的一个稳定来源。

(2) 企业是证券市场的主要发行者。企业可以通过发行股票和债券来筹集资金，满足经营活动对资金的需求。

(3) 金融机构包括银行金融机构和非银行金融机构。银行金融机构主要是商业银行和政策性银行，我国两大政策性银行是中国进出口银行和中国农业发展银行。而非银行金融机构包括证券公司、保险公司、信托投资公司等。金融机构作为证券发行者的目的有两个：一是以发行金融债券的形式筹集资金，增加负债，扩大资产业务；二是其本身就是股份有限公司，发行股票是为了筹集资本开展经营活动。

（二）证券中介

证券中介机构是联系发行人和投资者的专业性中介服务组织，主要包括证券公司、证券登记结算公司、会计师事务所、律师事务所、资产评估事务所等为证券发行与投资服务的中介机构。

（1）证券公司。证券公司是经国务院证券监督管理机构批准，从事证券经营业务的有限责任公司或股份有限公司。

（2）证券登记结算公司。证券登记结算公司是为证券交易提供集中登记、存管与结算服务，不以营利为目的的法人。

证券结算是指证券交易成交之后，对买卖证券双方应收或应付的证券和价款进行计算核定，并转移证券和资金的行为。证券结算包括证券的结算和资金的结算两个方面。在证券交易成交后，卖出方卖出的证券应划转到买入方的账户上，同时将买入方买入证券而需要支付的资金划转到卖出方的账户上。对实物证券交易的结算，需要对证券进行清点、鉴别，并在买卖双方之间交付，记名证券上所载持有人姓名还须进行更改。对无纸化证券的交易结算，由证券登记结算机构对电脑记载的有关数据资料作出更改。

（三）证券投资者

证券投资者是资金的供应者和证券的需求者。证券发行市场上的投资者包括个人投资者和机构投资者。

（1）个人投资者，是指从事证券投资的社会自然人，是证券市场上最广泛的投资者。个人投资者的主要投资目的是追求盈利，谋求资本的保值和增值，所以十分重视本金的安全和资产的流动性。

（2）机构投资者，主要是证券公司、商业银行、保险公司、社保基金、证券投资基金、信托投资公司、企业和事业单位法人及社会团体等。

四、证券发行与承销制度

（一）证券发行制度

从各国证券市场的实践来看，证券发行监管制度主要有四种类型：审批制、核准制、保荐人制度和注册制。

1. 审批制

审批制是指在一国股票市场的发展初期，为了维护上市公司的稳定和平衡复杂的社会经济关系，采用行政和计划的方法分配股票发行的指标与额度，由地方政府或行业主管部门根据指标推荐企业发行股票的一种发行制度。审批制的行政干预程度最高，适用于刚起步的资本市场。在2000年以前，我国新股的发行监管制度以审批制为主，实行“额度控制”，即拟发行公司在申请公开发行股票时，要征得地方政府或中央企业主管部门同意，向所属证券管理部门正式提出发行股票的申请，经所属证券管理部门受理审核同意转报中国证监会核准发行额度后，方可正式制作申报材料，提出上市申请，经审核、复审，由中国证监会出具批准发行的有关文件，才可发行。

2. 核准制

核准制又称为“准则制”或“实质审查制”，指发行人发行证券，不仅要公开全部的、可以供投资人判断的材料，还要符合证券发行的实质性条件。证券主管机关有权依照《公司法》《证券交易法》的规定，对发行人提出的申请及有关材料进行实质性审查。发行人得到批准以后，才可以发行证券。我国证券发行实行严格的核准制，还曾一度实行过更为严格的配额制。我国1988年颁布、2005年修订的《证券法》规定证券的发行采用核准制，证券发行必须符合国家相关法规的规定条件，并需获得中国证监会的批准。

3. 保荐人制度

保荐人（券商）负责发行人的上市推荐和辅导，核实公司发行文件与上市文件中所载资料是否真实、准确、完整，协助发行人建立严格的信息披露制度，并承担风险防范责任。保荐机构及其保荐代表人履行保荐职责，但也不能减轻或者免除发行人及其高管人员、中介机构及其签名人员的责任。

保荐人制度最引人注目的规定就是明确了保荐机构和保荐代表人责任并建立责任追究机制，建立保荐机构和保荐代表人的注册登记管理制度，明确保荐期限、确立保荐责任，引进持续信用监管和“冷淡对待”的监管措施。据此，保荐机构或保荐代表人与发行人的任何合谋行为，最终都逃脱不了市场的惩罚。

2003年12月28日，我国证监会公布了《证券发行上市保荐制度暂行办法》，决定从2004年2月1日起施行保荐人制度，这也是世界上第一次在主板市场实行保荐人制度。2009年6月14日，《证券发行上市保荐业务管理办法》施行，该暂行办法同时废止。

4. 注册制

证券发行注册制又叫“申报制”或“形式审查制”，是指政府对发行人发行证券事先不作实质性审查，仅对申请文件进行形式审查，发行人在申报申请文件后的一定时期内，若没有被政府否定，即可以发行证券的一种发行制度。

在证券发行注册制下，证券主管机关对证券发行不作实质条件的限制。凡是拟发行证券的发行人，必须将依法应当公开的、与所发行证券有关的一切信息和资料，合理制成文件并公之于众，其应对所公布资料的真实性、全面性、准确性负责，公布的内容不得含有虚假陈述、重大遗漏或信息误导。

证券主管机关不对证券发行行为及证券本身作出价值判断，其对公开资料的审查只涉及形式，不涉及任何有关发行的实质条件。发行人只要依规定将有关资料完全公开，证券主管机关就不得以发行人的财务状况未达到一定标准而拒绝其发行。

在一段时间内，在未对申报书提出任何异议的情况下，注册生效等待期满后，证券发行注册生效，发行人即可发行证券。

2020年4月27日，中央全面深化改革委员会第十三次会议通过了《创业板改革并试点注册制总体实施方案》，在创业板试点注册制。2020年10月9日，国务院印发《关于进一步提高上市公司质量的意见》提出，将“全面推行、分步实施证券发行注册制，支持优质企业上市”。

（二）证券承销方式

证券发行的最后环节是将证券推销给投资者。发行人推销证券的方法有两种：一是自己销售，称为自销；二是委托他人代为销售，称为承销。一般情况下，公开发行以承销为主。

承销是指将证券销售业务委托给专门的股票承销机构销售。按照发行风险的承担、所筹资金的划拨及手续费的高低等因素划分，承销方式有包销和代销两种。

（1）包销。包销是指证券公司将发行人的证券按照协议全部购入，或者在承销期结束时将售后剩余证券全部自行购入的承销方式。

（2）代销。代销是指证券公司代发行人发售证券，在承销期结束时将未售出的证券全部退还给发行人的承销方式。

《中华人民共和国证券法》（以下简称《证券法》）规定，发行人向不特定对象发行的证券，法律、行政法规规定应当由证券公司承销的，发行人应当同证券公司签订承销协议；向不特定对象发行的证券票面总值超过人民币 5 000 万元的，应当由承销团承销。证券承销采取代销或包销方式。我国《上市公司证券发行管理办法》规定，上市公司发行证券，应当由证券公司承销；非公开发行股票，发行对象均属于原前十名股东的，可以由上市公司自行销售。上市公司向原股东配售股份应当采用代销方式发行。

五、证券发行方式

根据不同的分类标准，证券发行有多种分类方式。

（一）按发行对象不同划分

按发行对象的不同，可分为私募发行和公募发行。

私募发行又称为不公开发行或内部发行，是指仅向少数特定投资者发行证券的一种发行方式。发行对象一般是与发行人有特定关系的投资者，如发行人的职工或与发行人有密切关系的金融机构、企业等。私募发行手续相对比较简单，可节省发行费用，但发行的规模和影响要小一些。公募发行又称公开发行，是指向不特定的投资者广泛发行证券的一种发行方式。公募发行涉及众多投资者，筹资量一般较大，因此，其社会责任与影响很大。为了保护投资者的合法权益，公募发行的条件比私募发行要高，并须经政府的核准。公募发行的不足之处在于发行过程复杂，发行成本较高。

（二）按发行过程划分

按发行过程划分，可分为直接发行和间接发行。

直接发行是指发行人不通过证券承销机构而由自己发行证券的一种发行方式。发行人自己直接发行股票，一般多为私募发行。间接发行也称承销发行，是指发行人将证券发行业务委托给一家或几家证券承销机构的一种发行方式。

（三）根据发行的手段不同划分

根据发行的手段不同划分，可分为网上发行和网下发行。

1. 网上发行

网上发行是指利用证券交易所的交易网络，新股发行主承销商在证券交易所挂牌销售，投资者通过证券营业部交易系统申购新股的发行方式。根据发行价格和认购者的不同确定方式，网上发行又可分为网上竞价发行、网上定价发行、网上累计投标询价发行、网上定价市值配售。

（1）网上竞价发行是指主承销商利用证券交易所的交易系统，以自己作为唯一的“卖方”，按照发行人确定的底价将公开发行股票的数量输入其在证券交易所的股票发行专户；投资者则作为“买方”，在指定时间通过证券交易所会员交易柜台，以不低于发行底价的价格及限购数量，进行竞价认购的一种发行方式。

（2）网上定价发行是指事先规定发行价格，再利用证券交易所先进的交易系统来发行股票的一种发行方式，即主承销商利用证券交易所的交易系统，按已确定的发行价格向投资者发售股票。

（3）网上累计投标询价发行是指利用证券交易所的交易系统，通过向投资者在价格申购区间的询价过程，从而确定发行价格并向投资者发行新股的一种发行方式。

（4）网上定价市值配售是指在新股网上发行时，将发行总量中一定比例或者全部的新股向二级市场投资者配售。投资者根据其持有上市流通证券的市值和折算的申购限量，自愿申购新股。如果新股发行中市值配售的比例不到100%，则市值配售与网上定价发行同时进行，两种发行方式各自最终的发行数量还可能取决于申购后回拨机制的实施情况。

2. 网下发行

网下发行是指不利用证券交易所的交易系统发行新股的方式，具体包括以下形式：

（1）全额预缴款、比例配售、余款即退。这是指投资者在规定的申购时间内，将全额申购款存入主承销商在收款银行设立的专户中；申购结束后，转存银行专户进行冻结，在对到账资金进行验资和确定有效申购后，根据股票发行量和申购总量计算配售比例，进行股票配售，余款返还投资者的股票发行方式。

（2）全额预缴款、比例配售、余款转存。这种发行方式，在全额预缴、比例配售阶段的处理方式与“全额预缴款、比例配售、余款即退”的处理方式相同，但申购余款转为存款，利息按银行存款利率计算。该存款为专项存款，不得提前存取。

（3）与储蓄存款挂钩。这是指在规定期限内无限量发售专项定期存单，根据存单发售数量、批准发行股票数量及每张中签存单可认购股份数量的多少确定中签率，通过公开摇号抽签方式决定中签者，中签者按规定的要求办理缴款手续的新股发行方式。“与储蓄存款挂钩”方式按具体做法不同，可分为专项存单方式和全额存款方式两种。

任务二 证券交易市场

一、证券交易市场的概念

证券交易市场是已经发行的证券按时价进行转让、买卖和流通的市场。由于它是建立在发行证券的初级市场的基础上，因此又称为二级市场。证券交易市场和证券发行市场一起共同构成了证券市场这个不可分割的整体。

就两者的关系而言，证券发行市场和交易市场既互相区别又互相联系，互为条件，相辅相成。区别在于，证券发行市场是通过一种纵向关系将发行者和投资者联系起来的，而证券交易市场则是通过一种横向关系，将同是投资者的证券买卖双方联系起来的。证券发行市场的扩张代表社会资本存量的增加，而证券交易市场的交易量只代表现有证券所有权的转移，不代表社会资本存量的变动。

二、证券交易市场的功能

证券交易市场的功能主要表现在以下五个方面：

（1）为证券的投资者提供了变现和转移投资的条件，提高了证券的流动性。当持有证券的投资者需要将手中的证券转换为另外一种金融资产时，他首先要在证券市场卖出手中的证券，然后用获得的资金投资所选中的某种金融资产。当投资者需要卖出证券收回投资，将资金用于消费或其他用途时，也要通过证券交易市场完成卖出证券的交易。因此，证券交易市场为投资者变现提供了场所和条件。

如果没有证券交易市场，证券的流动性很低，证券持有者不能顺利卖出证券，这直接损害了持券人的利益，削弱了人们持有证券的意愿，也对证券发行人造成潜在的损害。

（2）促进短期闲散资金转化成长期资金。资本市场的特点就是提供长期资金。在投资者手中存在许多短期闲置资金，而在市场上发行证券来筹集资金的公司或企业需要长期占用资金。购买证券的投资者出于各种原因，并不希望他的资金长期成为“死钱”。这样，一部分资金的短期供给与资本市场的长期资金需求形成矛盾。交易市场的存在使证券的随时变现成为可能。证券在不同的投资者之间不断地转让，需要变现的投资者持币退出市场；同时，新的投资者投入资金、持有证券。而证券发行时首批投资者投入的资金得以长期留在筹资者手中。通过证券交易市场，实际上完成了短期资金向长期投资的转化。

（3）维持证券的合理价格。交易市场为证券买卖双方提供交易条件和各种服务，使买卖双方在同一市场公开竞价，直至双方都得到认为满意合理的价格才成交。正是买卖双方的公平竞价，才使最终的成交价体现出合理性，最大限度地保证双方的利益。

（4）调节资金供求，引导资金流向。二级市场上证券价格的变化受许多因素的影响，在一定时期内证券的供求数量是重要的影响因素之一。当证券供大于求时，其价格会下跌，这对筹资者在一级市场的证券发行行为产生抑制作用，势必减少一级市场上证券的发行数量。反之，当证券供不应求时，证券价格上升，这时一级市场发行新证券的欲望就比较强烈，势必增发证券。通过价格信息的反馈，借助市场的力量，社会资金供求趋于平衡。此外，在交易市场上随时公布交易行情，定期公布其他相关信息，使投资者了解发行者的经营状况和获利能力，促使投资者作出正确的投资决策，以引导资金在不同企业或不同行业之间合理流动，提高了资金的使用效率。

（5）宏观调控功能。在效率较高的证券交易市场中，证券交易行情和价格指数能较好地反映整个国民经济的状况，人们称之为国民经济的“晴雨表”。当价格指数在一定时期内呈持续上升或持续下降趋势时，相应的反映国民经济持续发展或步入衰退。政治、经济方面的重大事件或金融危机可能引起证券交易行情在短期内出现剧烈波动，对此，政府可以直接或间接介入证券交易市场，采取相应的政策或措施，配合其他政策工具和行政手段，调节社会资金供求，影响利率和汇率，达到宏观调控的目的。

三、证券交易的原则

为了维护证券市场的稳定，各国的金融管理机构都对证券交易设立了一些具有共性的规定，要求交易各方必须共同遵守这些准则，这就是我们常说的证券交易的原则。证券交易的原则是反映证券交易宗旨的一般法则，贯穿于证券交易全过程。虽然各个国家和地区都有自己的表述方式，但是其基本内涵都是一致的。我国证券交易遵循的是公开、公平、公正原则，即“三公”原则。

（一）公开原则

公开原则要求证券交易面向社会公开，其核心要求是实现市场信息的公开化。因为只有这样，才能解决整个市场的信息不对称问题，投资者对于其购买的证券才有可能具有充分、真实、准确、完整的了解，才能在证券交易中作出正确的选择，实现对资产的最大保护。因此，这一原则要求证券交易参与各方应依法及时、真实、准确、完整地向社会发布自己的有关信息。公开原则是证券市场的核心，只有在公开的基础上才能有公平和公正。

（二）公平原则

公平原则要求参与证券交易的各方应当获得平等的机会。它要求证券交易活动中的所有参与者都有平等的法律地位，各自的合法权益都能得到公平保护。对于各交易主体，不能因为其不同条件而给予不公平的待遇或者受到某些方面的歧视，要做到机会均等、平等竞争，使投资者能够在一个享有公平交易机会的市场环境下进行交易。

（三）公正原则

公正原则要求公正地对待证券交易的参与各方，以及公正地处理证券交易的事务。对于证券交易中的违法行为、证券交易时间和争议的处理都应该在公平、公开的基础上公正地进行，这样有利于正常、有序地进行证券交易。这个原则在我国一系列的与证券相关的法律法规中都有所体现。

此外，在证券交易中还应当遵守法律、行政法规和部门规章及相关业务规则，遵循自愿、有偿、诚实信用原则。

四、证券交易市场的类型

（一）场内交易市场

场内交易市场又称证券交易所市场，是依据国家有关法律，经政府证券主管机关批准设立的，集中进行证券交易的有形场所，是一个有组织、有固定地点的，在集中的时间内进行证券交易的市场，是整个证券市场的核心。在我国，根据《证券法》的规定，证券交易所是为证券集中交易提供场所和设施，组织和监督证券交易，实行自律管理的法人。证券交易所的设立由国务院决定。

证券交易所作为证券交易的场所，其本身并不持有证券，不进行证券买卖，也不能决定证券交易的价格。证券交易所应该秉持公开、公平、公正的原则，创造良好的市场环境，保证证券交易的正常进行。为此，我国的《证券交易所管理办法》具体规定了证券交易所的职能和不得从事的事项。

（二）场外交易市场

场外交易市场即 OTC（Over the Counter Market），又称柜台交易市场或店头交易市场，指在交易所外由证券买卖双方当面议价成交的市场。它没有固定的场所，交易的证券以不在交易所上市的证券为主，在某些情况下也对在证券交易所上市的证券进行场外交易。场外交易市场是证券交易市场不可或缺的一部分，其历史早于证券交易所。在证券市场发达的国家，场外交易市场的证券成交量远远超过证券交易所的成交量，在证券交易市场中占有极其重要的位置。

（三）创业板市场

创业板市场又称二板市场，是指专门协助高成长的新兴创新公司特别是高科技公司筹资并进行资本运作的市场。创业板市场是证券交易所主板市场以外的另一个证券市场，是一个具有前瞻性的市场，注重公司的发展前景与增长潜力，其上市标准要低于主板市场。

拓展阅读

中国资本市场 30 年大事记

1990 年 11 月 26 日上海证券交易所成立，同年 12 月 19 日开业。与此同时，1990 年 12 月 1 日，深圳证券交易所成立。两所成立标志着我国改革开放后集中交易的证券市场开始形成。

1991 年 8 月 28 日，中国证券业协会成立。同年 11 月 30 日，上海真空电子器件股份有限公司发行的人民币特种股票（即 B 股）首发仪式在沪举行，这是中国利用股权吸引外资的一种尝试，也是新中国建立以来首次发行这类股票。

1992 年 1 月 19 日，上海股票认购证首次发行。同年 10 月 25 日证券委及证监会成立。

1993 年 6 月 28 日，深圳 B 股改为港币挂牌、结算；同年 7 月 26 日，上海石化股份有限公司在纽约证交所和香港联交所上市，成为我国第一家在上海、香港和纽约三地上市的公司。

1994 年 7 月 29 日，深综指最低 94.78 点，创历史最低。同年 4 月 18 日，中国外汇交易中心（全国银行间同业拆借中心）成立。

1995 年 1 月 1 日，A 股及基金交易由 T+0 交收改为 T+1 交收。同年 5 月 5 日深成指正式启用。同年 8 月 11 日，上交所正式成为证券回购的集中交易场所。

1996 年 12 月 16 日，深沪交易所决定从即日起对股票、基金类证券的交易实行价格涨跌幅 10%限制。同年 7 月 16 日，原上海申银证券有限公司和原上海万国证券有限公司正式合并为申银万国证券股份有限公司，成为当时我国最大的证券公司。

1997 年 7 月 2 日，国务院办公厅发布通知，将上交所与深交所划归中国证监会直接管理。

1998 年 4 月 1 日，上交所实施全面指定交易。

1999 年 7 月 1 日，《中华人民共和国证券法》正式实施。同年上海期货交易所正式营运。

2000 年 2 月 22 日，向二级市场投资者配售新股的措施正式实施。

2001 年 12 月 4 日，退市制度正式推出，PT 水仙成退市第一股。

2002 年 10 月 30 日，上海黄金交易所开业。同年 QFII（合格的境外机构投资者）制度正式实施。

2003 年 1 月 2 日，上证国债指数正式发布，它填补了中国证券市场债券指数的空白。

2004 年 5 月 27 日，深交所中小企业板块正式启动。

2005 年 4 月 29 日，股权分置改革试点正式启动。

2006 年 9 月 8 日，中国金融期货交易所在上海挂牌成立。

2007 年 1 月 9 日，中国人寿成为首家 A 股上市保险公司。

2008 年 10 月 31 日，天音控股打响 A 股回购第一枪。

2009 年 10 月 30 日，创业板开市。同年 11 月 28 日，上海清算所成立。

2010 年 11 月 1 日，首批创业板原股东限售股解禁“开闸”。同年融资融券试点正式启动。

2011 年 7 月，八菱科技初步询价机构数量不满 20 家，成为 A 股历史上首家中止发行公司。

2012 年 8 月 3 日，经国务院批准，非上市股份公司股份转让（“新三板”）试点扩大。除北京中关村科技园区外，首批扩大试点新增上海张江高新技术产业开发区、武汉东湖新技术产业开发区、天津滨海高新区。

2013 年 12 月 14 日，国务院发布《关于全国中小企业股份转让系统有关问题的决定》，新三板全国扩容，多层次资本市场建设取得实质性进展。

2014 年 11 月 17 日，沪港通正式启动，中国资本市场国际化进程进入新纪元。

2015 年 10 月 1 日，人民币加入特别提款权（SDR）货币篮子。同年，股市发生千股跌停。2015 年 12 月 4 日，证监会正式发布指数熔断相关机制，并将于 2016 年 1 月 1 日起正式实施。

2016 年 1 月 8 日，A 股熔断机制在实施了短短 4 个交易日后，宣布暂停实施。2016 年 12 月 5 日，深港通实施。

2017 年 5 月，“债券通”成功上线，银行间债市开放又添新模式。

2018 年 4 月，资管新规发布，央行联合多部门发布了《关于规范金融机构资产管理业务的指导意见》，拉开资管行业转型序幕。

2019 年 7 月 22 日，科创板首批 25 家企业上市，标志着设立科创板并试点注册制这一重大改革任务正式落地。

2020 年 8 月 24 日，注册制正式扩围至创业板。

资料来源：澎湃新闻. 中国资本市场 30 年大事记：从股改到注册制.（2020-12-19）[2021-07-06]. https://www.thepaper.cn/newsDetail_forward_10404153.

任务三 股票价格指数

一、股票价格指数的概念及作用

（一）股票价格指数的概念

股票价格指数简称股价指数，是指由特定金融服务机构编制的，将股票市场上一些有代表性的公司发行的股票交易价格进行平均计算和动态对比后得出的数值，是对股市动态的综合反映。它能从总体上来反映股市总体价格或某类股价走势，因此是反映市场经济状况的“晴雨表”。

编制股票价格指数，通常以某年某月某日为基础，以这个基期的股票价格作为基础（即基期值），用以后各时期的股票价格和基期价格比较，计算出升降的百分比，就是该时期的股票价格指数。投资者根据指数的升降，可以判断出股票价格和股票市场的变动趋势，及时做出调整。为了能够让投资者实时了解股市的动向，追踪股市走向，几乎所有的股市都是在股价变化的同时即时公布股票价格指数。

股票价格指数具有代表性，即列入股价指数计算公式的股票样本应该能够代表整个市场或某一行业的股价水平，能够及时迅速地反映整个市场或某一行业的股价变动的特点。

（二）股票价格指数的作用

股票价格指数是投资者掌握股市现状和分析、判断股市变动趋势的非常重要的尺度和信号，是股票市场的一项重要指标。其主要作用有以下几方面：

（1）股票价格指数是反映股市行情的“指示器”。由于股票价格指数就是股票价格变动的相对数，所以它的最基本作用就是反映股价水平的涨落情况，是表明股市变动的重要指标。通过它，人们可以了解不同国家和地区各个时期的股市变动的情况。

（2）股票价格指数可为投资者提供必不可少的信息。一方面，它能反映股份公司的经营业绩情况。一般来说，股票价格指数上升，表明企业目前经营业绩好，未来收益大，具有发展前景；反之，股票价格指数下跌，则表明企业的经营业绩不佳，未来的收益小，或者表明企业目前的经营业绩虽然较好，但在今后可能处于萎缩状态。另一方面，投资者可以利用股价技术分析成功地预测股票价格指数上升或下跌的转折点，据此选择买进或卖出的时机。

（3）股票价格指数是整个经济的“晴雨表”。在编制股票价格指数时，一般都选择当地有代表性、实力雄厚的上市公司的股票作为样本，用这些公司的股价变动反映股市的股价水平，而这些公司的经营业绩又反映了该国家或地区的经济状况，故股票价格指数是观察分析经济的重要参考依据。一般来说，在经济繁荣时，股票价格指数总会以较快的速度上涨；在经济复苏时，其上涨速度就慢；在经济萧条时，股票价格指数则会逐渐下降；在经济危机时，股票价格指数则会大幅度下降。

二、股票价格指数的计算

股票价格指数是反映不同时点上股价变动情况的相对指标，是报告期的股价与某一基期相比较的相对变化数。通常将报告期的股票价格与给定的基期价格相比，并将两者的比值乘以基期的指数值，即为该报告期的股票价格指数。股票价格指数的计算方法有以下几种。

(一) 简单算术平均法

简单算术平均法先计算各样本股的个别指数，再加总算术平均数。其计算公式为：

$$P'=\frac{1}{n}\sum_{i=1}^{n}\frac{P_{1i}}{P_{0i}}\times 基期值$$

式中：P'——股票价格指数；

n——样本数；

P_{1i}——计算期第 i 种股票价格；

P_{0i}——基期第 i 种股票价格。

例 6-1 假设某股市四种样本股票的交易资料如表 6-1 所示，基期值为 1 000，计算股价指数。

表 6-1 某股市四种样本股票交易情况

项目 种类	股价/元		交易量	
	基期（P_0）	报告期（P_i）	基期（Q_0）	报告期（Q_i）
A	4	6	80	120
B	6	10	120	180
C	12	16	100	120
D	12	18	150	200

$$股价指数=\frac{1}{4}\times\left(\frac{6}{4}+\frac{10}{6}+\frac{16}{12}+\frac{18}{12}\right)\times 1\ 000=1\ 500$$

说明报告期的股价比基期上升了 500 个百分点。

(二) 综合算术平均法

综合算术平均法将样本股票基期价格和计算期价格分别加总，然后再求出股价指数。其计算公式为：

$$P'=\frac{\sum_{i=1}^{n}P_{1i}}{\sum_{i=1}^{n}P_{0i}}\times 基期值$$

例 6-2 参照上例，以综合算术平均法计算股价指数。

$$股价指数=\frac{6+10+16+18}{4+6+12+12}\times 1\ 000=1\ 470.59$$

即报告期的股价比基期上升了 470.59 个百分点。

（三）几何平均法

几何平均法是一种分别把基期和报告期的股价相乘，再分别将乘积开 n 次方，将所得数字进行比较的股价指数计算方法。其计算公式为：

$$P'=\frac{\sqrt[n]{P_{11}P_{12}\cdots P_{1n}}}{\sqrt[n]{P_{01}P_{02}\cdots P_{0n}}}\times 基期值$$

（四）加权股价指数

前面所介绍的三种计算方法，在计算时都只考虑到样本股票的价格，这样很难真实地反映股市价格变动情况，这时就需要将样本股票的发行量或交易量作为权数加以计算，来弥补其不足。根据权数选择的不同，有以下几种计算方式：

（1）基期加权股价指数，又称拉斯贝尔指数，采用基期发行量或成交量作为权数。其计算公式为：

$$P'=\frac{\sum_{i=1}^{n}P_{1i}Q_{0i}}{\sum_{i=1}^{n}P_{0i}Q_{0i}}\times 基期值$$

例 6-3 参照表 6-1，计算该股市基期加权股价指数，基期值为 1 000。

$$基期加权股价指数=\frac{6\times 80+10\times 120+16\times 100+18\times 150}{4\times 80+6\times 120+12\times 100+12\times 150}\times 1\ 000=1\ 480.20$$

即该股市这一交易日的基期加权股价指数为 1 480.20 点，较基期上升了 480.20 点。

（2）报告期加权股价指数，又称派许指数，采用计算期发行量或成交量作为权数。其适用性较强，使用较广泛，很多著名股价指数，如标准普尔指数等都使用这一方法，我国也采用这种计算公式。其计算公式为：

$$P'=\frac{\sum_{i=1}^{n}P_{1i}Q_{1i}}{\sum_{i=1}^{n}P_{0i}Q_{1i}}\times 基期值$$

例 6-4 参照表 6-1，计算该股市报告期加权股价指数，基期值为 1 000。

$$报告期加权股价指数=\frac{6\times 120+10\times 180+16\times 120+18\times 200}{4\times 120+6\times 180+12\times 120+12\times 200}\times 1\ 000=1\ 488.89$$

即该股市这一交易日的报告期加权股价指数为 1 488.89 点，较基期上升了 488.89 点。

（3）几何加权股价指数，又称费雪公式，对两种指数作几何平均，主要是为了调和交易量在基期和报告期的不同影响。但是，由于计算复杂，很少被实际应用。其计算公式为：

$$P' = \sqrt{\frac{\sum_{i=1}^{n} P_{1i}Q_{0i}}{\sum_{i=1}^{n} P_{0i}Q_{0i}} \cdot \frac{\sum_{i=1}^{n} P_{1i}Q_{1i}}{\sum_{i=1}^{n} P_{0i}Q_{1i}}} \times \text{基期值}$$

三、国际主要的股票价格指数

（一）道琼斯指数

道琼斯指数是世界上历史最为悠久的股票指数，全称为股票价格平均数，1884 年 7 月 3 日由道琼斯公司的创始人查理斯·道开始编制。最初的道琼斯股票价格平均指数根据 11 种具有代表性的铁路公司的股票，采用算术平均法进行计算编制而成，发表在查理斯·道自己编辑出版的《每日通讯》上。1889 年《每日通讯》改为《华尔街日报》。现在人们所说的道琼斯指数实际上是一种股价平均数，包括五组指标：

第一组是工业股票价格平均指数。它由 30 种有代表性的大工商业公司的股票组成，且随经济发展而变大，大致可以反映美国整个工商业股票的价格水平，这也是人们通常所引用的道琼斯工业平均指数。

第二组是运输业股票价格平均指数。它包括 20 种有代表性的运输业公司的股票，及 98 家铁路运输公司、8 家航空公司和 4 家公路货运公司的股票。

第三组是公用事业股票价格平均指数。它由代表着美国公用事业的 15 家煤气公司和电力公司的股票所组成。

第四组是平均价格综合指数。它是综合前三组股票价格平均指数的 65 种股票而得出的综合指数，这组综合指数为优等股票提供了直接的股票市场状况。

第五组是道琼斯公正市价指数。以 700 种不同实力的公司为样本编制，1988 年首次发表。该指数选用的股票不但考虑了广泛的行业分布，而且兼顾了公司的不同规模和实力，因而具有相当的代表性。

（二）标准普尔股票价格指数

标准普尔股票价格指数是美国最大的证券研究机构即标准·普尔公司编制的股票价格指数，于 1923 年开始编制发表。最初采选了 230 种股票，编制两种股票价格指数。到 1957 年，这一股票价格指数的范围扩大到 500 种股票，分成 95 种组合。其中最重要的四种组合是工业股票组、铁路股票组、公用事业股票组和 500 种股票混合组。从 1976 年 7 月 1 日开始，改为 400 种工业股票、20 种运输业股票、40 种公用事业股票和 40 种金融业股票。几十年来，虽然有股票更迭，但始终保持为 500 种。标准·普尔公司股票价格指数以 1941—1943 年抽样股票的平均市价为基期，以上市股票数为权数，按基期进行加权计算，其基点数为 10。以目前的股票市场价格乘以股票市场上发行的股票数量为分子，用基期的股票市场价格乘以基期股票数为分母，相除之数再乘以 10 就是股票价格指数。

（三）纽约证券交易所股票价格指数

纽约证券交易所股票价格指数由纽约证券交易所编制。它产生于 1966 年 6 月，先是普通股股票价格指数，后来改为混合指数，包括在纽约证券交易所上市的 1 500 家公司的 1 570 种股票。具体计算方法是将这些股票按价格高低分开排列，分别计算工业股票、金融业股票、公用事业股票、运输业股票的价格指数。最大和最广泛的是工业股票价格指数，由 1 093 种股票组成；金融业股票价格指数包括投资公司、储蓄贷款协会、分期付款融资公司、商业银行、保险公司和不动产公司的 223 种股票；运输业股票价格指数包括铁路、航空、轮船、汽车等公司的 65 种股票；公用事业股票价格指数则有电话电报公司、煤气公司、电力公司和邮电公司的 189 种股票。

纽约证券交易所股票价格指数以 1965 年 12 月 31 日确定的 50 点为基数，采用综合指数形式。纽约证券交易所每半个小时公布一次指数的变动情况。虽然纽约证券交易所编制股票价格指数的时间不长，但可以全面及时地反映其股票市场活动的综合状况，较受投资者欢迎。

（四）日经股价指数（日经平均股价）

日经股价指数是由日本经济新闻社编制并公布，反映日本股票市场价格变动的股票价格平均数。该指数从 1950 年 9 月开始编制。

最初根据东京证券交易所第一市场上市的 225 家公司的股票算出修正平均股价，当时称为“东证修正平均股价”。1975 年 5 月 1 日，日本经济新闻社向道琼斯公司买进商标，采用美国道琼斯公司的修正法计算，这种股票价格指数也就改称“日经道琼斯平均股价”。1985 年 5 月 1 日在合同期满 10 年时，经两家商议，将名称改为“日经平均股价”。

按计算对象的采样数目不同，该指数分为两种：一种是日经 225 种平均股价，其所选样本均为在东京证券交易所第一市场上市的股票，样本选定后原则上不再更改；另一种是日经 500 种平均股价，从 1982 年 1 月 4 日起开始编制，其采样包括 500 种股票，代表性就相对更为广泛，但它的样本是不固定的，每年 4 月份要根据上市公司的经营状况、成交量和成交金额、市价总值等因素对样本进行更换。

（五）《金融时报》股票价格指数

《金融时报》股票价格指数的全称是“伦敦《金融时报》工商业普通股股票价格指数”，由英国《金融时报》公布发表。该股票价格指数包括从英国工商业中挑选出来的具有代表性的 30 家公开挂牌的普通股股票，以 1935 年 7 月 1 日作为基期，基点为 100 点。该股票价格指数以能够及时显示伦敦股票市场情况而闻名于世。

（六）香港恒生指数

香港恒生指数是香港股票市场上历史最悠久、影响最大的股票价格指数，由香港恒生银行于 1969 年 11 月 24 日开始发表。

恒生股票价格指数以从香港 500 多家上市公司中挑选出来的 33 家有代表性且经济实力雄厚的大公司股票作为成分股，分为四大类——4 种金融业股票、6 种公用事业股票、9 种地产业股票和 14 种其他工商业（包括航空和酒店）股票。

恒生股票价格指数以 1964 年 7 月 31 日为基期，因为这一天香港股市运行正常，成交值均匀，可反映整个香港股市的基本情况，基点确定为100点。其计算方法是将33种股票按每天的收盘价乘以各自的发行股数为计算日的市值，再与基期的市值相比较，乘以100就得出当天的股票价格指数。

四、我国的股价指数体系

（一）综合指数

综合指数是指可以将股票价格指数划分为全部上市股票价格指数，把所有的股票即刻价格加权平均。

（1）上证综合指数是上海证券交易所股票价格综合指数的简称，是由上海证券交易所编制的股票价格指数。该指数的样本为所有在上海证券交易所挂牌上市的股票，于1991年7月15日开始编制和公布，以1990年12月19日为基期，基期值为100，以全部的上市股票为样本，以股票发行量为权数进行编制，其中新上市的股票在挂牌的第二天纳入股票指数的计算范围。具体计算办法是以基期和计算日的股票收盘价（如当日无成交，沿用上一日收盘价）分别乘以发行股数，相加后求得基期和计算日市价总值，再相除后即得股价指数。遇上市股票增资扩股或新增（删除）时，则须相应进行修正。

（2）深证综合指数，全称为深圳证券交易所股票价格综合指数，是由深圳证券交易所于1994年4月4日开始编制发布的综合指数。该指数以1991年4月3日为基期，基期值为100。该指数的计算方法基本与上证综合指数相同，其样本为所有在深圳证券交易所挂牌上市的股票，权数为股票的总股本。由于以所有挂牌的上市公司为样本，其代表性非常广泛，且与深圳股市的行情同步发布，是股民和证券从业人员研判深圳股市股票价格变化趋势必不可少的参考依据。

（二）成分指数

（1）上证180指数。上证成分指数，简称上证180指数，是上海证券交易所编制的一种成分股指数，2002年7月1日发布。

上证180指数以2002年6月28日的上证30指数收盘点（3 299.05点）为基点。在成分股的选择上，剔除了那些上市时间不足一个季度的股票、暂停上市的股票、经营状况异常或最近财务报告严重亏损的股票、股价波动较大且市场表现明显受到操纵的股票及其他经专家委员会认定的应该剔除的股票，根据总市值、流通市值、成交金额和换手率对股票进行综合排名，按照各行业的流通市值比例分配样本只数，按照行业的样本分配只数，选择在本行业排名靠前、具有代表性的、规模适当、流动性强的股票为样本，共计180只股票。根据样本稳定性和动态跟踪相结合的原则，上海证券交易所每半年调整一次成分股，每次调整比例一般不超过10%。有特殊情况时也可能对样本进行临时调整。

上证180指数为未来的全国统一指数做好了准备，同时为进一步推出指数衍生产品打下了一定的基础。上证180指数将成为衡量股票投资业绩的基准指数，对于推动指数基金产品具有重要的作用。

（2）深证成分股指数，是深圳证券交易所编制的一种成分股指数，是以从上市的所有股票中抽取的具有市场代表性的40家上市公司的股票作为计算对象，并以流通股为权数计算得出的加权股价指数，综合反映了深交所上市A、B股的股价走势。深证成分股指数包括深证成分指数、成分A股指数、成分B股指数、工业分类指数、商业分类指数、金融分类指数、地产分类指数、公用事业指数、综合企业指数共九项。深圳成分股指数以1994年7月20日为基日，基日指数为1 000点。

深圳证交所选取成分股时，以有一定的上市交易时间、有一定的上市规模、有一定的市场流动性为衡量标准，再根据公司股票流通市值、成交额、在一段时间内的平均市盈率，公司的行业代表性及成长性，公司的财务状况和经营业绩（考察过去3年），公司两年内的规范运作情况，公司的地区、板块代表性等指标选取样本股。

（3）沪深300指数，是以从上海和深圳证券市场中选取的300只A股作为样本编制而成的成分股指数。由沪深证券交易所于2005年4月8日联合发布，由中证指数有限公司编制，反映了A股市场的整体走势。该指数以2004年12月31日为基期，基点为1 000点，以调整股本为权重，采用派许加权综合价格指数公式进行计算。沪深300指数的成分股原则上每半年调整一次，每次调整的比例不超过10%。编制目标是反映中国证券市场股票价格变动的概貌和运行状况，并能够作为投资业绩的评价标准，为指数化投资和指数衍生产品创新提供基础条件。

任务四　证券市场监管

一、证券市场监管的必要性

证券市场涉及面广、关系复杂、影响大、风险比较高，如果不加管理，不仅会扰乱证券市场的正常秩序，而且会影响社会的稳定和国民经济的正常发展。

（一）证券市场监管可以保证证券活动的公开、公平、公正

在证券市场上，由于以下原因，证券投资活动难免出现偏差：

（1）证券投资活动参与主体众多。参与证券活动的主体众多，既包括本国的投融资者，也包括国外的投融资者；既包括法人，也包括自然人；还有一些非正式组织。其互不相识、目的不一，信用难以保证。

（2）证券产品丰富多样。证券产品种类繁多，且随着金融创新有不断增加或变异的趋势。不同的证券产品特点不一，收益和风险也各不相同，需要监管部门保证这些证券产品合法合理。

（3）证券交易方式和渠道多样。证券交易方式有现货交易、期货交易、信用交易、期权交易和回购协议交易等。交易渠道有交易所交易、场外交易和网络交易等。交易的安全性和合法合规性需要得到保证。

（4）债权债务关系人的非固定性。在证券融资活动中，由于证券可以在证券市场上转让流通，因此，同一张证券的权益人、义务人在不断变化。若出现问题，“追索”困难。

由于以上一些原因，一些在市场中处于优势地位的市场主体会利用其优势来牟取利益。例如，证券的发行人利用虚假的财务报表和数据，对投资人产生误导作用；一些庄家散布虚假消息使一般投资人上当受骗，或者以自己庞大的资金实力或与其他人组成团伙，操纵某种证券的市场价格，使一般投资人上当，乘机从中渔利；公司的知情者利用内幕消息买卖证券。

这些活动违背了证券市场的公开性、公平性、公正性，依靠市场本身难以遏制这类活动，需要证券监管部门加以调控。证券监管遵循“公开、公平、公正”的“三公”原则，保证证券市场活动的公开、公平、公正。公开原则确保证券行情信息及发行人有关信息及时、全面公开，减少内幕交易和防止舞弊行为；公平原则确保大小投资人在投资竞争中的公平环境，能够尽量减少操纵、欺诈行为；公正原则使得证券领域的一些违纪行为能得到及时制止和公正处理，从而为整个证券活动创造一个良好的氛围。

（二）证券市场监管可以将风险控制在尽可能小的范围内

由于证券发行主体的信用等级不一，投资人风险和收益的偏好不一，特别是有相当一部分人专门在证券市场上从事投机活动，以及证券市场上信息的不透明、不对称，使得证券价格的波动性较大。因此，证券投资的风险性较大，收益状况高低不定。如果加上时局动荡，兼之杠杆作用，证券市场的风险性会进一步放大，其投机性和风险性远远超过商品市场。如果不对其实施必要的监管，那么，由投机所导致的风险就会迅速积累并快速向外扩散，很快就会超过市场所能承受的限度，从而酿成危机。某个证券产品的危机可能会演变为证券市场的危机，由证券市场的危机传导到金融领域，引致金融危机；若控制不当，则会引发经济危机。这种危机可能会从一国传导到其他国家乃至全世界，对社会造成灾难性的后果。因此，对证券市场实施必要的监管，可以及时发现风险因素，并将它控制在可以承受的范围内，以避免证券市场发生危机及危机进一步扩大和蔓延。

二、证券市场监管的目标

证券市场监管目标是指通过证券市场监管活动使证券市场运行达到的目的和标准，它是证券市场监管的核心内容。证券市场监管的总体目标是建立一个高效率的证券市场，这个市场既能充分发挥市场机制配置资金作用，又运行有序、竞争合理、信息透明度高、交易成本低，能真正贯彻“公正、公开、公平”原则。证券市场监管的目标具体体现在以下三个方面。

（一）保护投资者利益

投资者是证券市场的主要参与者之一，其正当行为应受到保护。如果证券市场缺乏有效的监管而混乱无序，广大投资者的正当权益就得不到保障。为了保护投资者的利益，在证券发行或交易过程中，要用经济、行政和法律手段对证券发行和交易行为进行有效监管。在证券发行市场上，有关证券发行管理的规定都强调，证券发行人必须将公司财务及其有关的资料向公众公布，使投资者通过对公司财务状况的了解，自主地判断证券发行公司的资信、价值及投资风险程度，从而作出投资选择。在证券流通市场上，通过立法对证券流通市场实行严格管制，可以避免或减少证券交易中的垄断和人为操纵行为，促进资本合理流动，增强投资者的投资信心。

（二）确保市场公平、有效和透明

投资者对某种证券的评价以及对其是否投资的抉择，取决于该证券发行单位的信誉、盈利能力等诸方面的因素，而要使投资者对此有所了解，必须将证券发行企业内部情况公开化。同时，实行管理目标公开化，也便于市场监管机构按规定进行监督检查。

（三）减少系统风险

由于证券交易价格具有很大的波动性，各种证券在交易过程中受到多重因素的制约和影响，特别是大宗交易者和交易市场内部人员，往往可以左右市场价格的运行，使得证券市场成为一个高风险市场，再加上证券交易中普遍使用的信用手段，使得证券市场的投机性普遍存在。如果不对证券市场实施必要的监管，由投机所引发的风险就会积累起来，当风险积累到一定程度可能会导致市场崩溃，危及整个国民经济。通过监管可以及时发现风险因素并将其控制在可以承受的范围内，避免对证券市场造成更大的伤害。

三、证券市场监管的方式和手段

证券管理机构为履行管理监督职能，必须采取有效的管理方式和手段。一般来说，各国的证券监管机构都普遍采取官方监管、内部监管与公众监管相结合的方式，把运用法律手段与运用经济手段、行政手段结合起来。

（一）证券监管的方式

（1）官方监管方式，是指设立专门的监管机构或部门，代表国家或政府对证券市场进行监督管理。这是一种最主要的监管方式，也是最有力和最有效的方式。

（2）内部监管方式，是指证券交易所、证券业协会及证券经营机构通过建立自律性的规章制度，对会员或职员的行为进行监督管理。官方监督管理尽管比较全面，但不可能非常具体，日常性的具体管理监督，还要借助交易所、证券经营机构及证券行业公会等所建立的自律性规章制度。

（3）公众监管方式，是指通过资产评估与信用评级机构、注册会计师对公司财务报告的审核、新闻媒介的舆论、公众对企业信息文件的索取、阅读以及由此做出的证券选择而对证券市场的监督作用。投资者为了自己的利益，为了减少投资的风险，为了获取较高的收益，也必然会对证券的发行和上市交易、对发行公司及证券经营机构实行监督，由此构成公众对证券市场的监督。

以上各种监管方式，都有其自身的局限性，只有将它们结合起来，才能达到监管的目的，才能保证证券市场的健康运行和发展，才能使投资者的合法权益得到最大限度的保护。

（二）证券监管手段

证券市场因其本身的特殊性和失灵问题的复杂性，决定了证券监管手段的多样性。证券监管机构在履行其职能时，可以运用多种不同的手段，但最主要的还是法律手段。在法规不健全、不完善的情况下，则主要运用各种行政手段。不论以法律手段为主还是以行政手段为主，都必须有经济手段的配合。

（1）法律手段，是指通过立法制定一系列的证券法规来对证券市场的活动和行为进行干预与规范。这是证券市场监管的主要手段。

（2）经济手段，是指通过运用利率政策、公开市场业务、税收政策、保证金比例等手段对证券市场进行干预。这种手段比较灵活，但在调节过程中会存在时滞。

（3）行政手段，是指通过制订计划、政策等对证券市场进行行政性干预。这种手段比较直接，但运用不当可能违背市场规律，无法发挥作用，甚至受到惩罚。一般在证券市场发展初期，法制尚不健全、市场机制尚未理顺，或遇突发事件时使用。

四、证券市场监管的主要内容

（一）对证券发行市场的监管

证券发行监管是指证券主管部门对证券发行的审查、核准和监控。由于证券发行管理是整个证券市场监管的第一道闸门，对证券发行管理的好坏将直接影响交易市场的发展和稳定，因而，世界上绝大多数国家对证券发行有严格的管理。从各国证券市场的实践来看，证券发行审核制度主要有三种类型：审批制、核准制和注册制。

（二）对证券交易市场的监管

证券发行以后，证券持有人可将未到期的票据、债权和证券在流通市场上转让。为了维护流通市场公平的交易，必须进行严格的管理。

1. 证券上市的监管

证券上市是指发行人发行的有价证券，依法定条件和程序，在证券交易所公开挂牌交易的法律行为。并不是所有已发行的证券都可以在证券交易所挂牌交易，证券上市必须符合国家有关法规和证券交易所规定的条件和标准。一般来说，这主要包括公司资本的最低限额、经营业绩与盈利能力、资本结构、偿债能力与股权分散程度等。

我国对证券上市采取严格的审批制度。符合有关法律法规规定的上市条件的证券，申请在证券交易所上市，必须向证券交易所的上市委员会提出申请，并报送证券交易所要求提交的全部文件。上市证券的暂停或终止交易由证券交易所决定，报主管部门，但上市证券的暂停或终止权为国务院证券管理部门拥有。

2. 证券交易的监管

对证券交易的监管主要包括对证券交易方式和交易价格的监管。

经批准上市交易的证券，其交易方式要符合下列规定：

（1）上市交易的证券必须在证券交易所集中交易；公开发行但未达到上市标准的证券在证券商柜台挂牌买卖；禁止任何单位和个人在证券主管机关批准的证券交易所外进行非法交易；私募发行和内部发行的证券不得上市交易。

（2）证券交易必须凭有效证券委托证券商办理，证券商接受委托和交易所集中交易时必须按价格优先、时间优先原则办理。

对证券交易价格的监管主要是实行价格涨跌幅度限制制度。对于价格涨跌幅度的限制一般有两种方式：第一种是委托限价，即一笔委托不能高于或低于前一笔成交价的一定幅度，否则，委托无效。其作用是防止股价过快上升或过快下跌。第二种是涨跌停板制度，是指当每种证券价格或整个股市指数相对上一个交易日收市价格上涨或下跌到某一限度时，停止该价格以上或以下的委托。

（三）对证券商的监管

证券商是证券市场的中介人，它是指所有经营证券买卖业务、经营代理买卖证券业务及代理证券发行承销业务的机构，其主体是证券公司。只有对证券商进行有效的管理，才能保证证券市场的安全、高效运转，才能保证投资者的利益得到真正的保护。

1. 证券商设立的审查与批准

由政府机构直接进行证券商的资格审查，核发许可证目前已成为国际上通用的做法。在我国，凡是专营证券业务的证券公司和兼营证券业务的信托投资公司都必须经中国证监会批准，发给证券业务经营许可证，再到工商管理部门办理营业执照。

2. 对证券商行为的自律管理

这是指对证券商的经营活动及从业人员、管理人员的行为进行监督管理。证券交易所、证券交易同业会为规范证券商的行为，一般都会实行较严格的自律管理。通过自律管理，从道义上建立一种证券商彼此监督、彼此制约的机制，最大限度地防止证券交易中欺诈行为的出现。

（四）对证券投资者的监管

对证券投资者进行监管的主要目的是使投资者依照法规和市场规则公平进行投资活动，禁止内幕交易、操纵市场等证券欺诈活动，维护市场的正常交易秩序，保护全体投资者的利益。

1. 对个人投资者的监管

对个人投资者的监管主要是对投资者市场进入的资格进行审查，及对其买卖行为进行管理。

2. 对机构投资者的监管

目前，我国对机构投资者用于证券投资的资金来源有一定限制，并不是所有资金都可用于投资证券。法人的下列资金不能用于证券投资：国家预算内的拨款；向银行借入的资金；企事业单位的暂收资金、过路资金；金融机构吸收的各类存款。因此，机构投资者用于证券投资的资金必须是其有权支配的各类资金，使用权也归其所有。除对资金来源进行管理外，对机构投资者买卖证券的行为也进行管理。

3. 对投资者买卖行为的监管

禁止两个或两个以上单位或个人私下串通、内外勾结，同时买卖一种证券，制造证券的虚假供求，扰乱市场价格；禁止利用内幕消息从事证券买卖；禁止以操纵市场为目的，连续抬价买入或压价卖出同一种证券，影响市场行情；禁止为诱使他人参与交易，制造或散布虚假的、容易使人误解的信息等。

（五）对证券欺诈行为的监管

1. 对内幕交易的监管

我国《证券法》规定，禁止证券交易内幕信息的知情人和非法获取内幕信息的人利用内幕信息从事证券交易活动。

内幕交易行为包括内幕人员利用内幕信息买卖证券或者根据内幕信息建议他人买卖证券；内幕人员向他人泄露内幕信息，使他人利用该信息进行内幕交易；非内幕人员非法获取内幕信息，并根据该信息买卖证券或者建议他人买卖证券；其他内幕交易行为。

内幕交易行为给投资者造成损失的，行为人应当依法承担赔偿责任。

2. 对操纵市场的监管

我国《证券法》规定，禁止任何单位或个人以获取不正当利益或转嫁风险为目的，利用其资金、信息等优势或滥用职权操纵市场，影响证券市场价格，制造证券市场假象，诱导或致使投资者在不了解事实真相的情况下作出证券投资决定，扰乱证券市场秩序。

操纵市场行为包括：

（1）单独或者通过合谋，集中资金优势、持股优势或者利用信息优势联合或者连续买卖，操纵证券交易价格或者证券交易量。

（2）与他人串通，以事先约定的时间、价格和方式相互进行证券交易，影响证券交易价格或者证券交易量。

（3）在自己实际控制的账户之间进行证券交易，影响证券交易价格或者证券交易量。

（4）以其他手段操纵证券市场。

操纵证券市场行为给投资者造成损失的，行为人应当依法承担赔偿责任。

3. 对欺诈客户的监管

我国《证券法》规定，禁止证券公司及其从业人员从事下列损害客户利益的欺诈行为：

（1）违背客户的委托为其买卖证券。

（2）不在规定时间内向客户提供交易的书面确认文件。

（3）挪用客户所委托买卖的证券或者客户账户上的资金。

（4）未经客户的委托，擅自为客户买卖证券，或者假借客户的名义买卖证券。

（5）为牟取佣金收入，诱使客户进行不必要的证券买卖。

（6）利用传播媒介或者通过其他方式提供、传播虚假或者误导投资者的信息。

（7）其他违背客户真实意思表示，损害客户利益的行为。

欺诈客户行为给客户造成损失的，行为人应当依法承担赔偿责任。

4. 对虚假陈述行为的监管

我国《证券法》规定，禁止国家工作人员、传播媒介从业人员和有关人员编造、传播虚假信息，扰乱证券市场。禁止证券交易所、证券公司、证券登记结算机构、证券服务机构及其从业人员，证券业协会、证券监督管理机构及其工作人员，在证券交易活动中做出虚假陈述或者信息误导。各种传播媒介传播证券市场信息必须真实、客观，禁止误导。

虚假陈述行为包括：

（1）发行人、证券经营机构在招募说明书、上市公告书、公司报告及其他文件中做出虚假陈述。

（2）律师事务所、会计师事务所、资产评估机构等专业性证券服务机构在其出具的法律意见书、审计报告、资产评估报告及参与制作的其他文件中做出虚假陈述。

（3）证券交易所、证券业协会或者其他证券业自律性组织做出对证券市场产生影响的虚假陈述。

(4) 发行人、证券经营机构、专业性证券服务机构、证券业自律性组织在向证券监管部门提交的各种文件、报告和说明书中做出虚假陈述。

(5) 在证券发行、交易及其相关活动中的其他虚假陈述。

项目小结

1. 证券发行市场是指证券从发行人手中转移到认购人手中的场所，又称为“初级市场”或“一级市场”。

2. 证券发行市场的特点：证券发行是直接融资的实现形式；证券发行市场是无形市场；证券发行市场的证券具有不可逆转性。

3. 证券发行市场的功能：筹资融资功能、投资功能、优化配置功能。

4. 发行市场主要由证券发行者、证券中介和证券投资者三者构成；此外，还包括证券业协会、证券监督机构等。

5. 证券发行者是资金的需求者和证券的供应者，主要是政府、企业和金融机构。

6. 证券中介机构主要包括证券公司、证券登记结算公司、会计师事务所、律师事务所、资产评估事务所等为证券发行与投资服务的中介机构。

7. 证券发行市场上的投资者包括个人投资者和机构投资者。

8. 从各国证券市场的实践来看，证券发行监管制度主要有四种类型：审批制、核准制、保荐人制度和注册制。

9. 发行人推销证券的方法有两种：一是自己销售，称为自销；二是委托他人代为销售，称为承销。一般情况下，公开发行以承销为主。

10. 根据不同的分类标准，证券发行有多种分类方式。按发行对象不同，可分为私募发行和公募发行；按发行过程划分，可分为直接发行和间接发行；根据发行手段不同，可分为网上发行和网下发行。

11. 证券交易市场是已经发行的证券按时价进行转让、买卖和流通的市场。由于它是建立在发行证券的初级市场的基础上，因此又称为二级市场。

12. 证券交易市场的功能主要表现在：为证券的投资者提供了变现和转移投资的条件；促进短期闲散资金转化成长期资金；维持证券的合理价格；调节资金供求，引导资金流向；宏观调控功能。

13. 我国证券交易遵循公开、公平、公正原则，即“三公”原则。

14. 场内交易市场又称证券交易所市场，是依据国家有关法律，经政府证券主管机关批准设立的，集中进行证券交易的有形场所，是一个有组织、有固定地点的，在集中的时间内进行证券交易的市场，是整个证券市场的核心。

15. 场外交易市场又称柜台交易市场或店头交易市场，指在交易所外由证券买卖双方当面议价成交的市场。

16. 创业板市场又称二板市场，是指专门协助高成长的新兴创新公司特别是高科技公司筹资并进行资本运作的市场。

17. 股票价格指数简称股价指数，是指由特定金融服务机构编制的，将股票市场上一些有代表性的公司发行的股票交易价格进行平均计算和动态对比后得出的数值，是对股市动态的综合反映。

18. 证券市场监管的主要内容：对证券发行市场的监管、对证券交易市场的监管、对证券商的监管、对证券投资者的监管、对证券欺诈行为的监管。

课后习题

一、名词解释

1. 证券发行市场　2. 证券交易市场　3. 股票价格指数　4. 核准制

二、单项选择题

1. 在证券发行市场上联系发行人和投资者的是（　　）。

A. 证券发行人　B. 证券投资者　C. 证券中介机构　D. 监管部门

2. （　　）不属于“三公”原则。

A. 公平　B. 公正　C. 公开　D. 公信

3. 《证券法》中的证券经营机构主要是指（　　）。

A. 银行　B. 证券公司　C. 保险公司　D. 财务公司

4. （　　）不属于证券发行主体。

A. 政府　B. 企业　C. 居民　D. 金融机构

5. 承销商接受发行的债券，向社会上不指定的广泛投资者进行募集的方式称为（　　）。

A. 私募　B. 公募　C. 全额包销　D. 代销

6. 我国公募发行的股票采用的是（　　）方式。

A. 预缴款　B. 先申购后缴款

C. 先部分缴款后申购　D. 部分预缴

7. 证券发行市场也被称为（　　）。

A. 交易市场　B. 初级市场　C. 二级市场　D. 次级市场

8. 下列不属于证券中介机构的有（　　）。

A. 证券业协会　B. 会计审计机构

C. 律师事务所　D. 资产评估机构

9. 目前道琼斯指数采用的是（　　）。

A. 简单算术平均法　B. 加权股价平均法

C. 修正平均股价法　D. 加权股价指数法

10. 编制上海证券交易所综合股票价格指数中使用的权数是（　　）。

A. 股票流通量　B. 股票交易量　C. 股票发行量　D. 股票成交量

三、多项选择题

1. 下列属于证券交易所职能的有（　　）。

A. 提供交易场所　B. 提供交易信息

C. 确定交易价格　　D. 制定交易规则

2. 关于证券上市的描述正确的是（　　）。

A. 有利于提高公司知名度　　B. 有利于扩大公司资金来源

C. 有利于保守公司经营秘密　　D. 有利于公司资本大众化

3. 证券监管的目标包括（　　）。

A. 保护投资者利益　　B. 确保市场公平、有效和透明

C. 减少系统风险　　D. 公开、公平、公正

4. 证券监管手段包括（　　）。

A. 法律手段　　B. 经济手段　　C. 行政手段　　D. 市场手段

5. 场外市场（　　）。

A. 是证券发行的场所

B. 为不能到证券交易所上市的股票提供了交易场所

C. 有利于场内市场的规范化

D. 是国内外市场交流的桥梁

四、判断题

1. 一般情况下，公司盈利增加，股息也会相应增加，股价上涨；公司盈利减少，股息也会相应减少，股价下降。（　　）

2. 依据我国《公司法》的规定，每年从税后利润中按比例提存部分法定公积金是公司公积金的来源之一。（　　）

3. 收益与风险的基本关系是收益与风险相对应。风险较大的证券，其要求的收益率相对较高；收益率较低的投资对象，风险相对较小。（　　）

4. 提供银行间外汇交易、人民币同业拆借、债券交易系统并组织市场交易是我国银行间债券市场的职能之一。（　　）

5. 在证券发行市场中，资金需求者和证券的供应者是证券发行人。（　　）

6. 股票投资的收益由股息收入、资本利得两部分组成。（　　）

7. 证券交易通常都必须遵循价格优先原则和时间优先原则。（　　）

8. 资本利得只能为正，它指股票卖出价大于买入价时的差值。（　　）

9. 证券市场的核心是证券交易所。（　　）

10. 由于货币贬值给投资者带来实际收益水平下降的风险属于利率风险。（　　）

五、简答题

1. 我国主要股价指数包括哪些？

2. 简述证券发行市场的主要功能。

3. 简述证券交易所的特征与职能。

实训任务

新形势下中国证券市场新变化

当前，随着我国金融证券市场机制的成熟与金融市场多元化投资方式的完善，金融证

券市场的交易活动更加活跃，我国证券市场的发展波动也变得更加频繁，并呈现一定的规律性。除此之外，面对金融市场宏观环境变化的趋势，互联网信息技术的迅速发展以及在与金融产业深度融合的基础上，互联网金融的发展以及相关金融工具的创新对我国证券市场的发展产生了巨大的影响。据深交所发布的2018年投资活动相关数据可知，近年来随着我国股票市场投资者结构的优化以及投资理念和行为的成熟，我国股票市场的投资总体理性程度提升，但是也伴随着一定的风险。聚焦个人投资者，2018年我国证券市场上的交易主体构成呈现年轻化、高知化的发展趋势，专业的投资机构和个人投资者的数量也在不断增加。由此可见，互联网金融的发展以及证券市场机制的成熟，我国证券市场发展呈现多元化的发展趋势，证券市场交易的规模和复杂性在不断提升，证券市场发展中的风险不断增加。新形势下中国证券市场新变化主要表现在以下几个方面。

1. 证券市场投资方式方面

目前，根据市场需求，证券投资在发展过程中呈现不同的组合形式，通过对股票、债券以及期货多个产品和业务组合进行规避证券投资风险。金融工具在证券投资中的运用有利于合理的、最优的规避风险规避投资风险。除此之外，开放式的发展对传统的风险监管方式提出挑战。

2. 证券市场中金融发展形势方面

互联网金融作为区别于我国传统金融业务形式的金融形式，其迅速发展为我国实体经济发展具有重要的支撑作用。相较于传统的金融机构的服务范围与对象，互联网背景下证券投资的发展不仅仅为大型的实体经济提供相应的融资需求，而且更加便捷地为小微企业和高新技术产业发展提供资金支持。

3. 证券市场风险监管方面

传统的证券投资监管机制已经不能应对当前金融市场发展中存在的问题以及相关风险。证券投资风险管控部门以往的工作主要是对传统的投资风险、信贷风险、违规操作等一系列资本运作中存在的问题进行监管。但是，互联网信息技术的发展直接导致了信息的不确定性和风险。由此可见，由于证券投资风险管理部门缺少必要的新型金融人才，有可能直接导致证券投资风险的攀升。

思考：

1. 我国证券交易市场有哪些交易工具？
2. 新形势下中国证券市场有哪些变化？

项目七

证券投资准备工作

学习目标

1. 了解新股民入市流程。
2. 掌握证券交易规则。
3. 熟悉常用股市术语。
4. 了解并克服投资者行为的心理误区。
5. 能够熟练应用招商证券新版网上交易系统，知道如何看大盘及个股数据与资料。

引入案例

证券市场“零容忍”重磅文件来了！

新华社北京7月6日电 中共中央办公厅、国务院办公厅6日公开发布了《关于依法从严打击证券违法活动的意见》，对建立健全资本市场执法司法体制机制、依法从严打击证券违法活动、推动资本市场高质量发展作出重要部署。

这次打击证券违法活动高规格文件的出台，充分体现了党中央、国务院对打击证券违法活动、保护投资者合法权益、维护资本市场平稳健康发展的高度重视和坚定决心。

该《意见》着力打造“升级版”的有中国特色的证券执法司法体系，明确提出了两个时间点的主要目标。到2022年的目标包括“依法从严打击证券违法活动的执法司法体制和协调配合机制初步建立”“重大违法犯罪案件多发频发态势得到有效遏制”“资本市场秩序明显改善”等。到2025年的目标包括“证券执法司法透明度、规范性和公信力显著提升”“行政执法与刑事司法衔接高效顺畅”“崇法守信、规范透明、开放包容的良好资本市场生态全面形成”等。

《意见》提出，在完善资本市场违法犯罪法律责任制度体系方面，完善证券立法机制，加大刑事惩戒力度，完善行政法律制度，健全民事赔偿制度，强化市场约束机制。

在建立健全依法从严打击证券违法活动的执法司法体制机制方面，《意见》提出成立打击资本市场违法活动协调工作小组，完善证券案件侦查体制机制、检察体制机制、审判体制机制，加强办案、审判基地建设，强化地方属地责任。

《意见》明确，在强化重大证券违法犯罪案件惩治和重点领域执法方面，要依法严厉查处大案要案，依法严厉打击非法证券活动，加强债券市场统一执法，强化私募违法行为的法律责任。

此外，《意见》还提出，要进一步加强跨境监管执法司法协作，着力提升证券执法司法能力和专业化水平，加强资本市场信用体系建设，加强组织保障和监督问责等。（记者 张千千 刘慧）

资料来源：新华社．证券市场“零容忍”重磅文件来了．（2021－07－07）［2021－07－09］．https://www.xuexi.cn/lgpage/detail/index.html? id=2397152857005102288&item_id=2397152857005102288.

思考：《关于依法从严打击证券违法活动的意见》的发布，具有什么样的重要作用？

股市有风险，投资须谨慎。投资者在进入股市前要做好各种相应的准备工作。首先，要学习和掌握证券的基本知识、相关理论、投资分析方法和技巧，还要涉猎金融知识及国内外财经资讯和政治动态，认真分析证券市场整体发展变化趋势和拟投资的上市公司的经营状况。其次，要结合自己的资金实力、投资理念、投资风格等实际情况来进行投资，并在投资实践中不断积累投资经验。这样，才可能取得较理想的投资收益。

任务一　入市基本常识

随着通信技术的发展，目前股票开户的方式有现场开户、网上开户、手机开户等多种方式。虽然现在现场开户的人数越来越少，但作为一种传统的开户方式，大家对其仍然需要有所了解。

一、新股民入市流程

（一）开立证券账户（股东代码卡）

（1）个人客户。持开户人有效身份证（委托他人代办的，还须提供代办人身份证、开户人临柜签署或经公证的授权委托书）到证券营业部填写《自然人证券账户注册申请表》后即可开立证券账户（股东代码卡）。

（2）机构客户。持公司营业执照副本及加盖公章的复印件、法定代表人身份证明文件和法定代表人身份证复印件、由法定代表人签署并加盖公章的法定代表人授权委托书、被授权人身份证到证券营业部填写《机构证券账户注册申请表》。

（二）开立资金账户

（1）个人客户。持开户人有效身份证（代理人开户的，还需提供代理人身份证、开户人临柜签署或经公证的授权委托书）、同名证券账户卡、同名银行存折或银行卡到证券营业部填写《证券经纪业务协议书》，办理开户手续。

（2）机构客户。持公司营业执照副本及加盖公章的复印件、法定代表人身份证明文件和法定代表人身份证复印件、由法定代表人签署并加盖公章的法定代表人授权委托书、被授权人身份证、同名机构证券账户卡、单位预留印鉴、机构同名出款银行账号到证券营业部填写《证券经纪业务协议书》。

（三）开通三方存管

申请开通第三方存管银证转账业务的客户应与证券公司签订第三方存管协议，在证券营业部办理预指定后，再到相应的银行柜台办理确认手续。

（四）办理指定交易

客户如需投资沪市的A股、B股，则须办理证券账户的指定交易手续。

（五）资金划转

客户完成“银行转券商”的资金划转后方可进行证券交易。

（六）证券交易

通过下载并安装证券交易软件或者通过网上交易快速通道进行证券交易。

二、交易规则

（一）交易时间

目前，我国有上海证券交易所和深圳证券交易所，交易所规定星期一至星期五开市，法定节假日和周六日不开市。沪深两市每个交易日的9:15—9:25为开盘的集合竞价时间；上海证券交易所9:30—11:30、13:00—15:00为连续竞价时间；深圳证券交易所9:30—11:30、13:00—14:57为连续竞价时间，14:57—15:00为收盘集合竞价时间，15:00—15:30为大宗交易时间。

（二）交易单位

交易单位是交易所规定每次申报和成交的交易数量单位，以提高交易效率。一个交易单位俗称“1手”，1手是100股，1～99股为零股。买入委托必须为整百股（配股除外），卖出委托可以为零股，但如为零股必须一次性卖出。股票停盘期间委托无效，买入委托不是整百股（配股除外）委托无效，委托价格超出涨跌幅限制委托无效。

（三）T+1制度

T+1制度是指在我国上海证券交易所和深圳证券交易所上市的股票，当天买入的股票当天不能卖出，需第二天才能卖出。投资者卖出股票所获得的收益，当天不能提出，要等到第二天才可以提取，但是可以在卖出当天用该资金购买其他股票。

（四）涨跌幅制度

为了防止证券市场上投机过度，我国证券市场对股票的涨跌幅度有一定的限制。股票价格不能无限地上涨和下跌，如果股票价格涨到涨跌幅度的最高限价，即称为涨停板。如果股票价格下跌到涨跌幅度规定的最下限，即称为跌停板。股票的涨跌幅度是以上一交易日的收盘价为计算依据的，涨跌幅度为10%。当天股票的涨停板价格为上一交易日收盘价乘以110%，当天股票的跌停板价格为上一交易日收盘价乘以90%。对于ST类股票（特别处理股票），涨跌幅度的限制为5%。也就是说，当天ST股票的涨停板价格为上一交易日收盘价乘以105%，当天ST股票的跌停板价格为上一交易日收盘价乘以95%。但是对于首日上市的股票来说，无论该股票是在上海证券交易市场还是在深圳证券交易市场，均没有涨跌停板的限制。

2020年8月24日，《创业板交易特别规定》正式施行。新股上市前5个交易日不设涨跌幅限制，新股5个交易日之后涨跌幅限制比例从10%提高到20%，存量的创业板股票及相关基金同步实施20%的涨跌幅。

（五）交易原则

证券交易所的证券交易按照“价格优先、时间优先”原则竞价成交。

（1）价格优先，较高价格买进申报优先于较低价格买进申报，较低价格卖出申报优先于较高价格卖出申报。

（2）时间优先，买卖方向、价格相同的，先申报者优先于后申报者。先后顺序按交易主机接受申报的时间确定。

（六）交易费用

证券投资的交易费用主要包括佣金、印花税和过户费等。

（1）佣金是交易者在委托买卖成交后支付给证券公司的费用，买进或卖出股票时都需支付。从2002年5月1日开始，A股、B股、证券投资的交易佣金实行最高上限向下浮动制度。证券经纪商向客户收取的佣金（包括代收的证券交易监管费和证券交易所手续费）不得高于证券交易金额的千分之三。每个证券公司制定的佣金标准是不一样的，一般最低的佣金在2.5‱，目前两市的股票佣金最低为5元。

（2）印花税是投资者在买卖股票成交后需要支付给税务部门的税收。目前印花税是单边征收的，也就是说，只有在卖出股票时需要缴纳印花税，在买入股票时不需缴纳，印花税为成交金额的千分之一。基金和债券不征收印花税。

（3）过户费是委托买卖股票成交后，买卖双方为变更证券登记所支付的费用。这笔费用属于中国结算公司的收入，由证券经纪商在同投资者清算交收时代为扣收。在深圳股票交易市场上市的股票不需缴纳过户费，在上海证券交易市场上市的股票需要缴纳过户费。过户费的收取是按照成交股数乘以千分之一来计算的，如果过户费不足1元则按1元征收。

任务二　常用股市术语

在股市，常用术语主要有以下内容：

（1）牛市：股市前景乐观，股票价格持续上升的行情。

（2）熊市：股市前景暗淡，股票价格普遍持续下跌的行情。

（3）利多：对于多头有利，能刺激股价上涨的各种因素和消息，如银行利率降低、公司经营状况好转等。

（4）利空：对空头有利，能促使股价下跌的因素和信息，如银根抽紧、利率上升、经济衰退、公司经营状况恶化等。

（5）多头：投资人预期未来价格上涨，以目前价格买入一定数量的股票等价格上涨后高价卖出，从而赚取差价利润的交易行为。其特点为先买后卖。

（6）空头：投资人预期未来行情下跌，将手中股票按目前价格卖出，待行情下跌后买进，获得差价利润。其特点为先卖后买。

（7）反弹：股票价格在下跌趋势中因下跌过快而回升的价格调整现象。回升幅度一般小于下跌幅度。

（8）盘整：通常指价格变动幅度较小，比较稳定，最高价与最低价之差不超过2%的行情。

（9）阻力线：股市受利多信息的影响，股价上涨至某一价格时，做多头的认为有利可图，但实际却有大量卖出，使股价至此停止上升，甚至出现回跌。股市上一般将这种遇到阻力时的价位称为关卡，股价上升时的关卡称为阻力线。

（10）支撑线：股市受利空信息的影响，股价跌至某一价位时，做空头的认为有利可图，大量买进股票，使股价不再下跌，甚至出现回升趋势。股价下跌时的关卡称为支撑线。

（11）多翻空：多头确信股价已涨到顶峰，因而大批卖出手中股票成为空头。

（12）空翻多：空头确信股价已跌到尽头，于是大量买入股票而成为多头。

（13）短多：短线多头交易，长则两三天，短则一两天，操作依据是预期股价短期看好。

（14）斩仓（割肉）：在买入股票后，股价下跌，投资者为避免损失扩大而低价（赔本）卖出股票的行为。

（15）套牢：预期股价上涨而买入股票，结果股价却下跌，又不甘心将股票卖出，被动等待获利时机的出现。

（16）坐轿：预期股价将会大涨，或者知道有庄家在炒作而先期买进股票，让别人去抬股价，等股价大涨后卖出股票，自己可以不费多大力气就能获利。

（17）抬轿：认为目前股价处于低位，上升空间很大，于是认为买进是坐轿，殊不知自己买进的并不低价，不见得就能赚钱，其结果是在替别人抬轿子。

（18）多杀多：普遍认为股价要上涨，于是纷纷买进，当股价未能如期上涨时竞相卖出，而造成股价大幅下跌。

（19）热门股：交易量大、换手率高、流通性强的股票，特点是价格变动幅度较大，与冷门股相对。

（20）对敲：是股票投资者（庄家或大的机构投资者）的一种交易手法。具体操作方法为在多家营业部同时开户，以拉锯方式在各营业部之间报价交易，以达到操纵股价的目的。

（21）筹码：投资人手中持有的一定数量的股票。

（22）踏空：投资者因看淡后市，卖出股票后，该股价却一路上扬，或未能及时买入，因而未能赚得利润。

（23）跳水：指股价迅速下滑，幅度很大，超过前一交易日的最低价很多。

（24）诱多：股价盘旋已久，下跌可能性渐大，“空头”大都已卖出股票后，突然“空方”将股票拉高，误使“多方”以为股价会向上突破，纷纷加码，结果“空头”由高价惯压而下，使“多头误入陷阱”而“套牢”，称为“诱多”。

（25）诱空：即“主力多头”买进股票后，再故意将股价做软，使“空头”误信股价将大跌，故纷纷抛出股票错过获利机会，形成误入“多头”的陷阱，称为“诱空”。

（26）骗线：利用技术分析的划线原理，在想出货的时候，先造成有利的线路，使依靠技术分析的人误以为会涨而买进，谓之“骗线”。

（27）IPO：首次公开发行股票，是指一家企业第一次将它的股份向公众出售。通常，股份公司根据出具的招股书或登记声明中约定的条款通过承销商进行销售。

（28）配股：公司发行新股时，按股东所有人参份数，以特价（低于市价）分配给股东认购。

（29）洗盘：是主力操纵股市，故意压低股价的一种手段。具体做法是，为了拉高股价获利出货，先有意制造卖压，迫使低价买进者卖出股票，以减轻拉升压力，通过这种方法可以使股价容易拉高。

（30）平仓：投资者在股票市场上卖出股票的行为。

（31）换手率：即某股票成交的股数与其上市流通股总数之比。它说明该股票交易活跃程度，尤其当新股上市时，更应注意这个指标。

（32）现手：当前某一股票的成交量。

（33）平开：某股票的当日开盘价与前一交易日收盘价持平的情况称为开平盘或平开。

（34）低开：某股票的当日开盘价低于前一交易日收盘价的情况称为低开。

（35）高开：某股票的当日开盘价高于前一交易日收盘价的情况称为高开。

（36）内盘：以买入价成交的交易。买入成交数量统计加入内盘。

（37）外盘：以卖出价成交的交易。卖出量统计加入外盘。内盘、外盘这两个数据大体可以用来判断买卖力量的强弱。若外盘数量大于内盘，则表明买方力量较强；若内盘数量大于外盘，则说明卖方力量较强。

（38）均价：指现在时刻买卖股票的平均价格。若当前股价在均价之上，说明在此之前买的股票都处于盈利状态。

（39）填权：股票除权后的除权价不一定等同于除权日的理论开盘价，当股票实际开盘价交易高于这一理论价格时，就是填权。

（40）多头陷阱：即为多头设置的陷阱。指数或股价屡创新高，并迅速突破原来的指数区且达到新高点，随后迅速滑落跌破以前的支撑位，结果使在高位买进的投资者严重被套。

（41）空头陷阱：指数或股价从高位区以高成交量跌至一个新的低点区，并造成向下突破的假象，使恐慌抛盘涌出后迅速回升至原先的密集成交区，并向上突破原压力线，使在低点卖出者踏空。

（42）溢价发行：指股票或债券发行时以高于其票面金额的价格发行的方式。

（43）场内交易：在证券交易所内进行的证券买卖活动。

（44）场外交易：在证券交易所以外市场进行的证券交易总称，也称为“柜台市场”“第三市场”或“第四市场”。

（45）收盘价：证券交易所每个营业日闭市前的最后一笔交易价格为该证券收盘价。

（46）散户：投资额较少，资金数量达不到证券交易所要求的中户标准，常被称为散户。（目前进入中户有些地方要求 50 万元资金，有些地方要求 30 万元资金。）

（47）建仓：投资者开始买入看涨的股票。

（48）填息：除息前，股票市场价格大约等于没有宣布除息前的市场价格加将分派的股息，因而在宣布除息后股价将上涨。除息完成后，股价往往会下降到低于除息前的股价。二者之差约等于股息。如果除息完成后，股价上涨接近或超过除息前的股价，二者的差额被弥补，就叫填息。

（49）委比：是衡量某一时段买卖盘相对强度的指标。其计算公式为：

$$委比=\frac{委买手数-委卖手数}{委买手数+委卖手数}\times 100\%$$

（50）量比：是一个衡量相对成交量的指标，它是开市后每分钟的平均成交量与过去 5 个交易日每分钟平均成交量之比。

（51）卖压：在股市上大量抛出股票，使股价迅速下跌。

（52）买压：买股票的人很多，而卖股票的人却很少。

（53）回档：在多头市场上，股价涨势强劲，但因过快而出现回跌，称回档。

（54）护盘：股市低落、人气不足时，机构投资大户大量购进股票，防止股价继续下滑的行为。

（55）惯压：用大量股票将股价大幅度压低，以便低成本大量买进。

（56）盘档：一是当天股价波动幅度很小，最高与最低价之间不超过 2%；二是行情进入整理，上下波动幅度也不大，持续时间在半个月以上。

（57）抢帽子：指当天先低价买进，等股价上升后再卖出相同种类和相同数量的股票；或当天先卖出股票，然后再以低价买进相同数量和相同种类的股票，以获取差价利益。

（58）跳空与补空：股市受强烈的利多或利空消息影响，开盘价高于或低于前一交易日的收盘价，股价走势出现缺口，称为跳空；在股价之后的走势中，将跳空的缺口补回，称为补空。

（59）市盈率：市盈率是某种股票每股市价与每股盈利的比率。市盈率是估计普通股价值的最基本、最重要的指标之一。一般认为该比率保持在 20～30 之间是正常的，过小说明股价低，风险小，值得购买；过大则说明股价高，风险大，购买时应谨慎。

（60）市净率：指的是每股股价与每股净资产的比率。市净率可用于投资分析，一般来说，市净率较低的股票，投资价值较高；相反，则投资价值较低。

任务三 证券投资行为的心理分析

绝大多数投资理论从基本面、技术面、组合投资等方面进行证券投资分析，都忽视了对证券投资的主体——投资者的研究。对于同一个目标证券，由于投资者自身的知识水平、判断能力、投资经验、心理素质等方面的差异，不同的投资者往往会得出迥异的投资决策。

美国华尔街证券分析人士认为：市场的价格本质上反映了各式各样参与者的心态，他们的希望、预期与恐惧。人类发展史证明：环境也许会有所改变化，而人的本性则一如既往。

一、投资行为背后的常见心理现象

行为金融学的研究表明，投资者在进行投资决策时常常会表现出以下的心理现象。

（一）贪婪

贪婪可以说是人类的一种本性，也是影响我们心理平衡的一个重要因素。它是由过分自信和试图在短时期内获取大利的欲望构成的混合物。在证券市场，价格的波动如此迅速，因而，对于那些试图快速致富的人的确极具诱惑力。问题在于，一旦人们受这种快速致富的欲念所支配，就会招致更多的紧张感，从而容易失掉客观性。例如，当股票价格上升时，一心想追求更高的收益，迟迟不把手中的股票卖出；当股票价格下跌时，希望股价继续下跌才进货。大量事实证明，要想在证券市场立足并不断成功，必须克服贪婪这一强大的“拦路虎”。

（二）恐惧

恐惧是一种复杂的情绪，有多种表现形式，如担忧、害怕、惊慌、恐慌等。当一个人处于恐惧之中，常常混合着其他一些否定性的情绪，如敌意、愤怒、报复心等，因而会形成一种极大的破坏力。一般来说，投资出现的恐惧分为两种形式：害怕亏本或被套和害怕失掉赚钱机会。

贪婪和恐惧可以说是潜伏在每一个投资人内心深处的两个心理陷阱，在进行证券投资时，一不小心就有可能坠入其中。而一旦投资人受到恐惧与贪婪的影响，客观性就无从谈起，他们也更容易遭受出乎意料的行情的冲击，并对此做出情绪化的反应。

（三）犹豫

犹豫不决会贻误战机。优柔寡断常常使投资人在股价波动之际拿不定主意，左右摇摆。例如，很多人在交易之前，已经制订了一份计划，确定了投资策略，并对未来可能的行情发展有了明确的判断，但到实际操作时，却很容易受当时盘面和市场环境变化及大众心理的影响而“举棋不定”“拖泥带水”。

（四）从众

从众行为也称为羊群心理行为，是群体心理中极为常见的一种，它是指居于群体中的个人往往会受到群体的影响和压力，从而表现出在知觉、判断及行为上与群体多数人相一致的现象。在市场“羊群效应”的作用下，往往会产生系统性的认知偏差、情绪偏差，并导致投资决策偏差。投资决策的偏差会使资产价格偏离其内在价值，导致资产定价的偏差，最终导致投资失败。

当股市行情看好时，大家都被“传染”得一片乐观情绪，纷纷抢进筹码；在行情疲软的时候，整个市场又被“传染”成一派悲观气氛，以致引发恐慌性抛售，甚至一些原来不想卖股票的人，由于眼睛看到的是电子屏幕上的数字频频下跳，耳边听到的是一片卖出的喧嚷声，于是也受了感染，忍不住抛售一空。

（五）过度自信

心理学家通过大量实验证明：人是过度自信的。在日常生活和工作中，我们常常看到有些人总是自我感觉良好。在证券市场上，投资者总是过分相信自己的能力和判断。例如，我们经常听到有些投资人埋怨说，某只股票业绩如何优良、股价偏低却无人光顾，大有一种孤芳自赏的味道。这是投资人过度自信的一种表现。伟大的经济学家凯恩斯曾经说：“在选美比赛中，千万别猜你认为最漂亮的美女能够拿到冠军，而应该猜大家会选哪个美女做冠军，股票投资好比是选美。”投资人必须把自己的喜好放在次要的地位，首先要考虑的是大众的看法，唯有获得大众喜欢的才有可能成功。

三、投资者行为的心理误区

投资者行为的心理误区就是投资者在投资活动中，面对市场大量的信息，受自身的感觉、情绪、性格及思维定式的影响，不能对信息进行正确的分析和判断，从而产生错误的投资选择，作出错误的投资决策。在实际的投资中，投资者行为的心理误区主要表现在以下几个方面。

（一）赌博心理，急于求成

具有赌博心理的投资者，把证券市场当赌场，总是希望能一朝发迹。他们恨不得抓住一只或几只好股，好让自己一本万利，而一旦在证券投资中获利，多半会被胜利冲昏头脑，像赌徒一样频频加注，恨不得把自己的身家性命全押在股市上。当失利时，他们常常会不惜背水一战，结果多半是落得倾家荡产的下场。

证券市场高风险、高收益，投资者应该保持一颗平常心，冷静分析、谨慎入市。另外，还应当选择多种投资渠道，不要把所有资金都投入股市，这样可以分散投资风险，克服赌博心理。

（二）盲目跟风

盲目跟风是最常见的一种股民心态，是指股民在自己没有分析行情或对自己的分析没有把握时，盲目跟从他人的心理倾向。有这种心理的投资者，看见别人纷纷买入或卖出时，深恐落后也匆忙买入或卖出。结果就是一方面对股价的狂涨狂跌起了推波助澜的作用，另一方面自己也上了那些在股市中兴风作浪的人的当。

在股市之中时常有风云突变，不时会有虚实参半的消息传来。这种时候一定要有自主判断、自主决策的能力，避免人买亦买、人亏亦亏。股市中，真理不会因为人们的蜂拥而上就掌握在多数人手中，因此切忌盲目跟风。

（三）举棋不定

具有这种投资心理的投资人，原本在买卖股票之前已制订好了计划，但当他步入股票市场时却一有风吹草动就心猿意马，不能按计划实施自己的方案，不是按兵不动就是转而跟风。

举棋不定的人太易受环境的左右，朋友的三言两语或是其他股民的不同做法都会使他改变初衷，原本打算抛出的也不敢抛了，原本打算买进的股票也换了一种。如果自己原来的计划是经过缜密思考的，此时就应当坚持自己的立场，否则不但可能错失良机，更有可能再次因跟风而折本。

（四）反应不足和过度反应

行为金融学认为，人并非完全理性的，由于信息不足或认知能力有限，投资者在决策过程中可能会产生很多心理偏差，如过度自信、自我归因或保守等，并由此产生两个投资行为：反应不足和过度反应。

反应不足是指投资者低估了最近获得的信息，处于保守状态，对某些信息反应冷淡，甚至没什么反应。本来属于大的利好或利空消息，在消息公布时，却得不到市场的回应，或是市场反应微弱。反应不足意味着价格在一定时间内将沿原方向继续运动，形成趋势。

过度反应是指人们对某一信息或事件的发生做出了比正常反应更加强烈的反应。股市中，由于投资者对可能影响股价的某种信息或事件的影响力存在认识上的偏差，股价会出现过度涨跌。即股价会因利好消息而过度上涨，或因利差消息而过度下跌，从而偏离其基础价值，而在随后的一段时间内，这种偏离将被反向修复。而且股价上升或下降过度的程度越大，其反方向运动的程度也越大。

（五）欲望无止境

投资人想获取投资收益是理所当然的，但不可太贪心。有时候，投资者的失败就是由于过分贪心造成的。

有利都要，寸步不让。在股票市场上这种贪心的投资人，并不少见。他们不想控制，也不能够控制自己的贪欲。每当某种股票价格上涨时，总不肯果断地抛出自己手中所持有的某种股票，总是在心里勉励自己：一定要坚持到胜利的最后一刻，不要放弃有更多盈利机会的可能！这样往往就放弃了一次抛售某种股票的机会。每当某种股票价格下跌的时候，又迟迟不肯买进，总是盼望股票价格跌了再跌。这种无止境的欲望，反倒会使本来已经到手的获利事实一下子落空。

三、如何克服投资的心理误区

在证券市场中，投资者真正的敌人就是自己的心魔。要想战胜自己，就要不断地锻炼自己的心理素质、树立自信心、磨炼自己的耐心、培养独立的判断力、培养自我管理能力，冷静地对待投资的成功与失败。

（一）投资者应具备的心理素质

（1）忌过热，即忌追逐过分热门的股票。过分热门的股票往往是人为操纵最剧烈的股票，也是涨跌最剧烈的股票。物极必反，狂涨往往是大跌的前兆。

（2）忌过冷，即忌投资过分冷门的股票，以免一年到头未见交易，遭受难以变现的折磨，致使亏本。

（3）忌过躁，即投资者不要过分急躁，不要过分紧张，以免经常买入最高价或卖出最底价。

（4）忌过拖，即一遇获利良机就当机立断，不要迟疑畏缩，不能坐失良机。

（二）树立自信心

自信心是投资成功的一个基本条件。投资者的自信心来自两个方面：一方面，投资者要对自己的判断与决策有信心，要相信自己的分析能力。一旦作出决策，就坚定不移地按照自己的既定目标去办，绝不动摇，也不见异思迁。另一方面，投资者要对证券市场的发展有信心。市场上经常会出现一些反常现象，那是正常的。投资者谁也无法在市场中常胜不衰，千万不要因为暂时的挫折而丧失斗志。

当然，投资的自信来自学识，而不是主观期望。作为证券投资者，必须潜心研究投资理论，不断扩展自己的学识，借鉴别人的经验并加以创新，融入自己的想法，而且要把每一次失误记录下来，以免下次再犯。每位投资者在选择股票之前，应该对股市作出某些决策性的判断。只有当一个投资者在操作实践中积累了经验，对市场的运作有了深刻的理解，能够掌握充分的市场资料，并且具备较高的分析判断能力，投资者的自信心才是有意义的。

（三）磨炼自己的耐心

投资者投身于股市，不但要树立自信心，还需要磨炼自己的耐心，如果无耐心，后悔、失望、沮丧、冲动等不良情绪就会产生，就容易导致失败。忍耐本身就是一种资本，投资的报酬在很大程度上就是忍耐等待的报酬。市场行情的升降起落，并不是一朝一夕就能完成的。多头市场的形成是这样，空头市场的形成也是如此。因此，当一个市场的主要趋势没有形成之前，不可轻举妄动，也不应该为一点点的利润而动心，以避免在杀进杀出中作出冲动性的操作。

（四）培养独立的判断力

每位投资者的潜意识里都存在着一种投机的冲动，而投资者必须具备耐心和自我决断力，应有自己的判断力，不应盲从他人。在证券市场，投资是一项高度技巧性的行为，投资者不要被周围环境所左右，要有自己的分析与判断，不可人云亦云、随波逐流。投资时一定要自己判断、研究行情，不要因为未证实的流言而改变决心，可买时买，须止时止。

（五）培养自我管理能力

很多人在股市里一再犯错误，其原因主要在于缺乏严格的自律控制，很容易被市场假象所迷惑，最终一败涂地。所以在入股市前，应当培养自律能力，它可以使你在别人不敢投资时仍有勇气买进，在大家仍在期盼更高价来临时果断卖出。

投资者在投资时一定要执着专一、坚守自己的准则，将自己正在进行的投资作为意识对象，不断地对其进行实际控制，包括制订详细的投资计划、明确投资目标、实际控制、检查结果、合理归因、采取补救措施等。投资者在投资过程中，应该克服追涨时只听利多，赶跌时只听利空的偏执心理，增强对经济环境、股市行情的综合分析和判断能力，不断提高自己的鉴别能力，能对股市进行全面分析，把握股市整体走势，认清当前的股市形势，预测可能产生的不良因素。

拓展阅读

心理分析：如何修炼你的持股心态

(1) 股市就是一面镜子，能照出每个人的弱点。赢也罢，亏也罢，心如止水，不以涨喜，不以跌悲。

(2) 多听音乐，特别是古典音乐。

(3) 遇事要忍，没有机会要等，机会来了要准、狠。

(4) 冲动是魔鬼，盲目无计划和追涨杀跌，心态一定好不了。只有在大盘与个股处于波段级别上升的早期阶段，带有技巧性地适当追涨，其余时期一定要养成低吸的习惯。

(5) 以抢钱的心态，天天想抓涨停，一定会走火入魔，亏得很惨。

(6) 年度、季度、月度的盈利预期要合理。

(7) 股票被套牢之后，首先一定要对调整的级别和手中个股的套牢程度有一个正确的判断，如果是大级别的调整，所持有的个股又处于调整早期，应果断止损出局；如果只是一般级别的调整，所持有的个股又处于调整尾期，应该持股不动，或者逢低补仓。

股票套牢后的补仓、持股、后期套现点位，对心态影响较大。一般会分三个时期，冲动与盲目后的绝望期，磨砺与耐心的修炼期，成熟与感悟的收获期。三个时期中第二个时期最长，第三个时期又长于第一个时期。

资料来源：http：//www.csai.cn.

项目小结

1. 新股民入市流程包括开立证券账户、开立资金账户、开通银证转账、办理指定交易、资金划转和证券交易等环节。

2. 买入委托必须为整百股（配股除外），卖出委托可以为零股，但如为零股必须一次性卖出。

3. T+1 制度是指在我国上海证券交易所和深圳证券交易所上市的股票，当天买入的股票当天不能卖出，需第二天才能卖出。

4. 股票价格不能无限地上涨和下跌，如果股票价格涨到涨跌幅度的最高限价，即称为涨停板；如果股票价格下跌到涨跌幅度规定的最下限，即称为跌停板。

5. 证券交易所的证券交易按照“价格优先、时间优先”原则竞价成交。

6. 证券投资的交易费用主要包括佣金、印花税和过户费等。

7. 在证券市场中，投资者真正的敌人就是自己的心魔。要想战胜自己，就要不断地锻炼自己的心理素质、树立自信心、磨炼自己的耐心、培养独立的判断力、培养自我管理能力，冷静地对待投资的成功与失败。

课后习题

一、名词解释

1. 反弹　2. 盘整　3. 市盈率　4. 市净率　5. 填权　6. 委比

二、简答题

1. 简述证券的交易规则。

2. 常见的投资者行为的心理误区有哪些？

实训任务

1. 下载并安装招商证券新版网上交易系统。

2. 查看大盘行情、各行业板块交易行情及中石油、中石化等股票信息。

3. 查找期货、港股、全球市场等多市场行情。

项目八
证券投资基本面分析

学习目标

1. 熟悉证券投资基本面分析的内容。
2. 了解宏观经济分析基本指标。
3. 掌握财政政策、货币政策对证券市场的影响。
4. 熟悉行业的经济结构和行业的生命周期。
5. 掌握影响公司的基本素质和发展前景的主要因素。
6. 能够熟练计算常用的财务指标。

引入案例

股票最重要的3个基本面指标

在股票市场中，相信很多投资者都会用一些基本面和技术面分析来分析市场行情的趋势。在市场中，用技术面分析的投资者相对来说较多一些，用基本面分析的投资者很少，因为基本面分析需要对财务有一定的基础。但市场上投资者需要结合技术面和基本面一起使用，才能知道上市公司的业绩和未来的方向。

1. 市盈率

市盈率是在市场中比较常用的基本面分析方法。用市盈率的估值高低来评价公司的股价。市盈率=每股市价/每股盈利。一般在市场中，认为市盈率比例在25～35之间属于正常。市场率过低说明被低估，风险较小；过高说明被高估，市场风险较大。

2. 每股净资产

每股净资产是可以反映公司股票权益的价值，是公司的经营成果和业绩展示。一般在市场中，每股净资产高于2.5可以算为正常或者一般。低于2，说明公司的经营有问题。一般是公司的净资产值越高越好。

3. 市净率

市净率=每股股价/每股净资产。一般市净率越低的股票，风险性越小，安全边际越高，市净率越高，风险越大。在市场不好的情况下，投资者可以选择市净率低的股票来进行操作。

以上 3 个基本面指标，投资者需要结合运用，注意市场大行情的趋势环境和市场有没有比较大的波动，短期引起公司净值增加或者减少的情况。

思考：证券投资基本面包括哪些内容?

所谓证券投资分析，是指证券投资者对证券市场所反映的各种资讯进行收集、整理、综合等工作，借以了解和预测证券价格的走势，进而作出相应的投资策略，以降低风险和获取较高的收益。证券投资分析有三大基本要素：信息、步骤和方法。选择什么样的证券投资分析方法对投资者的投资决策非常重要。目前，进行证券投资分析采取的方法主要分为三类：基本面分析、技术因素分析和证券组合分析法。

基本面分析就是以证券的内在价值为依据，着重于对影响证券价格及其走势的各项因素进行分析，预测证券价格未来中长期变化方向的一种分析方法。一般而言，基本面分析包括宏观经济分析、行业分析和公司分析。技术因素分析是指利用图标和技术指标，根据证券过去的市场行为来预测其未来的价格变化趋势的分析方法。证券组合分析法是根据投资者对收益率和风险的共同偏好以及投资者的个人偏好，确定投资者的最优证券组合并进行组合管理的方法。以多元化投资来有效降低非系统性风险是该方法的出发点，数量化分析是其最大的特点。

基本面分析的假设前提是：证券的价格是由其内在价值决定的，价格受政治的、经济的、心理的等诸多因素的影响而频繁变动，很难与价值完全一致，但总是围绕价值上下波动。理性的投资者应根据证券价格与价值的关系进行投资决策。

任务一　宏观经济分析

宏观经济是指总量经济活动，即国民经济的总体活动，如总供给与总需求、国民经济的总值及其增长速度、国民经济中的主要比例关系、物价的总水平、劳动就业的总水平与失业率、货币发行的总规模与增长速度、进出口贸易的总规模及其变动等。宏观经济分析主要探讨各经济指标和经济政策对证券价格的影响。

一、宏观经济分析的意义

证券市场是资本市场的重要组成部分，其整体的运行情况受到宏观经济大环境的影响，证券投资也与国家的宏观经济政策有着极强的关联性。宏观经济分析的意义主要包括以下几个方面。

（一）抓住经济发展的大方向，作出正确的长期决策

在证券投资领域中，宏观经济分析非常重要，只有把握住经济发展的大方向，才能把握证券市场的总体变动趋势，作出正确的长期决策；只有密切关注宏观经济因素的变化，

尤其是货币政策和财政政策因素的变化，才能抓住证券投资的市场时机。

（二）关注宏观经济因素的变化，判断投资价值

证券市场的投资价值与国民经济整体素质、结构变动息息相关。从一定意义上说，整个证券市场的投资价值就是整个国民经济增长质量与速度的反映，因为不同部门、不同行业与成千上万的不同企业相互影响、互相制约，共同影响国民经济发展的速度和质量。宏观经济是各个体经济的总和，因而企业的投资价值必然在宏观经济的总体中综合反映出来，所以宏观经济分析是判断整个证券市场投资价值的关键。

（三）分析宏观经济政策对证券市场的影响

证券市场与国家宏观经济政策息息相关。在市场经济条件下，国家通过财政政策和货币政策来调节经济，或挤出泡沫，或促进经济增长，这些政策直接作用于企业，从而影响经济增长速度和企业效益，并进一步对证券市场产生影响。因此，进行证券投资必须认真分析宏观经济政策，掌握其对证券市场的影响力度与方向，以准确把握整个证券市场的运动趋势和各个证券品种的投资价值变动方向。这无论是对投资者、投资对象，还是对证券业本身，乃至整个国民经济的快速健康发展都具有重要的意义。

（四）了解转型背景下宏观经济对股市的影响

中国证券市场是新兴加转轨的市场，具有一定的特殊性，比如国有成分比重较大、行政干预相对较多、阶段性波动较大、投机性偏高、机构投资者力量不够强大等，由此导致证券市场对宏观经济的反应存在特殊的不确定性。证券分析师在分析的时候应该既看到中国证券市场与海外成熟市场的共性，又要看到国内股市的特性，这样才能更加准确地把握证券市场的国民经济晴雨表特征。简单化地用成熟市场的标尺来衡量我国证券市场，可能容易产生偏差。

二、宏观经济分析基本指标

（一）国内生产总值

国内生产总值（简称 GDP），是指在一定时期内一个国家或地区所有常住居民所生产出的全部最终产品和劳务的市场价值。

理解 GDP 应注意以下几方面：

（1）一定时期。定义中有一个“一定时期”的限制。在经济学中，把这一类在一定时期内取值的变量称为流量。GDP 也是一个流量概念，是衡量一个国家发展水平的重要指标之一，离开了“一定时期”这个时间限制，就毫无意义。

（2）生产。GDP 是一定时期内（如一年）所生产而不是所售卖掉的最终产品价值。

（3）最终产品和劳务。买者购买产品和劳务的目的是最终使用，而不是再销售或用于深加工或制作。

（4）市场价值。GDP 以市场价值来衡量一国最终产品和劳务的价值，而市场价值一定要有市场交易行为才能形成，这样一国经济中有些活动（比如地下经济、非市场经济活动）不进入公开市场，因而没有价格，也就无法计入 GDP 中。

（二）国民生产总值

国民生产总值（简称 GNP），是指一个国家或地区本国或本地所有居民在一定时期内收入初次分配的最终成果。

GDP 与 GNP 的区别：GNP 按照国民原则，以本国公民为统计标准，包括居住在本国的本国公民、暂居外国的本国公民。GDP 按照国土原则，以地理上的国境为统计标准，其人口包括居住在本国的本国公民、居住在本国的外国公民。

（三）失业率

失业者是指在一定年龄范围内愿意工作而没有工作，并正在寻找工作的人。失业包括自愿失业和非自愿失业。非自愿失业主要分为周期性失业、结构性失业和摩擦性失业。失业率是指失业人口占劳动力人口的比率。

（四）通货膨胀

通货膨胀是指因纸币发行量超过商品流通中实际需要的货币量而引起的纸币贬值、物价持续上涨现象。通货膨胀的主要标志就是物价总水平上涨。因此，世界各国都用物价指数测量通货膨胀率。通货膨胀率即从一个时期到另一个时期价格水平变动的百分比。

常用的通货膨胀率的衡量指标有三种：

（1）消费者物价指数；

（2）批发物价指数；

（3）国内生产总值折算数。

（五）国际收支

国际收支分为狭义国际收支和广义国际收支。狭义国际收支是指该国的对外外汇资金收支。广义国际收支是指一国与世界其他国家（地区）之间由各种经济往来而发生的收入和支付，既包括涉及外汇收支的国际经济往来，也包括不涉及外汇收支的国际经济往来；既包括国家间的交换行为，也包括那些单方面转移及其他诸如黄金货币化、特别提款权分配与取消、债权债务再分类等行为，它们被统称为对外交易。

目前，各国通用的国际收支平衡表就是按照广义国际收支概念编制的，反映一国对外经济状况。

（六）利率

利率（或称利息率）是指在借贷期内所形成的利息额与本金的比率。利率直接反映的是信用关系中债务人使用资金的代价，也是债权人出让资金使用权的报酬。利率有存款利率、贷款利率、国债利率、回购利率、同业拆借利率之分。

（七）汇率

“汇率”亦称“外汇行市”或“汇价”，是一种货币兑换另一种货币的比率，是以一种货币表示另一种货币的价格。由于世界各国（各地区）货币的名称不同、币值不一，所以一种货币对其他国家（或地区）的货币要规定一个兑换率，即汇率。

从短期来看，一国（或地区）的汇率由对该国（或地区）货币兑换外币的需求和供给所决定。影响汇率的主要因素有：相对价格水平、关税和限额、对本国商品相对于外国商品的偏好及生产率。

三、宏观经济运行分析

（一）国内生产总值的变动对证券市场的影响

国内生产总值是一国经济成就的根本反映，证券市场是经济的晴雨表，因此证券价格指数和GDP有非常密切的关系。

（1）持续、稳定、高速的GDP增长。在这种情况下，社会总需求与总供给协调增长，经济结构逐步合理并趋于平衡，经济增长来源于需求刺激并使得闲置的或利用率不高的资源得到更充分的利用，从而表明经济发展的良好势头，这时证券市场将基于上述原因而呈现上升走势。

（2）高通胀下的GDP增长。当经济处于严重失衡下的高速增长时，总需求大大超过总供给，这将表现为高的通货膨胀率，这是经济形势恶化的征兆，如不采取调控措施，必将导致未来的“滞胀”（通货膨胀与增长停滞并存）。这时经济中的矛盾会突出地表现出来，企业经营将面临困境，居民实际收入也将降低，因而失衡的经济增长必将导致证券市场价格下跌。

（3）宏观调控下的GDP减速增长。当GDP呈失衡的高速增长时，政府可能采用宏观调控措施以维持经济的稳定增长，这样必然减缓GDP的增长速度，如果调控目标得以顺利实现，而GDP仍以适当的速度增长，未导致GDP的负增长或低增长，说明宏观调控措施十分有效，经济矛盾逐步得到缓解，为进一步增长创造了有利条件，这时证券市场亦将反映这种好的形势而呈平稳渐升的态势。

（4）转折性的GDP变动。如果GDP一定时期以来呈负增长，当负增长速度逐渐减缓并呈现向正增长转变的趋势时，表明恶化的经济环境逐步得到改善，证券市场走势也将由下跌转为上升。当GDP由低速增长转向高速增长时，表明在低速增长中，经济结构得到调整，经济的“瓶颈”制约得以改善，新一轮经济高速增长已经来临，证券市场亦将伴之以快速上涨之势。

（二）经济周期对证券市场的影响

经济周期也称商业周期、景气循环，一般是指经济活动沿着经济发展的总体趋势所经历的有规律的扩张和收缩，是国民总产出、总收入和总就业的波动，是国民收入或总体经济活动扩张与紧缩的交替或周期性波动变化。在影响证券价格变动的市场因素中，宏观经济周期的变动是最重要的因素之一。

经济周期包括衰退、危机、复苏和繁荣四个阶段（如图8－1所示）。一般来说，在经济衰退时期，股价会逐渐下跌；到危机时期，股价跌至最低点；而经济开始复苏时，股价又会逐步上升；到繁荣时，股价则上涨至最高点。

这种变动的具体原因是，当经济开始衰退之后，企业的产品滞销，利润相应减少，促使企业减少产量，从而导致股息、红利也随之不断减少，持股的股东因股票收益不佳而纷纷抛售，使股价下跌。当经济衰退已经出现经济危机时，整个经济活动处于瘫痪状况，大量的企业倒闭，股票持有者由于对形势持悲观态度而纷纷卖出手中的股票，从而使整个股

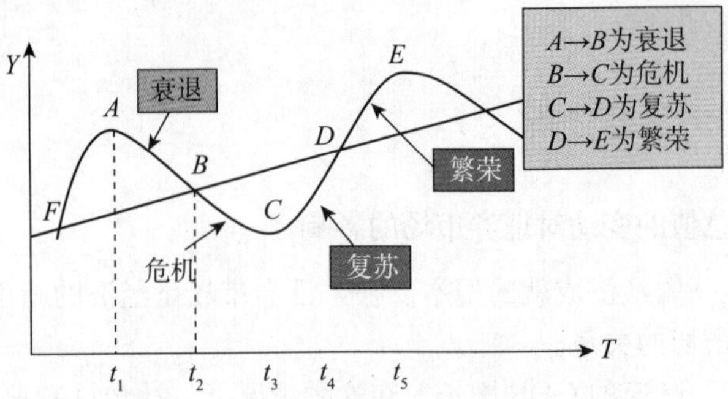

图 8-1 经济周期

市价格大跌，市场处于萧条和混乱之中。经济周期经过最低谷之后又出现缓慢复苏的势头，随着经济结构的调整，商品开始有一定的销售量，企业又能开始给股东分发一些股息、红利，股东慢慢觉得持股有利可图，于是纷纷购买，使股价缓缓回升。当经济由复苏达到繁荣阶段时，企业的商品生产能力与产量大增，商品销售状况良好，企业开始大量盈利，股息、红利相应增多，股价上涨至最高点。

应当看到，经济周期影响股价变动，但两者的变动周期又不是完全同步的。通常的情况是，不管在经济周期的哪一阶段，股价变动总是比实际的经济周期变动要领先一步。即在衰退以前，股价已开始下跌，而在复苏之前，股价已经回升；经济周期未步入高峰阶段时，股价已经见顶；经济仍处于衰退期间，股市已开始从谷底回升。这是因为股市股价的涨落包含着投资者对经济走势变动的预期和投资者的心理反应等因素。

拓展阅读

中国经济发展基本面保持长期向好

2020 年，面对全球疫情风波和复杂严峻的内外部发展环境，各级政府按照党中央、国务院重要战略部署，统筹新冠肺炎疫情防控和经济社会发展工作，深化供给侧结构性改革，加大宏观政策应对力度，扎实做好“六稳”工作、全面落实“六保”任务，加速构建双循环新发展格局，确保全面建成小康社会和“十三五”规划圆满收官，护航中国经济稳中求进，经济形势总体呈现了稳中向好态势，经济运行中出现了诸多积极变化：一是新动能的经济支撑作用凸显；二是经济下居民收入提高；三是工业生产已基本恢复至正常水平；四是企业销售收入增速逐季走高。

（三）通货膨胀对证券市场的影响

一般来说，通货膨胀会对经济的长期发展带来不良影响。分析通货膨胀对证券市场的影响一定要具体情况具体分析，对通货膨胀的问题要分不同阶段和不同程度通货膨胀的影响。

不同阶段的通货膨胀对证券市场的影响：早期通货膨胀导致证券市场价格上扬；中期通货膨胀导致证券市场价格下跌；晚期通货膨胀导致证券市场价格低迷。

一般情况下，温和、稳定的通货膨胀对证券价格上升有推动作用。这种类型的通货膨胀通常被理解为是一种积极的经济政策结果，旨在调整某些商品的价格并以此推动经济的增长。严重的通货膨胀是很危险的，一旦其站稳脚跟，经济将被严重扭曲，货币加速贬值，这时人们将会囤积商品、购买房地产以期对资金保值。这可能从两个方面影响证券价格：一方面，资金流出金融市场，引起股价和债券价格下跌；另一方面，经济扭曲和失去效率，企业筹集不到必需的生产资金，而原材料、劳务价格等飞涨，使企业经营严重受挫，盈利水平下降，甚至倒闭，引起股价和债券价格下跌。当然，政府往往不会长期容忍通货膨胀存在，因而必然会动用某些宏观经济政策工具来抑制通货膨胀，这些政策必然对经济运行造成影响。这种影响将改变资金流向和企业的经营利润，从而影响证券价格。

（四）利率变动对证券市场的影响

证券市场对利率水平的变动最为敏感。一般来说，利率下降时，证券的价格就会上涨；利率上升时，证券的价格就会下跌。

从宏观经济分析的角度看，利率的波动反映出市场资金供求的变动状况。在经济发展的不同阶段，市场利率有不同的表现。在经济持续繁荣增长时期，资金供不应求，利率上升；当经济萧条、市场疲软时，利率会随着资金需求的减少而下降。除了与整体经济状况密切相关之外，利率影响着人们的储蓄、投资和消费行为；利率结构也影响着居民金融资产的选择，影响着证券的持有结构，进而影响着证券的市场价格。

（五）汇率变动对证券市场的影响

外汇行情与证券价格尤其是股票价格，有着密切的关系。一般来说，如果一国的货币升值，股价就上涨；如果其贬值，股票即随之下跌。

证券市场的国际化程度越高，受汇率的影响越大。汇率上升，本币贬值，本国产品竞争力增强，出口型公司收益增加，从而公司证券价格将上涨；相反，依赖进口的公司成本增加，利润受损，其证券价格将下跌。同时，汇率上升，本币贬值，将导致资本流出本国，使得本国证券市场需求减少，从而引起证券价格下跌。另外，汇率上升引起通货膨胀。再者，汇率上升，政府可能动用外汇储备来维持汇率稳定，而这将减少本币的供货量，使得证券市场价格下跌。

（六）政治因素对证券市场的影响

政治因素泛指那些对股票价格具有一定影响力的国际政治活动、重大经济政策和发展计划及政府的法令、政治措施等。政治形势的变化，对股票价格也产生了越来越明显的影响，其主要表现在：

（1）国际形势的变化。比如外交关系的改善会使有关跨国公司的股价上升，投资者应在外交关系改善时，不失时机地购进相关跨国公司的股票。

（2）战争的影响。战争使各国政治、经济不稳定，人心动荡，股价下跌，这是战争造成的广泛影响。但是战争对不同行业的股票价格影响又不同，比如战争使军需工业兴盛、繁盛，那么凡是与军需工业相关的公司的股票价格必然上涨。因此，投资者应适时购进军需工业及其相关工业的股票。

（3）国内重大政治事件。比如政治风波等会对股票投资者的心理产生影响，从而间接地影响股价水准。

（4）法律制度。如果一个国家金融方面的法律制度健全，使投资行为得到管理与规范，并使投资者的正当权益得到保护，会提高投资者投资的信心，从而促进证券市场的健康发展。相反，如果法律法规不完善，投资者权益受法律保护的程度低，则不利于证券市场的健康发展与繁荣。

四、宏观经济政策分析

在市场经济条件下，国家用以调控经济的财政政策和货币政策将会影响经济增长的速度和企业经济效益，进而对证券市场产生影响。投资者可以通过对宏观经济政策的分析，判断其对证券市场的宏观影响，进而判断证券市场的走势。

（一）财政政策分析

财政政策的手段主要包括国家预算、税收、国债、财政补贴、财政管理体制和转移支付制度等。其种类包括扩张性财政政策、紧缩性财政政策和中性财政政策。

具体而言，实施积极财政政策对于上市公司的影响主要有以下几个方面：

（1）减少税收，降低税率，扩大减免税范围。这将会直接增加微观经济主体的收入，促进消费和投资需求，从而促进国内经济的发展，改善公司的经营业绩，进而推动股价的上涨。

（2）扩大财政支出，加大财政赤字。这将会直接扩大对商品和劳务的总需求，刺激企业增加投资，提高产出水平，改善经营业绩；同时还可以增加居民收入，使其投资和消费能力增强，进一步促进国内经济发展。此时上市公司的股价也趋于上涨。

（3）减少国债发行（或回购部分短期国债）。国债发行规模缩减，使市场供给量减少，将导致更多的资金转向股票，推动上市公司股价上涨。

（4）增加财政补贴。财政补贴往往使财政支出扩大，扩大社会总需求，刺激供给增加，从而改善企业经营业绩，推动股价上扬。

实施扩张性财政政策有利于扩大社会总需求，将刺激经济发展，进而促使证券价格上涨；而实施紧缩性财政政策则在于调控经济过热，对上市公司及其股价的影响与扩张性财政政策所产生的效果相反。

（二）货币政策分析

货币政策是政府为实现一定的宏观经济目标所制定的关于货币供应和货币流通组织管理的基本方针和基本准则。其调控作用主要表现在：通过调控货币供应总量，保持社会总供给与总需求的平衡；通过调控利率和货币总量，控制通货膨胀；调节国民收入中消费与储蓄的比例；引导储蓄向投资的转化并实现资源的合理配置。

如果市场物价上涨、需求过度、经济过度繁荣，被认为是社会总需求大于总供给，中央银行就会采取紧缩货币的政策以减小需求。反之，中央银行将采用宽松的货币政策手段以增加需求。

货币政策工具可以分为一般性政策工具（包括法定存款准备金率、再贴现政策、公开市场业务）和选择性政策工具（包括直接信用控制、间接信用指导等）。

法定存款准备金政策：中央银行通过调整商业银行上缴的存款准备金率，改变货币乘数，控制商业银行的信用创造能力，最终影响市场的货币供应量。如果中央银行提高存款准备金率，将使货币供应量减少，市场利率上升，投资和消费需求减少，对公司经营产生负面影响，公司股价将趋于下跌；反之，如果中央银行降低存款准备金率，实行宽松的货币政策，将使货币供应量增加，市场利率下降，投资和消费增加，公司业绩增强，此时上市公司的股价也趋于上涨。

再贴现政策：中央银行对商业银行用持有的未到期票据向中央银行融资所作的一种政策规定。中央银行根据市场资金供求状况制订或调整再贴现率，以影响商业银行借入资金成本，进而影响商业银行对社会的信用量，从而调整货币的供给总量。如果中央银行提高再贴现率，将会提高商业银行的借入资金成本，商业银行的信用扩张能力减弱，将使货币供应量减少，市场利率上升，投资和消费需求减少，对公司经营产生负面影响，公司股价将趋于下跌；反之，如果中央银行降低再贴现率，实行宽松的货币政策，将使货币供应量增加，市场利率下降，投资和消费增加，公司业绩增强，此时上市公司的股价也趋于上涨。

公开市场业务：中央银行在金融市场上公开买卖有价证券，以此来调节市场货币供应量的政策行为。当中央银行认为应该增加货币供应量时，就在金融市场上买进有价证券，将使货币供应量增加，市场利率下降，投资和消费需求增加，公司业绩增强，公司股价将趋于上涨；反之，如果中央银行在金融市场卖出有价证券，实行紧缩的货币政策，将使货币供应量减少，市场利率上升，投资和消费需求减少，对公司经营产生负面影响，此时上市公司的股价也趋于下跌。

拓展阅读

降息对股市的影响

降息对股市来说是利好，大家都知道，可利好具体在哪些方面，可能许多人并不知道。

其实具体去分析，这中间还有许多地方要细看，降息的利好作用对不同行业的影响是不一样的。一般来说，银行的活期存款较多，如果一年期存款与贷款同时降低，而活期不动，那么银行活期存款与贷款之间的利差就会少一些，从这一方面来看，对银行股不是什么利好。因此，要根据降息是否对称来评估对银行的影响。

降息了，那么向银行贷款的成本就会低，所以对那些资金密集型企业，如房地产、钢铁、煤、化工等行业来说，资金成本就会低一些，因此对它们来说是利好。

降息一般发生在经济周期处于下降或者 CPI（物价增长）小于银行存款利率的时期，通常是为刺激经济而采用的货币政策。采用这种方法后，对股市的影响还体现在以下几个方面：

(1) 降息后如果利息收入少了，而股市股息比较高，股价见底后，就有一部分钱从银行流出，流向股市，购买收入更高的股票，这样可以促使股价上涨。

(2) 降息后企业贷款成本降低，这样就会让企业利润上升，经济效益上升，利润上去后，一般来说股价就会上涨。

(3) 降息后企业贷款成本低，就会刺激企业进行投资，大量的投资需要人力、原材料等各种生产资料，这样就会促使充分就业，增加各种生产资料的消费；同时，充分就业后又可以促进生活资料的消费，进而形成一个良性循环。这样就会引起经济向好，最终促进股价全面上涨。

(4) 降息可能促成银行定期存款活期化，然后资金进入消费领域，这样可能刺激消费，促使经济增长。

资料来源：http：//www.net767.com.

任务二 行业分析

一、行业的含义、分类及行业分析的作用

（一）行业的含义

行业是指从事国民经济中同性质的生产或其他经济社会活动的经营单位和个体等构成的组织结构体系，如饮食行业、服装行业、机械行业、金融行业、移动互联网行业等。行业的发展必然由低级的自然资源掠夺性开采利用和低级的人工劳务输出，逐步转向规模经济、科技密集型、金融密集型、人才密集型、知识经济型；从输出自然资源，逐步转向输出工业产品、知识产权、高科技人才等。

（二）行业的分类

行业分类的方法有很多种，既有国际行业分类法，也有国内行业分类法。在不同的证券市场上也采用不同的行业分类法。

道琼斯分类法是指在 19 世纪末为选取在纽约证券交易所上市的有代表性的股票而对各公司进行分类的方法，它是证券指数统计中最常用的分类法之一。道琼斯分类法将大多数股票分为三类：工业、运输业和公用事业。

在我国证券市场建立之初，对上市公司没有统一的分类。上海证券交易所将上市公司分为工业、商业、地产业、公用事业和综合五类；深圳证券交易所则将上市公司分为工业、商业、地产业、公用事业、金融业和综合六类。

随着证券市场的发展，上市公司数量激增，两家交易所原有分类的不足越来越明显。近年来，中国证监会不断地规范和调整上市公司的行业分类。根据中国证监会《上市公司行业分类指引（2012 年修订版）》的要求，2014 年上市公司行业分为农、林、牧、渔业；采矿业；制造业；电力、热力、燃气及水生产和供应业；建筑业；批发和零售业；交通运输、仓储和邮政业；住宿和餐饮业；信息传输、软件和信息技术服务业；金融业；房地产业等 19 个行业门类。

（三）行业分析的作用

通过行业分析，可以解释行业本身所处的发展阶段及其在国民经济中的地位，分析影响行业发展的各种因素以及判断其对行业影响的力度，预测并引导行业的未来发展趋势，判断行业投资价值，揭示行业投资风险，从而为政府部门、投资者及其他机构提供决策依

据或投资依据。

行业分析是对上市公司进行分析的前提，也是连接宏观经济分析和上市公司分析的桥梁，是基本分析的重要环节。行业有自己特定的生命周期，处在生命周期不同发展阶段的行业，其投资价值也不一样，而在国民经济中具有不同地位的行业，其投资价值也不一样。公司的投资价值可能会由于所处行业不同而有明显差异。

二、行业的经济结构分析

行业的经济结构随该行业中企业的数量、产品的性质、价格的制定和其他一些因素的变化而变化。由于经济结构的不同，行业基本上可分为四种市场类型：完全竞争型、垄断竞争型、寡头垄断型、完全垄断型。

（一）完全竞争型

完全竞争型市场是指许多企业生产同质产品，不受任何阻碍和干扰的市场结构。其特点是：

（1）生产者众多，各种生产资料可以完全流动；

（2）产品不论是有形或无形的，都是同质的、无差别的；

（3）没有一个企业能够影响产品的价格，企业永远都是价格的接受者；

（4）企业的盈利基本上由市场对产品的需求来决定；

（5）生产者和消费者对市场情况非常了解，并可自由进入或退出这个市场。

从上述特点可以看出，完全竞争型市场是一个理论性很强的市场类型。在现实经济中，完全竞争的市场类型是少见的，初级产品的市场类型较类似于完全竞争。

（二）垄断竞争型

垄断竞争型市场是指许多厂商生产并出售相近但不同质商品，既有垄断，又有竞争的市场结构。其特点是：

（1）生产者众多，各种生产资料可以流动；

（2）生产的产品同种但不同质，即产品之间存在差异；

（3）由于产品差异性的存在，生产者可以树立自己产品的信誉，从而对其产品的价格有一定的控制能力。

在国民经济各产业中，制成品的市场一般属于这种类型。

（三）寡头垄断型

寡头垄断型市场是指少数卖方占有绝大多数市场份额并处于市场主导地位的市场结构。其特点是：

（1）企业数量极少，只有几个势均力敌的企业共同控制一个行业的市场；

（2）产品同质或异质；

（3）企业之间相互依存，是价格的寻求者；

（4）企业行为具有不确定性。

资本密集型、技术密集型产品（如钢铁、汽车等），以及少数储量集中的矿产品（如石油等）的市场多属这种类型。

（四）完全垄断型

完全垄断型市场是指整个行业的市场供给完全为独家企业所控制的市场结构。完全垄断型市场可分为两类：

（1）政府完全垄断，如国有铁路、邮政、电信等部门；

（2）私人完全垄断，如根据政府授予的特许专营或根据专利生产的独家经营，以及由于资本雄厚、技术先进而建立的排他性的私人垄断经营。

完全垄断型市场结构的特点是：

（1）一家企业就是整个行业，控制了某种产品的全部供给；

（2）其他任何企业进入该行业都极为困难或不可能，要素资源难以流动；

（3）产品不存在任何相近的替代品；

（4）是否做广告取决于产品的特点。

在现实生活中，公用事业（如发电厂、煤气公司、自来水公司等）和某些资本、技术高度密集型或稀有金属矿藏的开采等行业属于这种市场类型。

三、行业的生命周期分析

和世界万物一样，每个行业都要经过一个由成长到衰退的发展演变过程，这个过程便称之为行业的生命周期。一般来说，行业的生命周期可以划分为初创期、成长期、成熟期、衰退期四个阶段。如表 8-1 所示。

表 8-1 行业生命周期特征表

发展阶段 / 项目	初创期	成长期	成熟期	衰退期
用户	数量少，高收入买主	正在扩大的买主群	逐渐饱和，重复购买	买主变得很挑剔
产品	质量不稳定，价格不统一	质量改善，产品差异度提高	质量稳定，趋向标准化	差别化程度降低
生产能力	少量厂商	生产能力不足	能力饱和并开始过剩	生产能力大大过剩
竞争者	很少	新的竞争者开始大量进入	数量稳定	数量减少
利润	利润很低	利润逐渐增加	利润稳定	利润减少

（一）初创期

行业初创期既包括一个全新行业的兴起，也包括一些传统行业的再生。行业初创期的基本特征可以归结为技术、市场和竞争的不确定性。

在这一阶段，由于新行业刚刚诞生或初建不久，只有为数不多的创业公司投资于这个新兴的产业。由于初创阶段行业的创立投资和产品的研究、开发费用较高，而产品市场需求狭小（因为大众对其尚缺乏了解），销售收入较低，因此这些创业公司财务上可能不但没有盈利，反而普遍亏损。同时，较高的产品成本和价格与较小的市场需求还使这些创业公司面临很大的投资风险。另外，在初创阶段，企业还可能因财务困难而引发破产的危险，因此，这类企业更适合投机者而非投资者。

（二）成长期

行业成长期是新行业走向成熟的过渡阶段，市场需求呈现出强劲增长势头，技术和市场的不确定性逐步降低，竞争强度增加。

在这一时期，少数大公司已基本上控制了该行业，这几家大公司经过创业阶段的资本累积和技术上的不断改进，已经获得了雄厚财力和较高的经济效益。技术更新在平缓地发展，公司规模在不断地扩大，公司利润急剧提高。这一时期，公司股价基本上是处于稳定上升的态势。投资者如能在成长期的适当价位入市，则其收益会随着公司效益的增长而上升。

（三）成熟期

行业的成熟阶段是一个相对较长的时期。在这一时期，企业与产品之间的竞争手段逐渐从价格手段转向各种非价格手段，如提高质量、改善性能和加强售后维修服务等。

在行业成熟阶段，行业增长速度降到一个更加适度的水平。在某些情况下，整个行业的增长可能会完全停止，其产出甚至下降。由于丧失资本的增长，致使行业的发展很难较好地保持与国民生产总值同步增长，当国民生产总值减少时，行业甚至蒙受更大的损失。但是，由于技术创新的原因，某些行业或许实际上会有新的增长。通常情况下，在短期内很难识别何时进入成熟阶段。总之，在成熟阶段一开始，投资者便希望收回资金。

（四）衰退期

衰退阶段是行业发展的最后阶段。这一阶段由于需求减少，产量下降，增长率逐渐下降甚至出现负增长，竞争能力削弱，企业盈利能力大大下降，甚至会出现亏损。

一般而言，处于初创期的行业，机会与威胁并存，成功回报高，但潜在的风险大；处于成长期的行业，一般蕴藏着机会，投资收益率颇高，风险较小；处于成熟期的行业，机会不大，投资收益下降，风险加剧；处于衰退期的行业，隐含着较大的威胁，投资者应尽快收回资金。

四、经济周期与行业分析

当经济周期发生变动时，各行业往往也会出现明显的变动，但变动的程度不同。据此，可将行业分为以下几类。

（一）增长型行业

增长型行业又称为成长型行业，是指发展速度经常快于平均发展速度的行业，较快的发展速度主要靠科技的进步、新产品的开发和优质服务取得。增长型行业的发展一般与经济周期的变化没有必然的联系，在经济高涨时，它的发展速度通常高于平均水平；在经济衰退时，它所受到的影响较小甚至仍能保持一定的增长。投资者对高增长的行业十分感兴趣，主要是因为这些行业对周期性波动来说，提供了一种财富“套期保值”的手段。20 世纪 80 年代的计算机行业、我国现阶段的通信行业基本上属于增长型行业。

（二）周期型行业

周期型行业的运动状态直接与经济周期相关。当经济处于上升时期，这些行业会紧随其扩张；当经济衰退时，这些行业也相应跌落。例如，珠宝行业、耐用品制造业及其他依赖于需求的收入弹性的行业，就属于典型的周期型行业。

（三）防守型行业

防守型行业的特征是受经济周期的影响小，它们的产品往往是生活必需品或必要的公共服务，公众对它们的产品有着稳定的需求，因此行业中代表性的公司盈利水平相对也比较稳定。例如，食品行业和公用事业等。

投资者应该根据经济周期的不同阶段作出不同的投资选择。周期型行业股票是顺势而为的投资品种，一味买入并长期持有并不是最聪明的做法。防守型行业是市况不佳时的最好选择，与周期型行业股票形成互补。而增长型行业股票带给投资者的回报最多，但也要相应承担更大的风险，是风险承受能力较强和有专业背景的投资者可以深度介入的品种。

根据不同行业的特点，在经济周期的不同阶段，可以有选择性地对行业的股票进行投资。如表 8-2 所示。

表 8-2 经济周期的不同阶段的最佳投资行业

阶段	最佳投资行业				
衰退阶段	有色金属	餐饮旅游	交运设备	信息设备	采掘
复苏阶段	交运设备	餐饮旅游	电子元器件	家用电器	采掘
过热阶段	有色金属	采掘	房地产	机械设备	黑色金属
滞涨阶段	食品饮料	信息服务	医药生物	农林牧渔	信息设备

资料来源：http：//www.icaifu.com.

五、影响行业兴衰的主要因素

行业兴衰的实质是行业在整个产业体系中的地位变迁，是行业经历“幼稚产业—先导产业—主导产业—支柱产业—夕阳产业”的过程，是资本在某一行业领域“形成—集中—大规模聚集—分散”的过程，是新技术的“产生—推广—应用—转移—落后”的过程。

一个行业的兴衰会受到技术进步、政府政策、社会习惯的改变和经济全球化等因素的影响。

（一）技术进步

当前正是科学技术日新月异的时代，不仅新兴学科不断涌现，而且理论科学向实用技术的转化过程也被大大缩短、速度大大加快。技术进步对行业的影响是巨大的，它往往催生了一个新的行业，同时迫使一个旧的行业加速进入衰退期。例如，蒸汽动力行业被电力行业逐渐取代，喷气式飞机代替了螺旋桨飞机，大规模集成电路计算机取代了一般的电子计算机。这些新产品在定型和大批量生产后，市场价格大幅度下降，从而很快就能被消费者所使用。新兴行业能够很快地超过并代替旧行业，或严重地威胁原有行业的生存。未来优势行业将伴随新的技术创新而到来，处于技术尖端的基因技术、纳米技术等将催生新的优势行业。

当然，新、旧行业并存是未来全球行业发展的基本规律和特点，大部分行业都是国民经济不可缺少的。多数行业都会在竞争中发生变化，以新的增长方式为自己找到生存的空间。例如，传统农业已经遍布全世界，未来农业还会靠技术创新获得深度增长。传统工业在通过技术创新获得深度增长的同时，还可以通过行业的国际转移，在其他相对落后的国家获得广度增长的机会。

（二）政府政策

政府为管理各行各业的经营，常制定众多的法规政策，有的是扶持某些行业发展的，有的是限制某些行业发展的，有的是禁止某些行业存在的。

政府实施管理的主要行业都是直接服务于公共利益或与公共利益密切联系的。公用事业是社会的基础设施，投资大、建设周期长、收效慢，允许众多厂商投巨资竞相建设是不经济的。因此，政府往往通过授予某些厂商在指定地区独家经营某项公用事业特许权的方法来对它们进行管理。被授权的厂商也就因此而成为这些行业的合法垄断者。但这些合法的垄断者和一般的垄断者不一样，它们不能任意规定不合理的价格，其定价要受到政府的调节和管制。政府一般只允许这些厂商获得合理的利润率，而且政府的价格管理并不保证这些企业一定能够盈利。成本增加、管理不善和需求变化等，同样会使这些企业发生亏损。

（三）社会习惯的改变

随着人们生活水平和受教育程度的提高，消费心理、消费习惯、文明程度和社会责任感会逐渐改变，从而使某些商品的需求发生变化并进一步影响行业的兴衰。

在解决基本温饱之后，人们更注重生活的质量，不受污染的天然食品备受人们青睐；对健康投资从注重保健品转向健身器材；在物质生活丰富后，注重智力投资和丰富的精神生活，旅游、音乐会成了新的消费热点；快节奏的现代生活使人们更偏好便捷的交通和通信工具；高度工业化和生活现代化又使人们认识到保护生存环境免受污染的重要性。所有这些社会观念、社会习惯、社会趋势的变化对企业的经营活动、生产成本和收益等方面都会产生一定的影响，足以使一些不再适应社会需要的行业在衰退的同时激发新兴行业的发展。

（四）经济全球化

所谓经济全球化，是指商品、服务、生产要素与信息跨国界流动的规模与形式不断增加，通过国际分工，在世界市场范围内提高资源配置效率，从而使各国经济相互依赖程度有日益加深的趋势。它是全球生产力发展的结果，其推动力是追求利润和取得竞争优势。

经济全球化对各国产业发展的重大影响：经济全球化导致产业的全球性转移，比如发达国家将低端制造技术加速向发展中国家进行产业化转移，随着高新技术行业逐渐成为发达国家的主导产业，传统的劳动密集型甚至低端技术的资本密集型行业将加快向发展中国家转移；经济全球化导致国际分工出现重要变化；经济全球化导致贸易理论与国际直接投资理论一体化。

拓展阅读

新能源动力的领头羊

随着新能源汽车销售结构与质量的持续改善，新能源汽车渗透率正逐步提升，在行业景气周期带动下，以及2020年低基数情况下，2021年一季度新能源动力类上市公司一季度业绩增长可观，尤其是在锂电池行业内，宁德时代、亿纬锂能、璞泰来等龙头股业绩出现翻倍。

不过，由于2020年锂电池行业个股估值已提升不少，在2021年一季度“杀估值”的背景下，宁德时代、亿纬锂能等总体维持震荡走势，其中宁德时代以超9 000亿的市值稳坐头把交椅。

年度涨幅方面，整体表现比较分化，龙头股表现整体偏弱，宁德时代今年来累计涨幅仅有10.56%，亿纬锂能也仅有8.80%，新能源电池回收服务商格林美今年来涨43.06%，涨幅相对靠前。

开源证券认为，从保障国家能源安全的角度来说，减少对国际化石能源的依赖，发展原油和天然气替代燃料具有重要的战略意义。氢能是零碳燃料，具有储量丰富、热值高、零污染、可存储、来源广泛等优点，有望在推动能源转型及提高能源系统灵活性方面发挥关键作用。与电动汽车相比，燃料电池车能量密度高，加注燃料便捷、续航里程较高，更加适用于长途、大型、商用车领域，可有效解决商用货车污染排放大等问题。

天风证券表示，长期以来，我国氢燃料电池汽车产业链由于核心技术的欠缺，部分零部件与关键材料不具备量产能力，需要依赖进口，导致产业链缺环、产业建设进展缓慢。同时，高昂的进口价格阻碍了氢燃料电池汽车的推广应用。近年，我国关键部件国产化率快速提升并且已经初现规模化生产。鉴于氢能产业链发展核心阶段在于燃料电池电堆及整车制造，我们建议关注覆盖该板块的标的：亿华通、潍柴动力、上海电气及东方电气，以及正在经历IPO申报的燃料电池电堆龙头企业上海重塑。

任务三　上市公司分析

每个行业都包含着诸多公司，每个公司又各有特色，比如规模大小、财力强弱、技术水平高低、经营管理优劣等，都是千差万别的。投资者显然不能仅根据宏观经济与政策分析、行业分析来确定应该选择行业中的哪家公司进行投资，而需要对行业中的各个公司进行具体分析。通过对候选对象的背景资料、业务资料、财务资料的分析，才能从整体上、多角度地了解公司，从而筛选出最适合投资者的公司，获得最佳投资收益。

一、公司及上市公司的含义

公司是依法设立的、从事经济活动并以营利为目的的企业法人。公司全部的资本由股东出资构成，股东以其出资额或所持股份为限对公司的债务承担责任，公司以全部的资本对公司债务承担责任。根据不同的划分标准，公司可分为不同的类型。其中，以公司股票是否上市流通为标准，可将公司分为上市公司和非上市公司。

上市公司是指所发行的股票经过国务院或者国务院授权的证券管理部门批准在证券交易所上市交易的股份有限公司，可分为股票型上市公司和债券型上市公司。

在实际投资活动中，投资者对于上市公司的了解是必要的，否则其收益将面临很大的风险。无论是宏观经济分析还是行业分析，对于具体投资对象的选择都要落实到公司微观分析上。对上市公司的分析可分为两个部分：上市公司的基本面分析和上市公司的财务分析。

二、上市公司的基本面分析

（一）公司行业地位分析

公司行业地位分析的目的是找出公司在所处行业中的竞争地位，判断其在行业中的领导力、在价格上的影响力及竞争优势等，以决定投资于哪家公司、投资比重是多少。

在大多数行业中，无论其行业平均盈利能力如何，总有一些公司具有更强的获利能力。公司的行业地位决定了其盈利能力是高于还是低于行业平均水平，决定了其在行业内的竞争地位。衡量公司行业竞争地位的主要指标是产品的市场占有率和行业综合排序。

分析公司产品的市场占有率，通常从两个方面进行考察：其一，公司产品销售市场的地域分布情况。从这一角度可将公司的销售市场划分为地区型、全国型和世界型。从产品销售的地域范围能大致地估计一个公司的经营能力和实力。其二，公司产品在同类产品市场上的占有率。市场占有率是对公司的实力和经营能力的较精确的估计。市场占有率是指一个公司的产品销售量占该类产品整个市场销售总量的比例。市场占有率越高，表示公司的经营能力和竞争力越强，公司的销售和利润水平越好、越稳定。

在行业中处于龙头地位的公司，在规模、技术、产品质量上都是领先的，其经营业绩和成长性一般也领先于同行业的公司，投资者应特别关注这类公司。

（二）公司经济区位分析

区位或经济区位，是指地理范畴上的经济增长带或经济增长点及其辐射范围。区位是资本、技术和其他经济要素高度积聚的地区，也是经济快速发展的地区，比如美国的硅谷高新技术产业区。经济区位的兴起与发展将极大地带动其周边地区的经济增长。上市公司的投资价值与区位经济的发展密切相关，处在经济区位内的上市公司一般具有较高的投资价值。我们从以下几个方面进行上市公司的区位分析。

1. 区位内的自然条件和基础条件

自然条件和基础条件包括矿产资源、水资源、能源、交通、通信设施等，它们在区位经济发展中起着重要作用，也对区位内的上市公司的发展起着重要的限制和促进作用。分析区位内的自然条件和基础条件，有利于分析本区位内上市公司的发展前景。如果上市公司所从事的行业与当地的自然条件和基础条件不符，公司的发展就可能受到很大的制约。比如在水资源稀缺的内陆地区从事大量耗水的工业项目，项目的前景就不甚乐观。

2. 区位内政府的产业政策

为了进一步促进区位经济的发展，当地政府一般都相应地制定了经济发展的战略规划，提出相应的产业政策，确定了区位优先发展和扶持的产业，并给予相应的财政、信贷及税收等诸多方面的优惠政策。如果区位内的上市公司的主营业务符合当地政府的产业政策，一般会获得诸多政策支持，对上市公司本身的进一步发展有利。

3. 区位内的经济特色

特色是区位间比较的结果，是指本区位经济与区位外经济的联系和互补性、龙头作用及发展活力与潜力的比较优势。它包括区位的经济发展环境、条件与水平、经济发展现状等方面有别于其他区位的特色。特色在某种意义上意味着优势，利用自身的优势发展本区位的经济，无疑在经济发展中找到了很好的切入点。

（三）公司产品分析

公司产品的竞争力是公司分析中非常重要的一个方面。产品的竞争力主要体现在技术优势、成本优势、质量优势和品牌效应等方面。

1. 技术优势

公司的技术优势是指公司拥有的比同行业其他竞争对手更强的技术实力及研究与开发新产品的能力。这种能力主要体现在生产的技术水平和产品的技术含量上。考察公司产品的技术水平主要关注四个方面：一是产品是否具有其他公司难以企及的技术水平，在该行业中具有无可争辩的领先地位；二是是否有专利保护其垄断地位，其他公司不能模仿和假冒；三是技术的盈利前景，技术的先进性应体现在盈利能力上，公司的产品没有盈利前景，其股票就没有投资价值；四是产品市场的广度，公司的产品只有具有广阔的市场，才能形成大规模的盈利。

2. 成本优势

成本优势是指公司的产品依靠低成本获得高于同行业其他公司的盈利能力。在很多行业中，成本优势是决定竞争优势的关键因素。公司一般通过规模经济、专有技术、优惠的原材料和低廉的劳动力实现成本优势。由资本的集中程度而决定的规模效益是决定公司生产成本的基本因素。当公司达到一定的资本投入或生产能力时，根据规模经济的理论，公司的生产成本和管理费用将会得到有效降低。对公司技术水平的评价可分为评价技术硬件部分和软件部分两类。技术硬件部分如机械设备、单机或成套设备；软件部分如生产工艺技术、工业产权、专利设备制造技术和经营管理技术。另外，公司如果拥有较多的技术人员，就有可能生产出质优价廉、适销对路的产品。原材料和劳动力成本则应考虑公司的原料来源及公司的生产企业所处的地区。取得了成本优势，公司在激烈的竞争中便处于优势地位，意味着公司在竞争对手失去利润时仍有利可图，亏本的危险较小；同时，低成本的优势也使其他想利用价格竞争的公司有所顾忌，成为价格竞争的抑制力。

3. 质量优势

质量优势是指公司的产品以高于其他公司同类产品的质量赢得市场，从而取得竞争优势。由于公司技术能力及管理等诸多因素的差别，不同公司间相同产品的质量是有差别的。消费者在进行购买选择时，虽然有很多因素会影响他们的购买倾向，但是产品的质量始终是影响他们购买倾向的一个重要因素。质量是产品信誉的保证，质量好的产品会给消费者带来信任感。严格管理，不断提高公司产品的质量，是提升公司产品竞争力的行之有效的方法。具有产品质量优势的上市公司往往在该行业占据领先地位。

4. 品牌效应

品牌是一个商品名称和商标的总称，它可以用来辨别一个卖者或卖者集团的货物或劳务，以便同竞争者的产品相区别。一个品牌不仅是一种产品的标识，而且是产品质量、性能、满足消费者效用的可靠程度的综合体现。品牌竞争是产品竞争的深化和延伸。当产业发展进入成熟阶段，产业竞争充分展开时，品牌就成为产品及企业竞争力的一个越来越重要的因素。以品牌为开路先锋，为作战利器，不断攻破市场壁垒，从而实现迅猛发展的目标，是国内外很多知名大企业行之有效的措施。效益好的上市公司，大多有自己的品牌和品牌战略。品牌战略不仅能提升公司产品的竞争力，而且公司能够利用品牌进行收购兼并。

（四）公司经营能力分析

公司经营能力分析可以从公司法人治理结构、公司经理层的素质和公司的经营战略等方面来进行。

1. 公司法人治理结构

公司法人治理结构是指由股东大会、董事会、经理及监事会组成的管理公司的组织结构，是现代企业制度中最重要的组织架构。公司法人治理结构按照公司法的规定由四个部分组成，如图 8-2 所示。

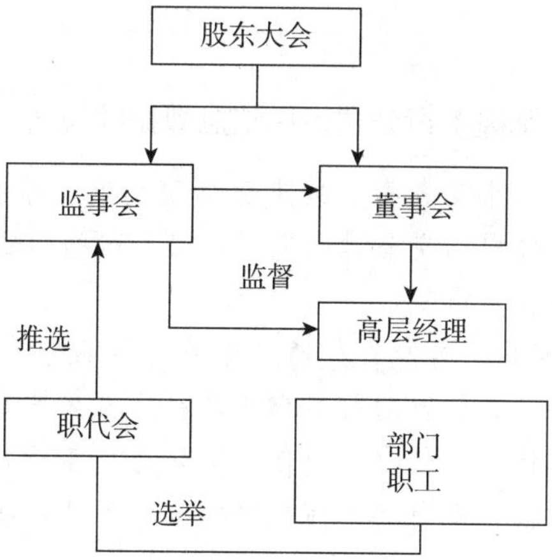

图 8-2 公司法人治理结构

（1）股东会或者股东大会，由公司股东组成，所体现的是所有者对公司的最终所有权；

（2）董事会，由公司股东大会选举产生，对公司的发展目标和重大经营活动作出决策，维护出资人的权益；

（3）监事会，是公司的监督机构，对公司的财务和经营者的行为发挥监督作用；

（4）经理，由董事会聘任，是经营者、执行者。

公司法人治理结构的四个组成部分，都是依法设置的，它们的产生和组成、行使的职权、行事的规则等在《公司法》中都有具体规定。所以说，公司法人治理结构是以法制为基础，按照公司本质属性的要求形成的。

2. 公司经理层的素质

所谓素质，是指一个人的品质、性格、学识、能力、体质等方面特性的总和。在现代公司里，管理人员不仅担负着对公司生产经营活动进行计划、组织、指挥、控制等管理职能，而且从不同角度和方面负责或参与对各类非管理人员的选择、使用与培训工作。因此，管理人员的素质是决定公司能否取得成功的一个重要因素。管理人员的素质要求是指从事公司管理工作的人员应当具备的基本品质、素养和能力，它是选拔管理人员担任相应职务的依据和标准，也是决定管理人员工作效能的先决条件。对管理人员的素质分析是公司分析的重要组成部分。

一般而言，公司的经理人员应该具备以下素质：一是必须具有从事管理工作的愿望；二是应当具备处理专门业务技术问题的能力；三是具备良好的道德品质修养；四是拥有良好的人际关系协调能力。

3. 公司的经营战略

公司的经营战略是公司面对剧烈变化的环境与严峻挑战，为求得长期生存和不断发展而进行的总体性谋划。它是公司战略思想的集中体现，是公司经营范围的科学规定，同时又是制订规划（计划）的基础。经营战略在符合和保证实现公司使命的条件下，在充分使用环境中存在的各种机会和创造新机会的基础上，确定公司同环境的关系，规定公司从事的经营范围、成长方向和竞争对策，合理地调整公司结构和分配公司的资源。

拓展阅读

掌握上市公司市场信息数据的技巧

每天有多少新股民开户入市？各指数的走势如何？各证券公司的交易排名情况如何？各地区、各营业部、各基金公司的交易排名情况如何？这些问题的答案都可以从证券交易所网站“交易统计”栏目中查询得知。

基金、券商、QFII等各类机构和个人账户交易的份额分布情况如何？近三个月开户的账户的交易份额占到多少？各行业的股票交易量占总体交易量的份额如何？新增开户数和持股账户数的变化情况如何？交易户数变化情况如何？各只股票的持股集中度如何？持有不同数量股份的投资者人数分布情况如何？这些信息也可以从证券交易所网站“专题统计”栏目中查询得知。

以上信息，都可以从不同侧面反映出市场投资者的信心和趋势，投资者可以借此对市场表现进行分析，从而为自己的投资决策提供参考。

目前市面上有很多号称能“科学选股”“自动选股”的炒股软件，甚至有不法分子利用软件的销售从事非法证券活动，不少投资者深受其害。其实，权威网站的各类公开数据和统计数据，可以说其作用等同于炒股分析软件，并更为客观、权威和准确，而且是完全免费的。

三、上市公司的财务分析

（一）财务报表分析

公司财务分析的基本依据就是财务报表。财务报表主要包括资产负债表、利润表及现金流量表。

1. 资产负债表

资产负债表反映了股票发行公司在某一特定日期的财务状况。它依据“资产＝负债＋股东权益”这个基本平衡公式编制而成。它主要包括三方面内容：公司在某一时点所拥有的资产总额、负债总额和股东权益。

2. 利润表

利润表是反映公司在一定时期内经营成果的动态报表。它依据“利润＝收入－费用”这一平衡关系编制而成。它主要包括销售收入、销售成本、销售毛利、营业外收入及支出、税前及税后盈利等科目及金额。

3. 现金流量表

现金流量表是以现金及现金等价物为基础编制的，反映公司财务状况变动及其原因的主要财务报表。现金流量表主要向股民提供公司在年度内经营活动、投资活动和筹资活动所产生的现金流入和流出的信息，帮助股民分析公司的生存能力、发展能力和适应市场变化的能力。

（二）财务比率分析

财务比率分析主要包括盈利能力分析、偿债能力分析、资本结构分析、经营效率分析和投资收益分析五个部分。

1. 盈利能力分析

盈利能力就是公司获取利润的能力，是公司组织生产活动、销售活动和财务管理水平高低的综合体现，也是公司在市场竞争中立于不败之地的根本保证。盈利能力的主要分析指标包括：

（1）毛利率（又称销售毛利率）。毛利是指净销售收入与销售成本之间的差额，而销售成本则是期初存货加上期间进货再减去期末存货的结果。将毛利与销售净额进行对比就是毛利率。其计算公式为：

$$毛利率=\frac{毛利}{销售净额}\times 100\%=\frac{销售净额-销售成本}{销售净额}\times 100\%$$

（2）经营利润率。这是衡量上市公司从事生产经营活动所获利润情况或收益水平的重要指标。其计算公式为：

$$经营利润率=\frac{经营利润}{销售净额}\times 100\%$$

经营利润通常用公司的税后净利来表示，即销售净收入减去一切生产成本、税金（包括流转税和所得税）以及各项费用（包括销售费用、管理费用及财务费用）后的净额。

（3）投资报酬率（又称总资产收益率）。这是一个反映上市公司盈利能力的综合性指标。其计算公式为：

$$投资报酬率=\frac{税后净收益}{平均资产总额}\times 100\%$$

（4）净资产收益率。这项指标衡量的是上市公司股东权益的收益率状况。一般情况下，股东们都关心公司的经营利润水平，但其更关心的是与自身经济利益密切相关的净资产收益率。其计算公式为：

$$净资产收益率=\frac{税后净收益}{平均净资产}\times 100\%$$

2. 偿债能力分析

任何一家上市公司要想维持正常的生产经营活动，必须持有足够的现金和银行存款以支付各种到期的费用和其他债务。偿债能力是财务比率分析中一个非常重要的指标。其内容包括以下两个方面：

（1）短期偿债能力的比率。短期偿债能力是指企业流动资产对流动负债及时足额偿还的保证程度，是衡量企业当期财务能力（尤其是流动资产变现能力）的重要标志。企业短期偿债能力的衡量指标主要有流动比率、速动比率和现金比率。

1）流动比率是流动资产与流动负债的比率，它表明企业每 1 元流动负债有多少流动资产作为偿还保证，反映企业用可在短期内转变为现金的流动资产偿还到期流动负债的能力。其计算公式为：

$$流动比率=\frac{流动资产}{流动负债}$$

2）速动比率是指速动资产对流动负债的比率，反映企业流动资产中可以立即变现用于偿还流动负债的能力。速动资产包括货币资金、短期投资、应收票据、应收账款、其他应收款项等。其计算公式为：

$$速动比率=\frac{速动资产}{流动负债}$$

3）现金比率，表示每 1 元流动负债有多少现金及现金等价物作为偿还的保证，反映公司可用现金及变现方式清偿流动负债的能力。其计算公式为：

$$现金比率=\frac{现金+现金等价物}{流动负债}$$

（2）长期偿债能力的比率。长期偿债能力是指企业偿还长期债务的能力。衡量企业长期偿债能力主要看企业资金结构是否合理、稳定，以及企业长期盈利能力的大小。分析长期偿债能力的主要指标有资产负债率、产权比率、利息保障倍数等。

$$资产负债率=\frac{负债总额}{资产总额}\times 100\%$$

$$产权比率=\frac{负债总额}{股东所有权益总额}\times 100\%$$

$$利息保障倍数=\frac{利息费用+税前利润}{利息费用}$$

3. 资本结构分析

资本结构是指在上市公司的总资本中，股权资本和债权资本的构成及其比例关系。资本结构将直接决定上市公司使用财务杠杆的程度，从而直接影响上市公司的盈利能力和长期偿债能力。资本结构应分析的指标包括：

（1）负债比率。它是衡量上市公司在多大程度上利用债权人的资金来对其资产进行融通以开展生产经营活动的指标。其计算公式为：

$$负债比率=\frac{债务总额}{资产总额}\times 100\%$$

（2）权益比率。它直接反映了股东提供的资金在总资产中的比重，反映了上市公司的基本财务结构是否稳定。其计算公式为：

$$股东权益比率=\frac{股东权益}{资产总额}\times 100\%$$

（3）股东权益乘数。在实践中，人们有时将股东权益对总资产的比率倒过来列示，这便是股东权益乘数。其计算公式为：

$$股东权益乘数=\frac{资产总额}{股东权益总额}$$

（4）负债对股东权益的比率。这是一个衡量公司财务结构、表明债权人权益和股东权益相对关系的比率。其计算公式为：

$$负债对股东权益的比率=\frac{负债总额}{股东权益总额}\times 100\%$$

（5）股东权益对负债的比率。这也是一个将公司自有资本（股东权益）与债务资金（债权人权益）联系起来以表明两者相对关系的财务比率。其计算公式为：

$$股东权益对负债的比率=\frac{股东权益总额}{负债总额}\times 100\%$$

4. 经营效率分析

经营效率也称资产管理能力，主要通过上市公司各种资产在一定时期内周转的快慢程度来反映。分析经营效率是了解公司内部经营管理水平的一个主要渠道。投资者可以通过公司的营业周期、存货周转率、应收账款周转率、流动资产周转率和总资产周转率来分析上市公司的资产管理能力。

（1）应收账款周转率。这是用以评估上市公司流动资产周转状况的重要比率之一，是分析上市公司应收账款变现速度的一个重要指标。其计算公式为：

$$应收账款周转率（次）=\frac{赊销净额}{平均应收账款余额}$$

（2）应收账款平均回收天数。这是衡量上市公司应收账款回收工作效率的一项重要指标，它是对应收账款周转率作进一步分析而得到的。其计算公式为：

$$应收账款平均回收天数=\frac{365天}{应收账款周转率}=\frac{平均应收账款净额}{年赊销净额÷365天}$$

（3）存货周转率。这是一个衡量上市公司销货能力强弱和存货是否过量的重要指标，是分析上市公司流动资产运转效率的又一个重要依据。其计算公式为：

$$存货周转率（次）=\frac{销货成本}{平均存货余额}$$

（4）存货平均周转天数，又称存货供应天数或存货账龄。这也是在计算得到存货周转率后进一步推算出来的。其计算公式为：

$$存货平均周转天数=\frac{365天}{存货周转率（次）}=\frac{平均存货}{销货成本÷365天}$$

（5）固定资产周转率。这是一个衡量上市公司利用现存的厂房、建筑物和机器设备等固定资产来形成销售收入的程度的重要指标。其计算公式为：

$$固定资产周转率（次）=\frac{销售净额}{固定资产平均净额}$$

（6）总资产周转率。其计算公式为：

$$总资产周转率（次）=\frac{销售净额}{平均资产总额}$$

5. 投资收益分析

对上市公司来说，公司的股价代表了市场在某个时点上对上市公司价值的评估，反映了投资者作为一个整体对持有该公司股票可能带来的潜在收益和所承担的风险的看法，所以，公司的股价对投资决策至关重要。因此，人们必须将股票市价和财务报表所提供的相关信息结合起来进行分析，计算的指标包括每股净收益、股利支付率、市盈率、市净率等。

（1）每股净收益，是本年盈余与普通股流通股数的比值。其计算公式为：

$$每股净收益=\frac{净利-优先股股息}{发行在外的加权平均股数}$$

（2）股利支付率，是普通股每股股利与每股收益的百分比。该指标反映普通股股东从每股的全部收益中分到手的部分有多少。就单独的普通股投资人来讲，这一指标比每股净收益更直接体现当前利益。其计算公式为：

$$股利支付率=\frac{每股股利}{每股收益}\times 100\%$$

（3）市盈率，是每股市价与每股盈余的比率，亦称市盈率或本益比或本利比。其计算公式为：

$$市盈率=\frac{每股市价}{每股盈余}$$

（4）市净率，把每股净资产和每股市价联系起来，可以说明市场对公司资产质量的评价。市净率就是反映每股市价和每股净资产关系的比率。其计算公式为：

$$市净率=\frac{每股市价}{每股净资产}$$

项目小结

1. 基本面分析就是以证券的内在价值为依据，着重于对影响证券价格及其走势的各项因素进行分析，预测证券价格未来中长期变化方向的一种分析方法，包括宏观经济分析、行业分析和公司分析。

2. 一般来说，在经济衰退时期，股价会逐渐下跌；到危机时期，股价跌至最低点；而经济复苏开始时，股价又会逐步上升；到繁荣时，股价则上涨至最高点。

3. 一般来说，利率下降时，证券的价格就会上涨；利率上升时，证券的价格就会下跌。

4. 一般来说，如果一国的货币升值，股价就上涨；如果其贬值，股价即随之下跌。

5. 实施扩张性财政政策有利于扩大社会总需求，将刺激经济发展，进而促使证券价格上涨；而实施紧缩性财政政策则在于调控经济过热，对上市公司及其股价的影响与扩张性财政政策所产生的效果相反。

6. 行业的生命周期可以划分为初创期、成长期、成熟期、衰退期四个阶段。

7. 周期型行业的运动状态直接与经济周期相关。当经济处于上升时期，这些行业会紧随其扩张；当经济衰退时，这些行业也相应跌落。

8. 一个行业的兴衰会受到技术进步、政府政策、社会习惯的改变和经济全球化等因素的影响。

9. 公司财务分析的基本依据就是财务报表。财务报表主要包括资产负债表、利润表及现金流量表。

10. 财务比率分析主要包括盈利能力分析、偿债能力分析、资本结构分析、经营效率分析和投资收益分析五个部分。

课后习题

一、名词解释

1. 证券投资分析　2. 国内生产总值　3. 再贴现政策　4. 周期型行业　5. 流动比率　6. 产权比率　7. 市盈率　8. 市净率　9. 存货周转率

二、单项选择题

1. 下列不属于垄断竞争型市场特点的是（　　）。

A. 生产者众多，各种生产资料可以流动

B. 生产的产品同种但不同质

C. 这类行业初始投入资本较大，阻止了大量中小企业的进入

D. 对其产品的价格有一定的控制能力

2. 随着行业生产技术的成熟、生产成本的降低和市场需求的扩大，新行业从幼稚期迈入成长期的变化是（　　）。

A. 由低风险、低收益变为高风险、高收益

B. 由高风险、亏损变为高风险、低收益

C. 由低风险、高收益变为高风险、高收益

D. 由高风险、低收益变为低风险、高收益

3. 以下不属于产品的竞争力分析的是（　　）。

A. 技术优势　　B. 成本优势　　C. 质量优势　　D. 行业优势

4. 反映公司在某一特定时点财务状况的静态报告是（　　）。

A. 资产负债表　　B. 损益表　　C. 利润表　　D. 现金流量表

5. 若流动比率大于 1，则下列成立的是（　　）。

A. 速动比率大于 1　　B. 营运资金大于零

C. 资产负债率大于 1　　D. 短期偿债能力绝对有保障

6. 当前的现实生活中没有真正的完全垄断市场，以下接近完全垄断市场类型的行业有（　　）。

A. 钢铁、汽车等重工业

B. 资本密集型、技术密集型产品

C. 少数储量集中的矿产品

D. 公用事业如发电厂、煤气公司、自来水公司

7. 所谓（　　），是指区位内经济与区位外经济的联系和互补性、龙头作用及发展活力与潜力的比较优势。

A. 经济特色　　B. 自然条件　　C. 基础条件　　D. 产业政策

8.（　　）是负债总额与股东权益之间的比率。

A. 资产负债率　　B. 产权比率

C. 有形资产净值债务率　　D. 已获利息倍数

9.（　　）具有强制性、无偿性和固定性的特征，它既是筹集财政收入的主要工具，又是调节宏观经济的重要手段。

A. 国债　　B. 税收　　C. 财政补贴　　D. 转移支付

10.（　　）是指中央银行规定的金融机构为保证客户提取存款和资金清算需要而准备的在中央银行的存款占其存款总额的比例。

A. 法定存款准备率　　B. 存款准备金率

C. 超额准备金率　　D. 再贴现率

三、多项选择题

1. 影响股票价格的因素中，属于基本面方面的是（　　）。

A. 宏观经济因素　　B. 行业因素

C. 公司因素　　D. 技术因素

2. 财务比率分析主要包括（　　）。

A. 盈利能力分析　　B. 偿债能力分析

C. 资本结构分析　　D. 投资收益分析

3. 下列不能反映股东权益的收益水平的指标是（　　）。

A. 股东权益周转率　　B. 股东权益收益率

C. 普通股获利率　　D. 资产收益率

4. 证券市场呈现上升走势经济背景条件是（　　）。

A. 持续稳定高速的 GDP 增长　　B. 高通胀下 GDP 增长

C. 宏观调控下 GDP 减速增长　　D. 转折性的 GDP 变动

5. 下列不能衡量普通股股东当期收益率的指标是（　　）。

A. 普通股每股净收益　　B. 股息发放率

C. 普通股获利率　　D. 股东权益收益率

6. 增长型行业主要依靠（　　），从而使其经常呈现出增长形态。

A. 技术的进步　　B. 新产品推出

C. 政府的扶持　　D. 更优质的服务

7. 行业分析的方法包括（　　）。

A. 历史资料研究法　　B. 归纳与演绎法

C. 比较研究法　　D. 数理统计法

8. 衡量公司盈利能力的指标有（　　）。

A. 销售毛利率　　B. 销售净利率

C. 资产负债率　　D. 资产净利率

9. 进行宏观经济分析的基本方法包括（　　）。

A. 总量分析法　　B. 结构分析法

C. 因素分析法　　D. 回归分析法

10. 财政政策手段主要包括（　　）。

A. 国家预算　　B. 税收

C. 公开市场业务　　D. 转移支付制度

四、判断题

1. 在现实经济中，完全竞争的市场类型是少见的，初级产品（如农产品）的市场类型较类似于完全竞争。（　　）

2. 周期型行业对经济周期性波动来说，提供了一种财富“套期保值”的手段。（　　）

3. 每股收益不是利润表主要反映的内容。（　　）

4. 企业流动资产越多，短期债务越少，其偿债能力越强。（　　）

5. 反映公司在某一特定时点财务状况的报表是损益表。（　　）

6. 股权结构是公司法人治理结构的基础，许多上市公司的治理结构出现问题都与不规范的股权结构有关。（　　）

7. 公司的财务比率中反映短期偿债能力的流动比率对短期债权人来说越大越好，但对公司管理层来说可能被认为是没有充分利用资金。（　　）

8. 证券分析师必须认真分析宏观经济政策，掌握其对证券市场的影响力度与方向，才能准确把握整个证券市场的运动趋势和不同证券品种的投资价值变动。（ ）

9. 宏观经济分析是判断整个证券市场投资价值的关键。（ ）

10. 证券市场素有“经济晴雨表”之称，它既表明证券市场是宏观经济的先行指标，也表明宏观经济的走向决定了证券市场的长期趋势。（ ）

五、简答题

1. 怎样通过货币政策来调控证券市场的货币量？
2. 行业生命周期各阶段的特征主要有哪些？
3. 反映上市公司偿债能力的指标有哪些？

实训任务

1. 登录招商证券公司网站，选择一份该公司的投资研发报告，仔细阅读研发报告的内容，看看研发报告是基于哪些方面进行的。
2. 上网查阅资料，分析人民币升值对哪些行业有利、对哪些行业不利。
3. 对贵州茅台进行基本面分析。

项目九
证券投资技术分析

学习目标

1. 了解技术分析的基本假设。
2. 掌握K线及K线理论。
3. 熟悉压力线、支撑线、趋势线和轨道线。
4. 掌握常见的几种反转突破形态和持续整理形态。
5. 了解波浪理论。
6. 熟悉和掌握趋势型指标和超买超卖指标。
7. 了解人气型指标和大势型指标。

引入案例

10日均线判断买入时机

1. 重要买入时机

下跌趋势中，股价能跌到多少、大盘指数会跌到多少点、能跌多长时间，或者说底在哪里，谁也不能准确地作出预测，而只能顺势而为。那么，怎样才能做到顺势而为呢？10日移动平均线无疑为我们提供了非常重要的参考标准。

即当股价在10日均线之上运行时，我们就认为股价的趋势向上，股价还会上涨，而当股价在10日均线之下运行时，我们就认为股价的趋势向下，股价还会下跌。因此，10日移动平均线是指导我们分析、判断趋势以及实际操作时的一个非常重要的客观标准。

在下跌趋势中，股价不断创出新低，高点不断下移，10日均线在股价的上方以一定的速度向右下方下行，表明最近10个交易日买进股票的投资者都被套牢或者说最近10个交易日卖出股票的投资者都是正确的。而且，10日均线还是股价反弹的强阻力之一，只要下跌趋势尚未结束，股价就较难站上10日均线，即使偶尔站上，也很快会回到其下面继续下跌。最后，股价下跌速度明显减缓，甚至止跌上涨，10日均线也下降趋缓有走平并抬头上行的迹象，而股价从下向上突破并站上10日均线时，说明下降趋势结束，上涨行情开始，是投资者非常重要的买入时机。

2. 回档不破10日均线是买入时机

在上升趋势中，股价经过先期的快速上扬之后，由于短期获利盘太大，获利回吐必然出现而令股价调整，但只要股价不跌破10日均线且10日均线仍继续上行，说明是正常的短线强势调整，上升行情尚未结束，此时考虑逢低买入。当股价在10日均线获得支撑后又继续上涨时，说明调整结束，新的上升浪可能展开。

3. 重回10日均线上方时是买入时机

为回避风险或保存利润，在股价跌破10日均线时卖出后，如股价在短期内又回升至10日均线上方且10日均线仍继续上行，可考虑再次买入。

4. 暴跌远离10日均线是买入时机

下跌趋势中，股价在10日均线之下运行，如股价连续出现急跌或暴跌并远离10日均线，致使10日负乖离率过大，可考虑买入，这可能也是中期买入良机。

资料来源：搜狐网. 10日均线判断买入时机.（2019-09-16）[2021-07-06]. https://www.sohu.com/a/341209777_120203388.

思考：常用的技术分析方法有哪些？如何通过技术分析找到合适的买入点？

任务一　技术分析概述

技术分析是证券投资分析中一种常用的分析方法，其各种理论和技术指标都经过了几十年甚至上百年的实践检验，在今天仍然具有参考意义。但技术分析以三大假设为理论基础、以历史数据为信息基础、以经验总结为分析思路导致技术分析存在着局限性。

一、技术分析的含义

技术分析是指利用图表和技术指标，直接对证券市场的市场行为进行分析，探索出一些典型的规律并据此预测证券市场的未来变化趋势的分析方法。证券市场的市场行为包括证券的价格、价格的变化、成交量的变化以及完成这些变化所需要的时间。简单地说，就是价、量、时。

正确理解这一定义，应把握以下三点：

(1) 技术分析的目的是预测市场价格的未来变化趋势，尤其是短期内的变化趋势。

(2) 技术分析所使用的工具是一系列的图表和数理指标，分析成果就是这些图表和技术指标综合运用的结果。

(3) 技术分析的对象是市场行为。

二、技术分析与基本分析的区别

（一）分析的内容不同

基本分析是对影响股价及其走势的各项因素的分析，预测股价未来中长期变化趋势。

技术分析是以统计学和逻辑学的方法，通过图表和技术指标等来分析股价的运动轨迹，寻找出具有典型意义的行为模式，从而探索未来股价的变动趋势。

（二）立足点不同

基本分析立足于未来，利用宏观经济、行业以及上市公司的发展情况来分析股价的变动趋势。

技术分析着眼于过去，用历史数据的变化规律来预测股价的趋势。

（三）目的不同

基本分析是为了判断现行股价是否合理，并描绘出它未来的发展空间。

技术分析是为了预测股价的短期变动，并确定买卖股票的时机。

（四）解决的问题不同

基本分析解决投资对象问题——提供何种股票。

技术分析解决投资时机问题——提供何时买卖。

三、技术分析的假设

技术分析法自 19 世纪产生以来，经过不断充实、完善和发展，本身逐渐形成一套颇为复杂的体系，但支撑该体系的理论基础是以下三个假定条件。

（一）市场行为涵盖一切信息

这一假设是技术分析的基石。技术分析者认为，影响证券价格变动的所有内外因素（经济的、政治的、心理的或其他因素）都将反映在市场行为中，没有必要对影响价格因素的具体内容给予过多的关心。

技术分析者所使用的图表、技术指标等工具之所以发生作用，是因为这些工具本身如实地描述了市场参与者的行为，使我们能够把握市场参与者对市场的反应，从而把握市场的未来趋势。

（二）价格沿趋势移动

这一假设是技术分析的核心。技术分析者认为，市场确有趋势可循，而且当前的市场趋势有势能或惯性，只有当它走到趋势的尽头，它才会掉头反向。

研究价格图表的全部意义，就是要辨识出趋势发展的早期形态，以便顺应趋势进行交易。事实上，大多数技术分析理论在本质上就是顺应趋势，即以判定、追随市场的既成趋势为目的。

（三）历史会重演

第三个假设是从统计学和心理学两个方面考虑的。投资者在某一场合得到某种结果，那么，下一次碰到相同或相似的场合，就认为会得到相同的结果，就会按同一方法进行操作；如果前一次失败了，后面这一次就不会按前一次的方法操作。

过去的结果是已知的，这个已知的结果应该是用现在对未来作预测的参考。对重复出现的某些现象的结果进行统计，得到成功和失败的概率，对具体的投资行为也是有帮助的。

当然，对这三大假设本身的合理性一直存在争议，不同的人有不同的看法。例如，第一个假设说市场行为包括了一切信息，但市场行为反映的信息只体现在股票价格的变动之中，同原始的信息毕竟有差异，信息损失是必然的。正因为如此，在进行技术分析的同时，还应该适当进行一些基本面方面分析，以弥补不足。

四、技术分析的方法

技术分析一般分为五类：K 线理论、切线理论、形态理论、波浪理论、指标理论。这五类技术分析方法尽管考虑的方式不同，但彼此并不排斥，在使用上可相互借鉴。

（一）K 线理论

K 线最初是由日本人在德川幕府时期，为记录米市交易行情而发明的，在东亚地区广为流行。许多股票投资者进行技术分析时往往首先接触的是 K 线图。K 线理论是根据若干天的 K 线组合情况，推测证券市场多空双方力量的对比，进而判断证券市场行情的理论。K 线图是进行各种技术分析的最重要的图表。人们通过不断地总结经验，发现了一些对股票买卖有指导意义的组合，而且新的研究结果正不断地被发现、被运用。

（二）切线理论

切线理论是按一定方法和原则，在根据股票价格的数据所绘制的图表中画出一些直线，然后根据这些直线的情况推测股票价格的未来趋势的理论。这些直线就叫切线，切线主要是起支撑和压力的作用，支撑线和压力线的往后延伸位置对价格趋势起一定的制约作用。切线的画法是最为重要的，画得好坏直接影响预测的结果。目前，画切线的方法有很多种，主要有趋势线、通道线、黄金分割线、甘氏线、角度线等。

（三）形态理论

形态理论是根据价格图表中过去一段时间走过的轨迹形态来预测股票价格未来趋势的理论。技术分析第一条假设告诉我们，市场行为包括一切信息。价格走过的形态是市场行为的重要部分，是证券市场对各种信息感受之后的具体表现，用形态来推测股票价格的将来走势是有道理的。从价格轨迹的形态中，我们可以推测出证券市场处在一个什么样的大环境之中，由此对我们今后的投资给予一定的指导。主要的形态有 M 头、W 底、头肩顶、头肩底等十几种。

（四）波浪理论

波浪理论的实际发明者和奠基人是艾略特。波浪理论是最常用的趋势分析工具之一，被称为“市场行为的关键”。波浪理论是较为典型的股价循环周期理论的具体化，它把股价的上下变动和不同时期的持续上涨、下跌看成是波浪的上下起伏，认为股票的价格运动遵循波浪起伏的规律。该理论认为，不管是多头市场还是空头市场，市场走势不断重复一种模式，每一周期由 5 个上升浪和 3 个下跌浪组成。数清楚了各个浪就能准确地预见是熊市已接近尾声、牛市即将来临，还是牛市已到了强弩之末、熊市即将来到。

（五）指标理论

指标理论根据市场行为的各个方面，建立一个数学模型，给出数学上的计算公式，得到一个体现证券市场的某个方面内在实质的指标值。指标值的具体数值和相互间关系，直接反映证券市场所处的状态，为我们的操作行为提供指导方向。目前，比较常见的技术指标有相对强弱指标（RSI）、随机指标（KD）、趋向指标（DMI）、平滑异同移动平均线（MACD）、能量潮（OBV）、心理线（PSY）、乖离率（BIAS）等。

五、技术分析应用时应注意的问题

技术分析作为一种证券投资分析工具，在应用时应该注意以下问题。

（一）技术分析与基本分析结合起来使用

对于刚刚兴起的、不成熟的证券市场，由于市场突发消息较频繁、人为操纵的因素较多，所以仅靠过去和现在的资料、图表去预测未来是不可靠的。事实上，在台湾的证券市场上，技术分析依然有较高的预测成功率。成功的关键在于不能机械地使用技术分析，还必须注意结合基本面分析。

（二）多种技术分析方法的综合研判

切忌片面地使用某一种技术分析结果，投资者必须全面考虑各种技术分析方法对未来的预测，综合这些方法得到的结果，最终得出一个合理的多空双方力量对比的描述。实践证明，单独使用一种技术分析方法有相当大的局限性和盲目性。如果应用每种方法后得到同一结论，那么依据这一结论出错的可能性就很小；如果仅靠一种方法得到结论，则出错的可能性就大。

（三）理论与实践相结合

由于证券市场能给人们带来巨大的收益，上百年来研究股票的人层出不穷，分析的方法各异，使用同一分析方法的风格也不同。前人的结论是在一定的特殊条件和特定环境中得到的，随着环境的改变，别人成功的方法自己在使用时有可能失败。因此，在使用技术分析方法时，要注意掌握各种方法的精髓，并根据实际情况做适当的调整，必须坚持理论与实践相结合。

拓展阅读

技术分析的应用盲区

1. 不要试图去猜大盘是否见顶。即使大盘见顶你手中的股票仍在补涨中，你也要卖掉吗？让均线来帮助判断（30/60 都行）你手中的股票也是一样的。

2. 对不同的股票不要有相同的预期，因为我们用同一种指标来预测不同的股票，盈利效果肯定不一样，出现买卖信号就行动，不要与以前比较，否则会搞乱我们的操作思路，使我们怀疑自己的指标是否正确。

3. 周线比日线准确，日线的波动是庄家使的诡计，迷恋日线说明你是菜鸟，注定你要失败。月线的使用者才是大智若愚的高手。

4. 相信技术指标比相信股价更重要。眼前一目了然的东西往往具有欺骗性。

5. 永远不要忘了突破后面紧跟着的是回抽，即使有个别例外。个性和共性别搞混了。回抽吸纳永远是制胜的法宝。回抽后的图形有人认为要大跌、有人认为刚起步，这就是菜鸟和大侠的区别。

任务二　K 线理论

K 线又称日本线、蜡烛线、阴阳线。K 线图有直观、立体感强、携带信息量大的特点，能充分显示股价趋势的强弱、买卖双方力量平衡的变化，预测后市走向较准确。目前，已经形成了一整套 K 线分析理论。

一、K 线的画法、分类及主要形状

（一）K 线的画法

K 线是一条柱状的线条，由实体和影线组成。中间的方块是实体，影线在实体上方的部分叫上影线，在实体下方的部分叫下影线。其上影线的最高点为最高价，下影线的最低点为最低价。实体分为阳线和阴线。

根据每只股票当日的开盘价、收盘价、最高价、最低价四项数据，可以将股价走势图画成 K 线图。画 K 线时，需要明确三点：一是上影线和下影线的位置；二是实体的位置；三是实体的阴阳。

如果收盘价高于开盘价的实体，用红色表示，称为阳线。如果收盘价低于开盘价的实体，用绿色表示，称为阴线。在画阳线的时候，若收盘价与最高价不同时，用红细线将收盘价与最高价连接，称为上影线；用红细线将开盘价与最低价连接，称为下影线。画阴线的时候，正好相反。收盘价与开盘价相同的 K 线形态，称为十字线。如图 9－1 所示。

（二）K 线的分类

（1）按照开盘价、收盘价、最高价、最低价四价位的关系，K 线可以分为阳线类、阴线类、非阴非阳类。如图 9－2 所示。

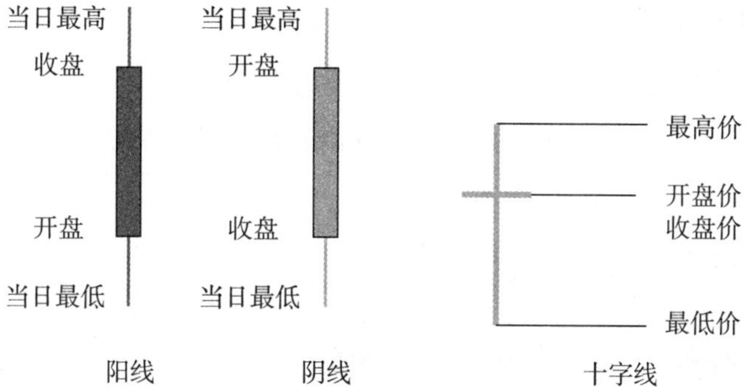

图 9－1　K 线图示

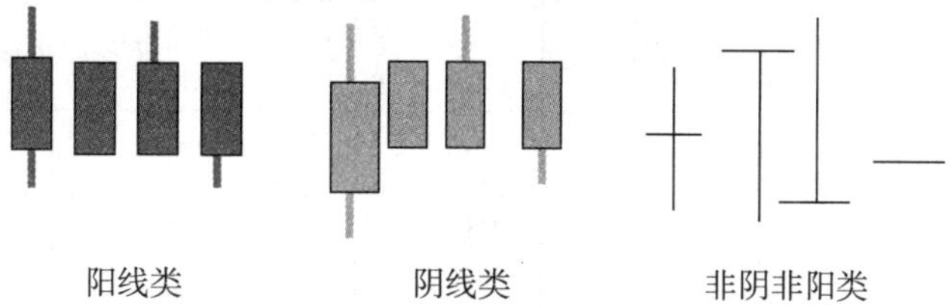

图 9－2　K 线的分类 1

（2）根据 K 线的计算周期，可将其分为日 K 线、周 K 线、月 K 线、年 K 线。

日 K 线是指以当日的开盘价、收盘价、最高价、最低价四项数据画成的 K 线图。周 K 线是指以周一的开盘价、周五的收盘价、全周最高价和全周最低价来画的 K 线图。月 K 线是指以一个月的第一个交易日的开盘价、最后一个交易日的收盘价和全月最高价与全月最低价来画的 K 线图。同理可以推得年 K 线。周 K 线、月 K 线常用于研判中期行情。

对于短线操作者来说，众多分析软件提供的 1 分钟 K 线、5 分钟 K 线、15 分钟 K 线、30 分钟 K 线和 60 分钟 K 线也具有重要的参考价值。

（3）根据开盘价与收盘价的波动范围，可将 K 线分为极阴、极阳，小阴、小阳，中阴、中阳和大阴、大阳等线型。如图 9－3 所示。

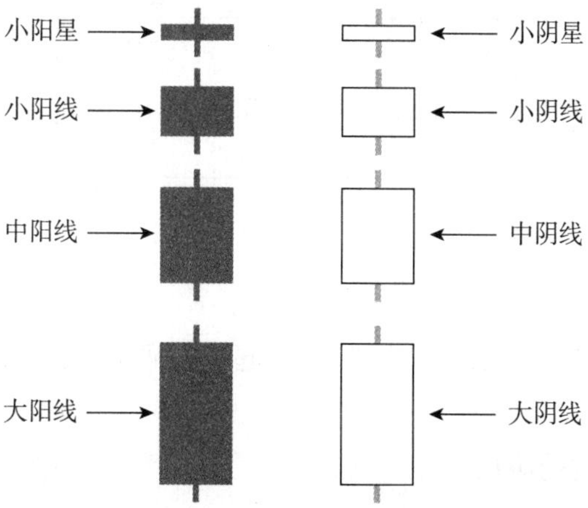

图 9－3　K 线的分类 2

（三）K 线的主要形状

概括起来，K 线的主要形状如表 9－1 及表 9－2 所示。

表 9－1　24 种不同的阳线

	全秃	光头	赤脚	影等长	下影长	上影长	含义
小阳线							多头主动走势较软
中阳线							多头势力强大
大阳线							多头占据绝对优势
阳十字							多空平衡之市场转折点
含义	局势一面倒	下有支撑越长支撑越强	上有压力越长压力越大	压力与支撑大致相当	下档支撑强于上档压力	上档压力强于下档支撑	

表 9－2　24 种不同的阴线

	全秃	光头	赤脚	影等长	下影长	上影长	含义
小阴线							空头主动走势较软
中阴线							空头势力强大
大阴线							空头占据绝对优势
阴十字							多空平衡之市场转折点
含义	局势一面倒	下有支撑越长支撑越强	上有压力越长压力越大	压力与支撑大致相当	下档支撑强于上档压力	上档压力强于下档支撑	

二、K 线的组合应用

看不懂 K 线，怎么炒股？先从一根 K 线看起，看懂了一根 K 线，就看懂了其他许多根 K 线。

（一）单独一根 K 线的应用

多空双方的搏斗，不仅表现在是否收阳收阴上，也表现在上影有多长、下影有多长上。因此，从单独一根 K 线看多空双方优势，主要是依靠实体的长度和上下影线的长度。

就单根K线而言，一般上影线和阴线的实体表示股价的下压力量，下影线和阳线的实体则表示股价的上升力量。上影线和阴线实体较长说明股价的下跌动量比较大，下影线和阳线实体较长则说明股价的上扬动力比较强。因此，一般来说，阳线实体越长、上影线越短、下影线越长、下影线长于上影线表示多方占优；阴线实体越长、上影线越长、下影线越短、上影线长于下影线表示空方占优。

下面介绍几种具有典型意义的单根K线。

1. 大阳线

在上涨刚开始时，出现大阳线后市看涨；在上涨途中出现大阳线，继续看涨；在连续加速上涨行情中出现大阳线，是见顶信号；在连续下跌行情中出现大阳线，有见底回升的意义。如图9-4所示。

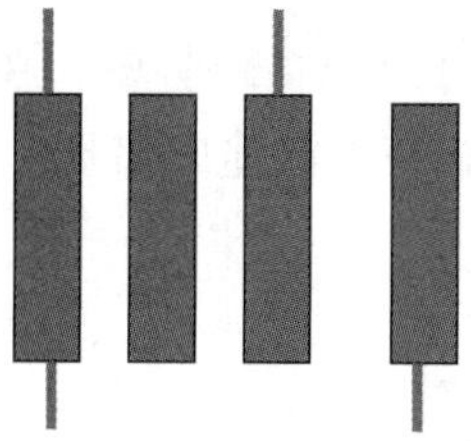

图9-4 四种大阳线

2. 大阴线

在涨势中出现大阴线，是见顶信号；在下跌刚开始出现大阴线，后市看跌；在下跌途中出现大阴线，继续看跌；在连续加速下跌行情中出现大阴线，有空头陷阱之嫌疑。如图9-5所示。

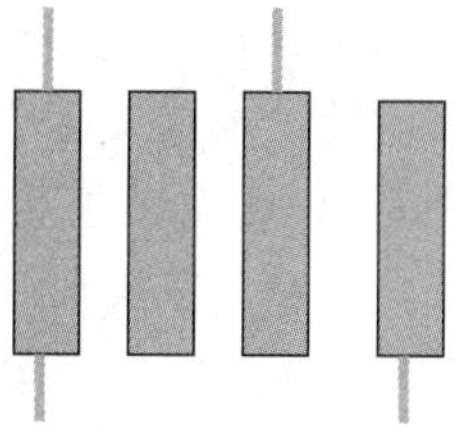

图9-5 四种大阴线

3. 小阳线

小阳线在盘整行情中出现较多，也可在上涨或下跌行情中出现。出现小阳线说明行情不明朗，多空双方小心接触，但多方略占上风。单根小阳线研判意义不大，应结合其他K线形态一起研判。如图9-6所示。

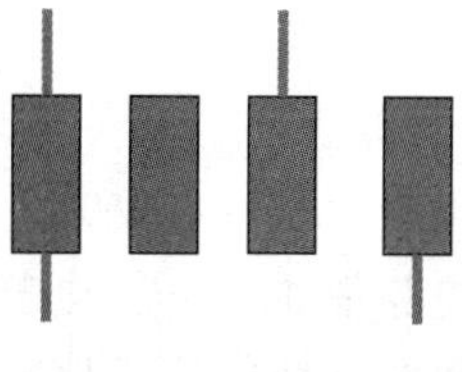

图9-6 四种小阳线

4. 小阴线

小阴线在盘整行情中出现较多，也可在上涨或下跌行情中出现。出现小阴线说明行情不明朗，多空双方小心接触，但空方略占上风。单根小阴线研判意义不大，应结合其他K线形态一起研判。如图 9-7 所示。

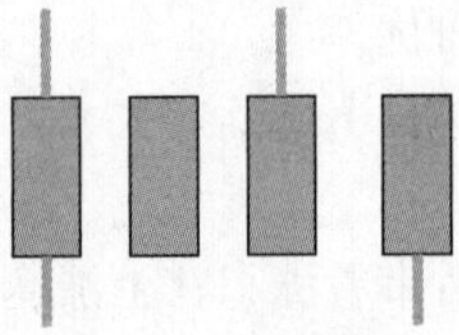

图 9-7 四种小阴线

5. 十字星

十字星既可出现在涨势中，也可出现在跌势中。在上涨趋势末端出现，是见顶信号；在下跌趋势末端出现，是见底信号；在上涨途中出现，继续看涨；在下跌途中出现，继续看跌。如图 9-8 所示。

图 9-8 两种十字星

拓展阅读

十字星在炒股中的运用技巧

十字星是指收盘价和开盘价在同一价位或者相近，没有实体或实体极其微小的特殊K线形式，其虽有阴阳之分，但意义差别不太大，远不如十字星本身所处的位置更为重要，比如出现在持续下跌末期的低价区，称为“希望之星”，这是见底回升的信号；出现在持续上涨之后的高价区，称为“黄昏之星”，这是见顶转势的信号。十字星往往预示着市场到了一个转折点，投资者需密切关注，及时调整操盘的策略，做好应变的准备。根据实战经验，可以将十字星分为小十字星、大十字星、长下影十字星、长上影十字星、T形光头十字星、倒T形光脚十字星和一字线七类。

小十字星是指十字星的线体振幅极其短小的十字星，这种十字星常常出现在盘整行情中，表示盘整格局依旧；出现在上涨或下跌的初期中途，表示暂时的休整，原有的升跌趋势未改；出现在大幅持续上升或下跌之末，往往意味着趋势的逆转。

大十字星出现在大幅持续上升或下跌之末的概率较大，盘整区间出现的概率较小，往往意味着行情的转势。

长下影十字星如果出现在上升趋势中途，一般均表示暂时休整上升趋势未改；如果出现在持续下跌之后的低价区，则暗示卖盘减弱、买盘增强，股价转向上升的可能性在增大，但次日再次下探不能创新低，否则后市将有较大的跌幅。

长上影十字星如果出现在下降趋势中途，一般均表示暂时休整下降趋势未改；如果出现在持续上涨之后的高价区，股价转向下跌的可能性较大；但若出现在上涨趋势中途，次日股价又创新高的话，说明买盘依旧强劲，股价将继续上升。

T形光头十字星的市场意义与长下影十字星差不多，常常出现在牛皮盘整中，表示次日盘整依旧；若是出现在大幅持续上升或下跌之末，则是股价升跌转换的信号。

倒T形光脚十字星的市场意义与长上影十字星差不多，若是出现在持续上涨之后的高价区，这是见顶回落的信号；若是出现在其他的位置，一般均表示暂时休整原有趋势未改。

一字线是指开盘价和收盘价相同，有时出现在熊市成交极其清淡稀少行情中，常常出现在表示极强极弱的涨跌停板时，预示着原有的趋势继续，有时还会出现连续数个停板，缩量的停板意味着次日还将停板，涨停板放量说明卖压加重，跌停板放量说明有吸筹现象。

周十字星的种类划分与日十字星相同，但性质与日线有着明显的不同。在大多数情况下，周十字星表示的是对原有趋势的认同，即经过短期休整原有趋势将继续。当然，在具体实战时，还需结合与其他K线所形成的组合形态和“中心值”等方法综合研判。

（二）两根K线的组合应用

两根K线的组合应用是指根据两根K线的相对位置的高低和阴阳来推测股票行情。以下是常见的几种有代表性的两根K线的组合。

1. 连续两阳和连续两阴

这是多空双方的一方已经取得决定性胜利，牢牢地掌握了主动权，今后将以取胜的一方为主要运动方向。如图9-9所示，左侧是多方获胜，右侧是空方获胜。第二根K线实体越长，超出前一根K线越多，则取胜一方的优势就越大。

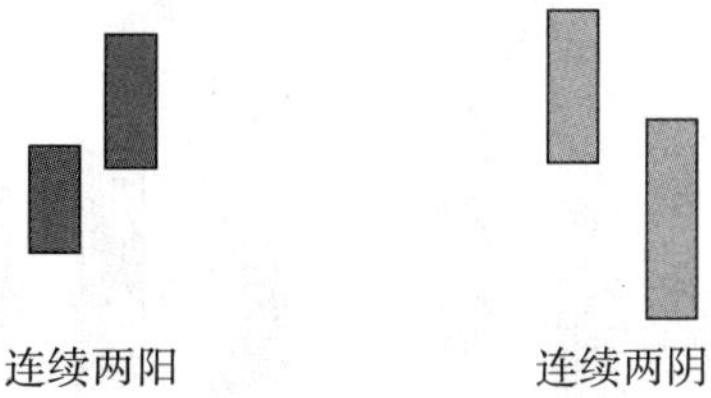

图9-9　连续两阳和连续两阴

2. 阳包阴和阴包阳

阳包阴是第一根阴线的实体较长，但第二根阳线实体更长，第二根阳线把第一根阴线完全覆盖，阳包阴显示空方的进攻在多方的反击下土崩瓦解，后市看涨。阴包阳情况完全相反。如图9-10所示。

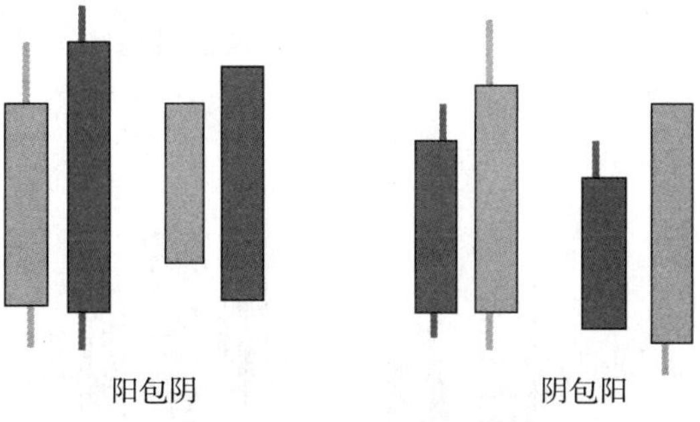

图9-10　阳包阴和阴包阳

3. 曙光初现和乌云盖顶

曙光初现表明空方的打压受到多方的顽强反击，若在股价运行的底部区域出现，则是典型的见底反转信号。在上涨行情中，第一天出现一根大阳线或中阳线。第二天，股价跳空高开，但没有高走，反而高开低走，收了一根大阴线或中阴线，出现乌云盖顶形态。乌云盖顶出现于上升趋势中，是反转形态。如图 9－11 所示。

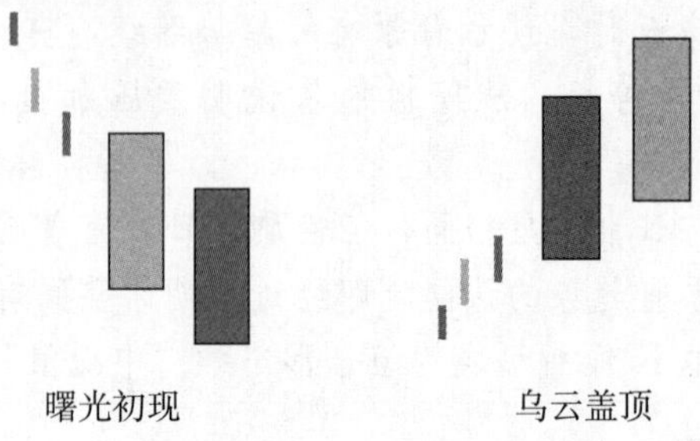

图 9－11 曙光初现和乌云盖顶

（三）多根 K 线的组合应用

多根 K 线的组合情况非常多，要综合考虑各根 K 线的阴阳、高低、上下影线等，以判断股价行情的变化。常见的几种组合形态如下。

1. 红三兵

红三兵出现在上涨行情初期，由三根连续创新高的小阳线组成。这是见底信号，后市看涨。如图 9－12 所示。

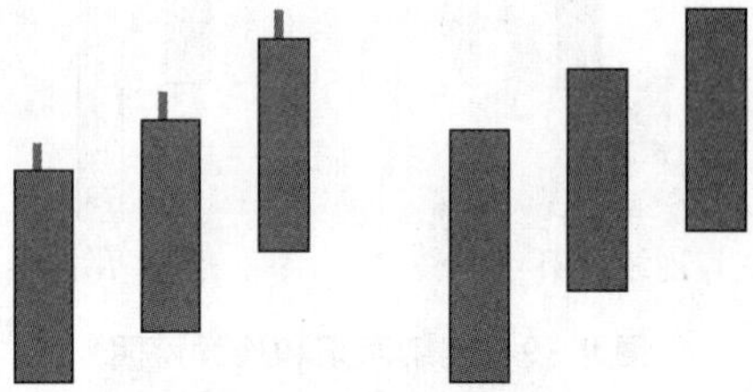

图 9－12 红三兵

2. 三只乌鸦

三只乌鸦的特点：股票连续三天阴线；每天的收盘价出现新低；每天的开盘价在前一天的实体之内。一般在行情上升时尤其是在股价有了较大升幅之后出现，暗示行情快要转为跌势。但暴跌之后或者有了较大跌幅之后，再出现三只乌鸦加速赶底走势，意味着可能底部的来临。如图 9－13 所示。

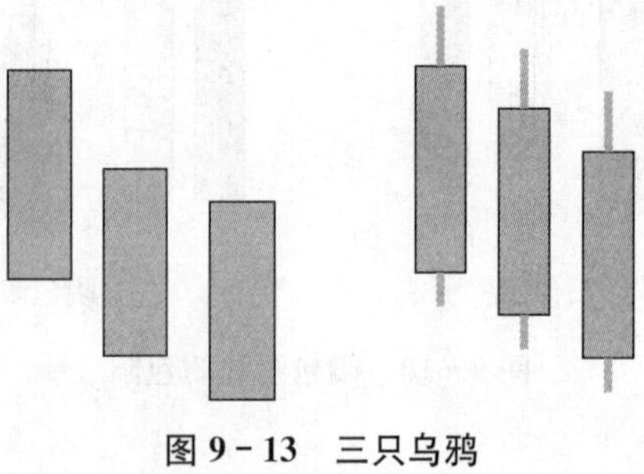

图 9－13 三只乌鸦

3. 早晨之星和黄昏之星

早晨之星是典型的底部形态，通常出现在股价连续大幅下跌和数浪下跌的中期底部或大底部。早晨之星由三根 K 线组成。第一根 K 线是一根长阴线；第二根是一个小小的实体，可带上下影线；第三根是一根阳线，其实体明显达到第一天阴线的实体之上。早晨之星的含义是黑暗已经过去，曙光已经来临，多空力量对比已开始发生转变，一轮上升行情已经开始。

黄昏之星和早晨之星恰好相反，它通常出现在股价连续大幅上涨和数浪上涨的中期顶部和大顶部。它的出现预示着一轮上涨行情已经结束，夜幕即将降临。黄昏之星是见顶信号，后市看跌。黄昏之星也由三根 K 线组成：第一根 K 线是一根长阳线；第二根 K 线是一个可带上下影线的小实体（阴、阳均可）；第三根 K 线是一根阴线，其实体深入第一天的长阳线。当黄昏之星出现时，投资者应尽早离场。如图 9－14 所示。

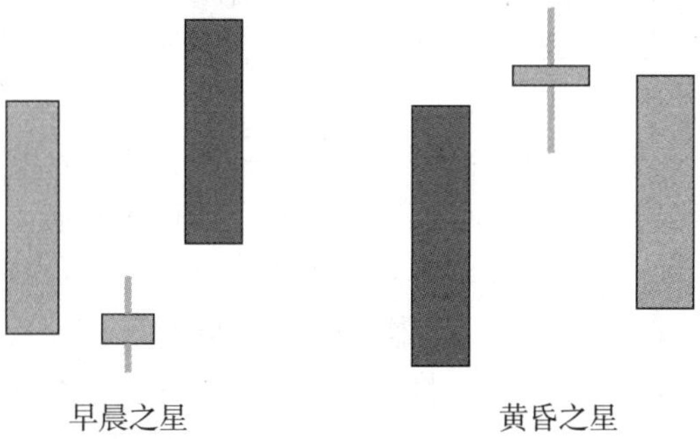

图 9－14 早晨之星和黄昏之星

三、K 线组合应用时应注意的问题

用 K 线描述市场有很强的视觉效果，是最能表现市场行为的图表之一。尽管如此，一些常见的 K 线组合形态只是根据经验总结的一些典型的形状，没有严格的科学逻辑。在应用 K 线的时候要注意以下几方面。

（一）K 线分析的错误率是比较高的

市场的变动是复杂的，而实际的市场情况可能与我们的判断有差距。从经验统计的结果中可以证明用 K 线组合来研判后市的成功率不是很高。

（二）K 线分析方法必须与其他方法相结合

用其他分析方法已经作出了该买还是该卖的决定之后，才用 K 线组合选择具体的采取行动的时间和价格。

（三）根据实际情况，不断“修改、创造和调整”组合形态

组合形态只是经验总结的产物，在实际市场中，完全满足我们所介绍的 K 线组合形态的情况是不多见的。如果一成不变地照搬组合形态，有可能长时间碰不到合适的机会，要根据情况适当地改变组合形态。

拓展阅读

K 线一点通

“一看阴阳”——阴阳代表趋势方向，阳线表示将继续上涨，阴线表示将继续下跌。以阳线为例，在经过一段时间的多空拼搏，收盘高于开盘表明多头占据上风，根据牛顿力学定理，在没有外力作用下价格仍将按原有的方向与速度运行。

因此，阳线预示下一阶段仍将继续上涨，最起码能保证下一阶段初期能惯性上冲。这一点也极为符合技术分析中三大假设之一股价沿趋势波动，而这种顺势而为也是技术分析最核心的思想。同理可得阴线继续下跌。

“二看实体大小”——实体大小代表内在动力，实体越大，上涨或下跌的趋势越明显；反之，趋势则不明显。以阳线为例，其实体就是收盘高于开盘的那部分，阳线实体越大说明上涨的动力越足。如同质量越大与速度越快的物体其惯性冲力也越大的物理学原理一样，阳线实体越大代表其内在上涨动力也越大，其上涨的动力将大于实体小的阳线。同理可得阴线实体越大，下跌动力也越足。

“三看影线长短”——影线代表转折信号，向一个方向的影线越长，越不利于股价向这个方向变动。即上影线越长，越不利于股价上涨；下影线越长，越不利于股价下跌。以上影线为例，在经过一段时间多空斗争之后，多头终于晚节不保败下阵来，“一朝被蛇咬，十年怕井绳”，不论 K 线是阴还是阳，上影线部分已构成下一阶段的上档阻力，股价向下调整的概率居大。同理可得下影线预示着股价向上攻击的概率居大。

K 线一点通的简单三招，既可对日 K 线、周 K 线、月 K 线甚至年 K 线进行分析，也可对两根、三根甚至 n 根 K 线进行研判。前者可简单运用，后者将 n 根 K 线叠加为一根然后进行研判。

任务三　切线理论

切线理论即按照一定的方式和原则在由价格数据所绘制的图表中画出一些直线，然后根据这些直线的情况推测股票价格未来的趋势以及可能的转折位置（支撑位、阻力位）和涨跌幅度。画切线的方法较多，主要有支撑线、压力线、趋势线、轨道线、黄金分割线等。

一、趋势分析

应用技术分析进行证券投资，关键在于认清形势，坚决奉行“顺势而为”、决不“逆势而动”的原则。

（一）趋势的定义

趋势在这里是指股票价格的波动方向，或者说是股票市场运动的方向。

一般来说，市场变动不是朝一个方向直来直去，中间会有曲折，从图形上看就是一条蜿蜒的折线，每个折点处就形成一个峰和谷。由这些峰和谷的相对高度，可以看出趋势的方向。

若确定了是一段上升或下降的趋势，则股价的波动必然朝着这个方向运动。例如，在上升的行情里，虽然也时有下降，但不影响上升的大方向。同样，在下降的行情中，情况正好相反，虽然也时有上升，但不影响下降的大方向。

（二）趋势的方向

趋势的方向有三种，如图 9-15 所示。

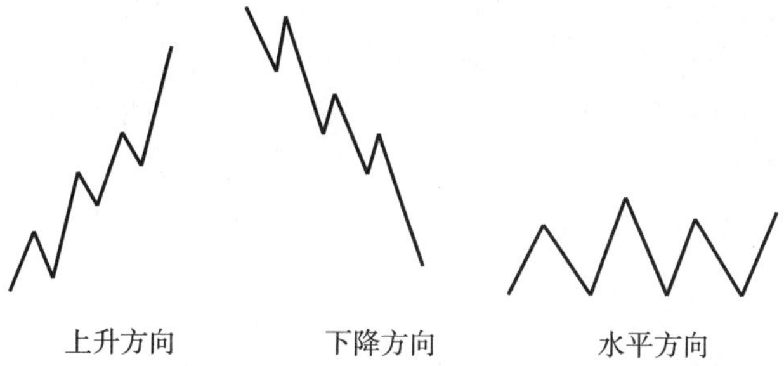

图 9-15 趋势的三种方向

（1）上升方向。如果图形中每个后面的峰和谷都高于前面的峰和谷，则称趋势为上升方向。这就是我们常说的一底比一底高或底部抬高。

（2）下降方向。如果图形中每个后面的峰和谷都低于前面的峰和谷，则称趋势为下降方向。这就是常说的一顶比一顶低或顶部降低。

（3）水平方向。如果图形中后面的峰和谷与前面的峰和谷相比，没有明显的高低之分，几乎呈水平延伸，这时的趋势就是水平方向，或者称为无趋势方向。水平方向趋势是被大多数人忽视的一种方向，但这种方向在市场上出现的机会还是相当多的，也是极为重要的。

（三）趋势的类型

按照道氏理论进行分类，趋势分为以下三种类型：

（1）主要趋势。主要趋势是趋势的主要方向，它是价格波动的大方向，是投资者首先要辨别清楚的。只有把握住了主要趋势，才能顺势而为。主要趋势一般持续的时间比较长，通常（但非必然）持续 1 年或有可能数年之久。所以，又称之为长期趋势或原始趋势。这一趋势如果是上升趋势，就称为牛市；这一趋势如果是下降趋势，则称为熊市。

（2）次要趋势。又称中期势或次级运动，是主要趋势过程中所进行的调整。因为趋势不是直来直去的，是在曲折中向前发展，总有局部调整和回撤的过程，次要趋势正是完成这一使命的。正常情况下，次要趋势持续 3 周时间到数月不等，但很少持续更长时间。

（3）短暂趋势。短暂趋势是对次要趋势进行的调整。正常情况下，短暂趋势持续时间一般小于 6 天，很少达到 3 周。从道氏理论的角度来看，其本身并无多大的意义，但它们合起来构成次要趋势。短暂趋势与次要趋势的关系就如同次要趋势与主要趋势的关系。

这三种趋势最大的区别就是时间的长短和波动幅度的大小不同。主要趋势持续时间最长，波动幅度最大；次要趋势次之；短暂趋势持续时间最短，波动幅度最小。

二、支撑线和压力线

（一）支撑线和压力线的含义

支撑线又称为抵抗线。当股价跌到某个价位附近时，股价停止下跌，甚至还有可能回升，这是因为多方在此买入造成的。

压力线又称为阻力线。当股价上涨到某价位附近时，股价会停止上涨，甚至回落，这是因为空方在此抛出造成的。压力线起阻止股价继续上升的作用。

有些人往往产生这样的误解，认为只有在下跌行情中才有支撑线，只有在上升行情中才有压力线。其实，在下跌行情中也有压力线，在上升行情中也有支撑线。但是由于在下跌行情中，人们最关注的是跌到什么价位，这样关心支撑线就多一些；在上升行情中，人们更关注的是涨到什么价位，所以关心压力线多一些。如图 9－16 所示。

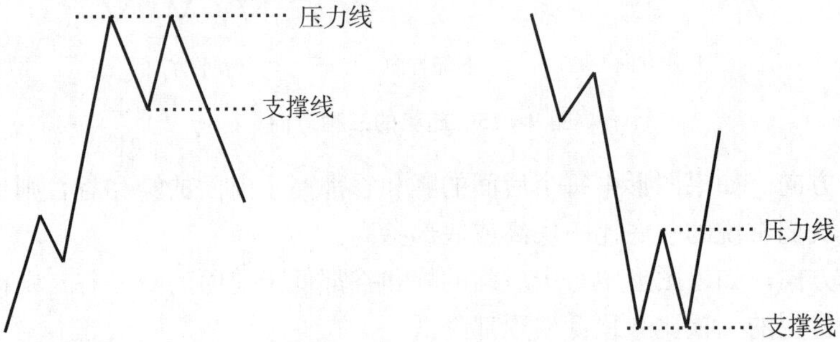

图 9－16 趋势结束时的支撑线和压力线

（二）支撑线和压力线的作用

（1）阻止或暂时阻止价格向一个方向继续运动。我们知道股价的变动是有趋势的，要维持这种趋势，保持原来的变动方向，就必须冲破阻止其继续向前的障碍。例如，要维持下跌行情，就必须突破支撑线的阻挠，创造出新的低点；要维持上升行情，就必须突破压力线的阻挠，创造出新的高点。由此可见，支撑线和压力线有迟早会被突破的可能，它们不足以长久地阻止股价保持原来的变动方向，只不过是使之暂时停顿而已。

（2）有可能彻底阻止股价按原方向变动。支撑线和压力线又有彻底阻止股价按原方向变动的可能。当一个趋势终结了，它就不可能创造出新的低价和新的高价，这样支撑线和压力线就显得异常重要，是取得巨大利益的地方。

在上升趋势中，如果下次未创出新高，即未突破压力线，这个上升趋势就已经处在很关键的位置，如果再往后的股价又向下突破了支撑线，则就产生了一个趋势又变得很强烈的警告信号，通常这意味着，这一轮上升趋势已经结束，下一步的走向是下跌行情。

同样，在下降趋势中，如果下次未创新低，即未突破支撑线，这个下降趋势就已经处于很关键的位置，如果下一步股价向上突破了压力线，这就发出了这个下降趋势将要结束的强烈信号，下一步将是上升的趋势。

（三）支撑线和压力线的相互转化

一条支撑线如果被跌破，那么这条支撑线将成为压力线；同理，一条压力线被突破，这条压力将成为支撑线。这说明支撑线和压力线的角色不是一成不变的，而是可能改变的。如图 9－17 所示。

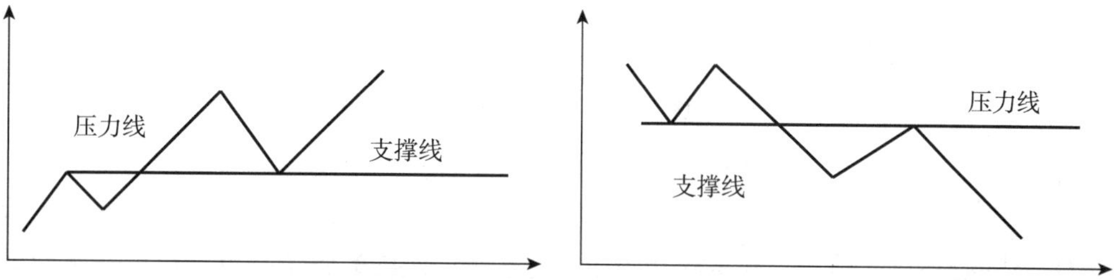

图 9－17 支撑线和压力线的相互转化

（1）压力线转化为支撑线。一条压力线被突破后，当股价再次回跌到该线时该压力线将转化为支撑线，这时作为原来的压力线是失效了，而作为一个新的支撑线却是有效的。

（2）支撑线转化为压力线。一条支撑线被突破后，当股价回升到该线时该支撑线将转化为压力线，这时作为原来的支撑线是失效了，而作为一个新的压力线却是有效的。

（四）支撑线或压力线的确认和修正

（1）支撑线或压力线的确认。一般来说，一条支撑线或压力线的确认主要考虑三个方面：一是股价在这个区域持续的时间长短；二是股价在这个区域的伴随的成交量大小；三是这个支撑区域或压力区域发生的时间距当前这个时期的远近。很显然，持续的时间越长，伴随的成交量越大，离现在越近，则这个支撑和压力区域对当前的影响就越大；反之，就越小。

（2）支撑线或压力线的修正。有时，由于股价的变动，会发现原来确认的支撑线或压力线可能不真正具有支撑或压力的作用。这时就需要对支撑线或压力线进行修正。对支撑线或压力线的修正过程，其实是对现有各条支撑线或压力线的重要性的确认。这是因为每条支撑线或压力线在人们心中的地位是不同的。

三、趋势线

（一）趋势线的含义

趋势线是用来描述一段时间内股价运行方向的直线。趋势线分为上升趋势线和下降趋势线。反映价格向上波动发展的趋势线称为上升趋势线；反映价格向下波动发展的趋势线称为下降趋势线。

（二）趋势线的画法

趋势线是衡量价格趋势的，由趋势线的方向可以明确地看出股价的趋势。标准的趋势线必须由两个以上的高点或低点连接形成。如图 9－18 所示。

（1）上升趋势线的画法。在上升趋势中，连接价格波动的各个低点会形成一条向上的

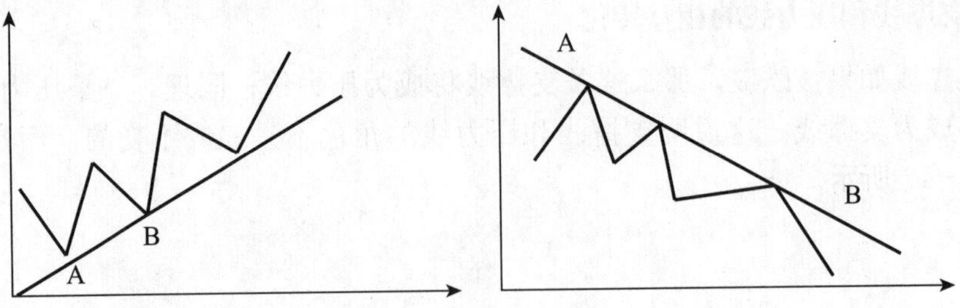

图 9-18　两种趋势线

直线，就得到上升趋势线。上升趋势线是支撑线的一种，趋势线连接点数越多，趋势意义越强。

(2) 下降趋势线的画法。在下降趋势中，连接价格波动的各个高点会形成一条向下的直线，就得到下降趋势线。下降趋势线是压力线的一种，趋势线连接点数越多，趋势意义越强。

在画趋势线时，所采用的价格可以是收盘价。如果以 K 线图画趋势线，则对于上升趋势线来说，以两条决定性的阳线的开盘价（或最低价）来描绘；而对于下降趋势线来说，以两条决定性的阴线的开盘价（或最高价）来描绘。

一般来说，所画出的直线被触及的次数越多，其作为趋势线的有效性越被得到确认，用它来预测越准确有效。另外，这条直线延续的时间越长，就越具有有效性。

（三）趋势线的作用

(1) 对股价的约束作用。趋势线对股价今后的变动起约束作用。上升趋势线使股价总保持在这条趋势线的上方，下降趋势线使股价总保持在这条趋势线的下方。

(2) 被突破表示将转势。趋势线被突破后，就说明股价下一步的走势将要反转方向。越重要、越有效的趋势线被突破，其转势的信号越强烈。被突破的趋势线原来是支撑线的现在将起压力作用，原来是压力线的现在将起支撑作用。当上升趋势线被突破时，是出货的信号；当下降趋势线被突破时，是买入的信号。如图 9-19 所示。

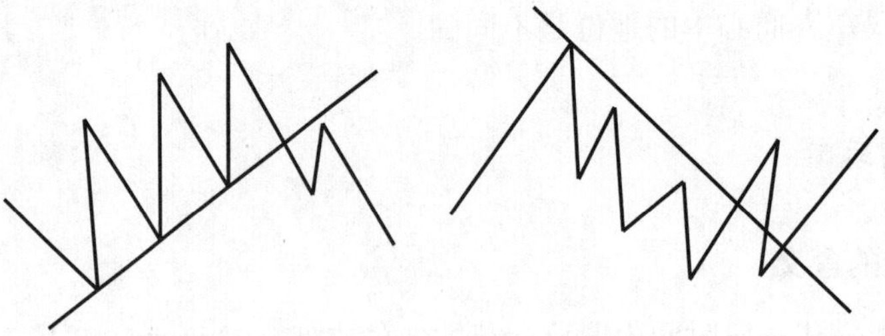

图 9-19　被突破的趋势线

四、轨道线

（一）轨道线的含义

轨道线又称通道线或管道线，是基于趋势线的一种支撑压力线。在已经得到趋势线后，通过第一个峰和谷可以作出这条趋势线的平行线，这条平行线就是轨道线。轨道线分为上升轨道线和下降轨道线。如图 9－20 所示。

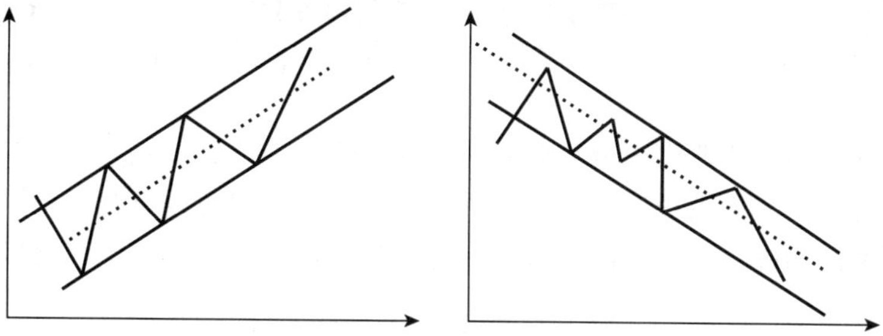

图 9－20 两种轨道线

（二）轨道线的画法

（1）上升轨道线。在得到上升趋势线后，通过第一个峰作出趋势线的平行线即可得到上升轨道线。两条线共同构成一条上升通道。

（2）下降轨道线。在得到下降趋势线后，通过第一个谷作出趋势线的平行线即可得到下降轨道线。两条线共同构成一条下降通道。

有时，还在两条平行的轨道线中间找其中点，再画一条轨道线的平行线，称为轨道线的中轨，中轨之上的是上轨，中轨之下的是下轨。

一个轨道一旦得到确认，那么价格就应该在这个轨道里变动。对上轨或下轨的突破，意味着原来趋势将发生变化。对轨道线的突破并不是趋势反向的开始，而是趋势加速的开始。如图 9－21 所示。

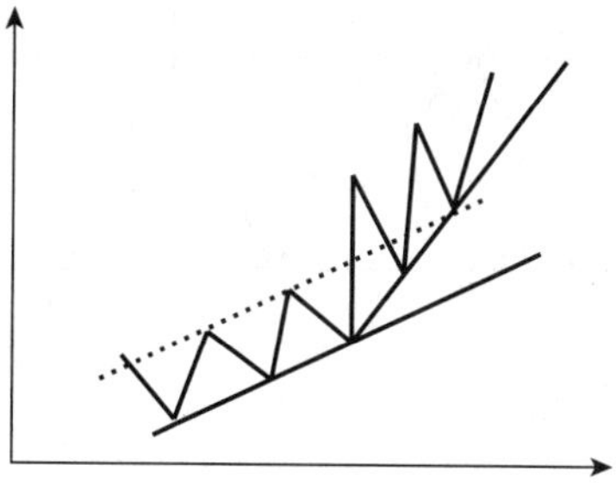

图 9－21 加速的轨道线

（三）轨道线的作用

股价如果的确得到支撑或受到压力而在掉头，并一直走到趋势线上，那么这条轨道线就可以被认可。当然，轨道线被触及的次数越多，延续的时间越长，其被认可的程度和重要性就越高。

（1）限制价格的变动范围。一个轨道一旦得到确认，那么价格将在这个通道里变动。因此，轨道线具有限制价格变动的作用。

（2）提出趋势转向的预警。如果在一次波动中未触及轨道线，离得很远就开始掉头，这往往是原有趋势将要改变的信号，因为市场已经没有力量继续维持原有的上升或下降趋势了。

任务四　形态理论

形态理论通过研究股票历史走势形成的图形态势，分析买卖双方力量对比的情况，发现股价运行的方向，从而指导投资者的市场行为。股价的移动主要有保持平衡的持续整理和打破平衡的突破两种过程。因此，形态分析分为两种类型：一是反转突破形态；二是持续整理形态。

一、反转突破形态

反转突破形态即股价趋势逆转的形态，也即股价由涨势转为跌势，或由跌势转为涨势的形态。主要包括双重顶和双重底、头肩顶和头肩底、三重顶和三重底、圆弧顶、圆弧底、V形、喇叭形等。

（一）双重顶和双重底

双重顶和双重底就是市场上众所周知的M头和W底，这两种形态在实际中出现得非常频繁。

1. 双重顶

（1）基本图形。双重顶就是常说的M头，一共出现两个顶，也就是两个相同高度的高点，形成双头卖出信号。如图9－22所示。

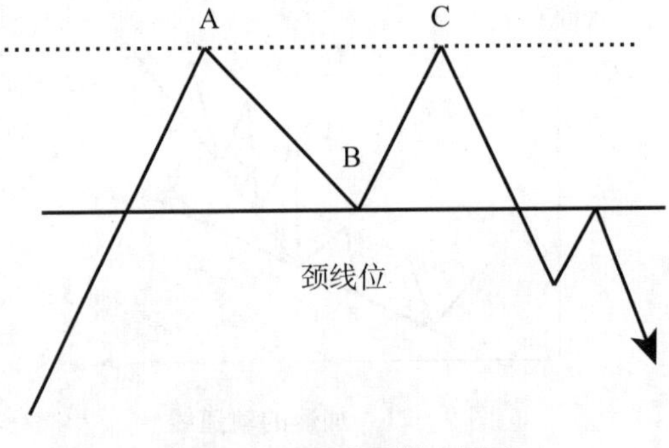

图9－22　双重顶基本图形

（2）形成过程。在上升趋势过程的末期，股价在第一个高点A建立了新高点之后进行正常的回落，受上升趋势线的支撑，这次回落将在B点附近停止。其后继续上升，但是力量不够，上升高度不足，在C点（与A点几乎等高）遇到压力，股价向下，这样就形成了A和C两个顶的形状。

以B点作平行于A、C连线的平行线，就得到一条非常重要的直线——颈线。A、C连线是趋势线，颈线是与这条趋势线对应的轨道线，轨道线在这里起支撑作用。

（3）M头之后的走势。M头形成以后，市场有两种可能的前途：

第一种，未突破颈线，价格在A、B、C构成的狭窄范围内上下波动，演变成矩形或三角形。

第二种，突破颈线的支撑位置继续向下，这种情况才是真正出现的双重顶反转突破形态。前一种情况只能说出现了一个潜在的双重顶反转突破形态。

因此，一个真正的双重顶反转突破形态的出现，除了必要的两个相同高度的高点以外，还应该向下突破颈线，并且从突破点算起，价格至少要跌到与形态高度相等的距离。出现此形态，股价会反转下跌，投资者应该减仓。如图 9－23 所示。

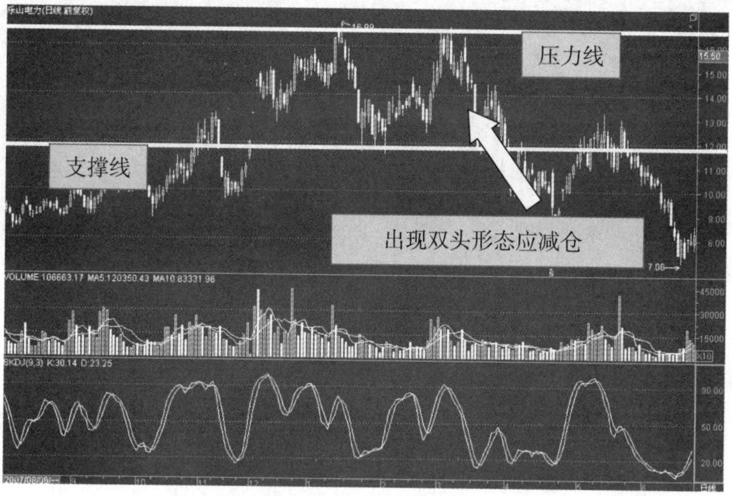

图 9－23 双重顶

2. 双重底

(1) 基本图形。双重底就是常说的 W 底，只是将双重顶倒转过来，下跌趋势结束前出现反弹，然后再度下跌，跌势趋于缓和，在前次低价附近止住，开始向上涨。W 底构筑回升买入信号。如图 9－24 所示。

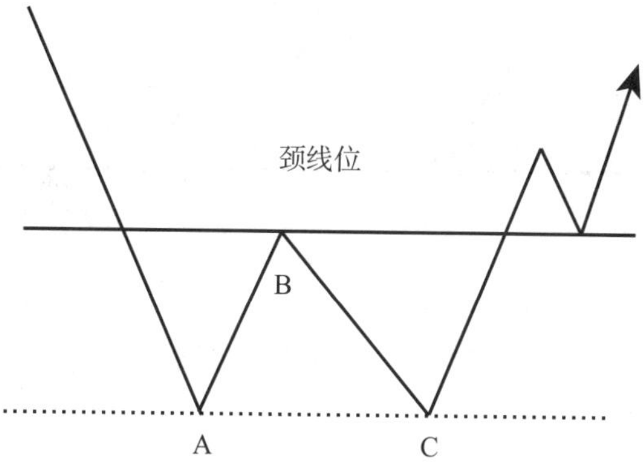

图 9－24 双重底基本图形

(2) 形成过程。在股价进行了较长一段时间的下跌之后，成交量放大，股价随之上升(出现一个底)，成交量也跟着减少，此后股价又下跌至和前一个顶几乎相等的低点（第二个底)，然后出现第二次上升。

(3) W 底之后的走势。一是未突破颈线，形成矩形或三角形，即横盘；二是突破颈线，股价上升。从突破点算起，股价至少要升到与形态高度相同的距离。因此，出现此形态为买入信号，投资者应增仓。如图 9－25 所示。

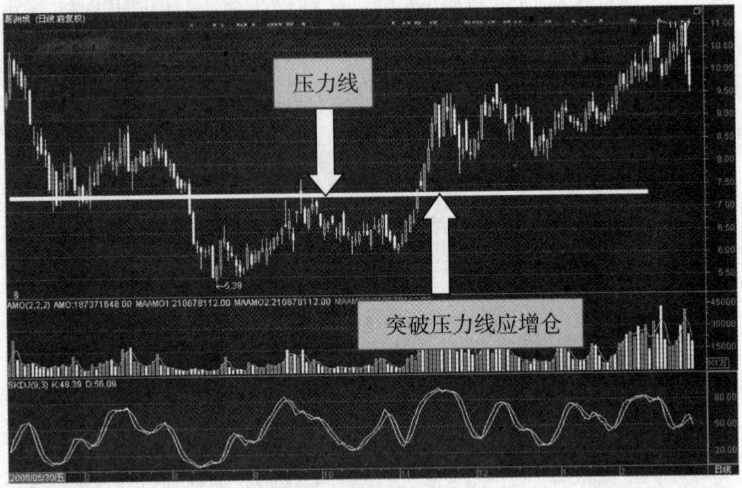

图 9－25　双重底

（二）头肩顶和头肩底

头肩顶和头肩底是市场走势中出现最多的价格形态，也是最著名、最可靠的反转突破形态。

1. 头肩顶

（1）基本图形。头肩顶形态由头部、左肩、右肩和颈线构成，此形态出现是一个可靠的卖出机会。一般通过连续三次起落构成该形态的三个最高点。中间的高点比两边的高，称为头；左右两个相对较低的高点，称为左肩和右肩。如图 9－26 所示。

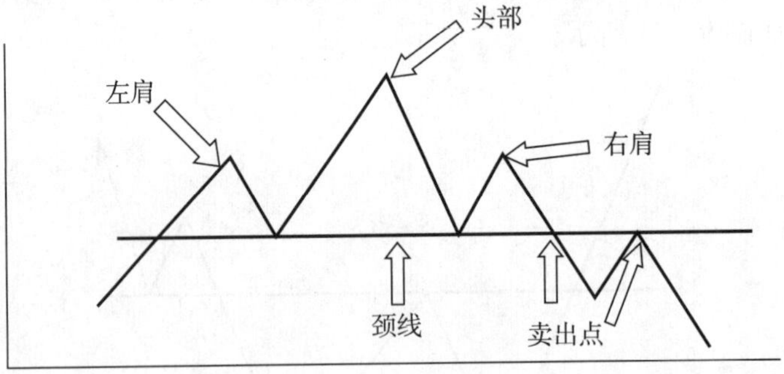

图 9－26　头肩顶基本图形

（2）形成过程。

1）股价经过大幅长期上升后，成交量大增，从而使获利回吐的压力增加，促使股价下跌，成交量下降，形成左肩膀。

2）股价从左肩的低点反弹，上升超越左肩的高点，此时成交量虽在上升但未创新量，上升受阻，股价回档至左肩低点附近，成交量同时下降，形成头部。

3）股价从头部的底部弹升至左肩高点的附近，之后第三次下跌，成交量均少于左肩和头部的高点，形成右肩。

4）突破颈线，反转下跌形态完成。

5）反抽。

如图 9－27 所示。

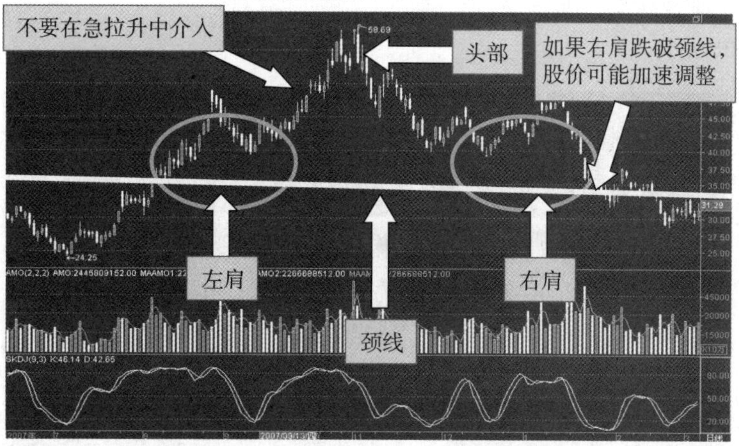

图 9－27 头肩顶

（3）头肩顶形态研判要点。

1）头部出现前，股价出现急拉升。

2）头部一带往往有密集或单日最大成交出现。

3）头肩顶形态研判的关键在右肩向下跌破颈线，若颈线跌破则股价可能加速下跌。因此，右肩颈线被跌破应坚决退出。

2. *头肩底*

（1）基本图形。头肩底形态由头部、左肩、右肩和颈线构成，此形态出现是一个可靠的买入机会。一般通过连续三次起落构成该形态的三个最低点，中间的低点最低，称为头；左右两个低点，称为左肩和右肩。如图 9－28 所示。

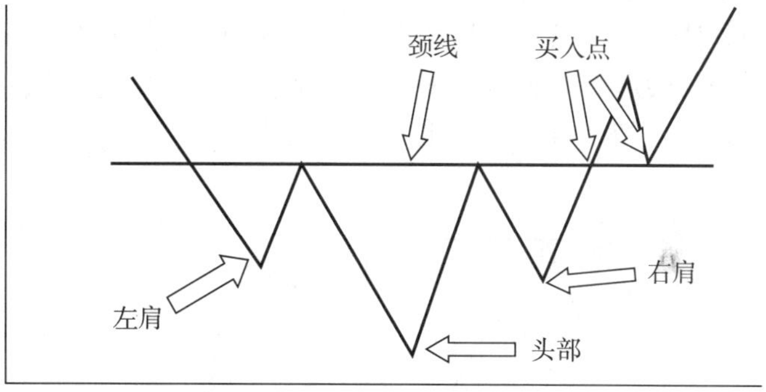

图 9－28 头肩底基本图形

（2）形成过程。

1）股价经过长期下跌，成交量相对减少，接着出现一次成交量较小的次级上升，左肩形成。

2）股价第二次下跌，低点低于左肩，而成交量在下跌过程中并没有减少，甚至增加，在低位盘旋时成交量则迅速萎缩，然后一口气越过左肩低档位，成交量迅速增加，头部形成。

3）第三次下跌，成交量明显地小于左肩和头部，但跌至左肩价位立刻反弹上升，右肩形成。

如图 9－29 所示。

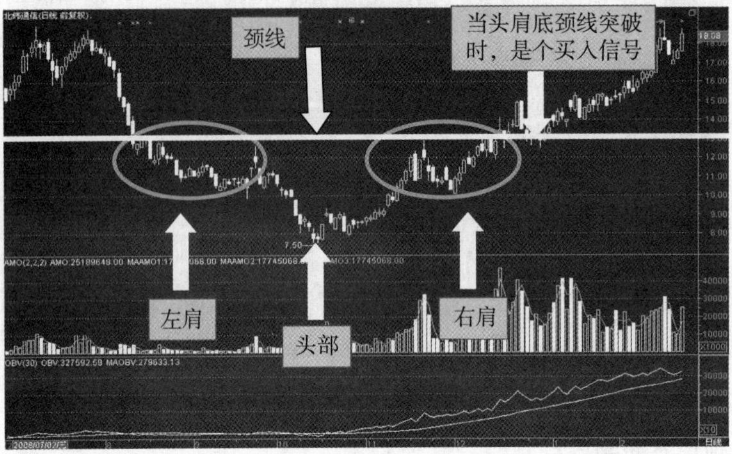

图 9－29　头肩底

（3）头肩底形态研判要点。

1）头肩底的头部一带处于量能最低水平。

2）头肩底形态研判的关键是股价在右肩向上突破颈线和成交的有效放大。

3）如果右肩颈线被突破，股价可能加速上涨。

4）短期回调时前期压力线成为支撑线。

（三）三重顶和三重底

三重顶和三重底由三个一样高或一样低的顶和底组成。应用和识别三重顶、三重底与识别头肩形态的方法相同。其与头肩形态最大的区别是，三重顶、三重底更容易演变成持续形态，而不是反转形态。另外，如果三重顶、三重底的三个顶或底的高度依次从左到右是下降或上升的，则三重顶、三重底就演变为三角形态。如图 9－30 及图 9－31 所示。

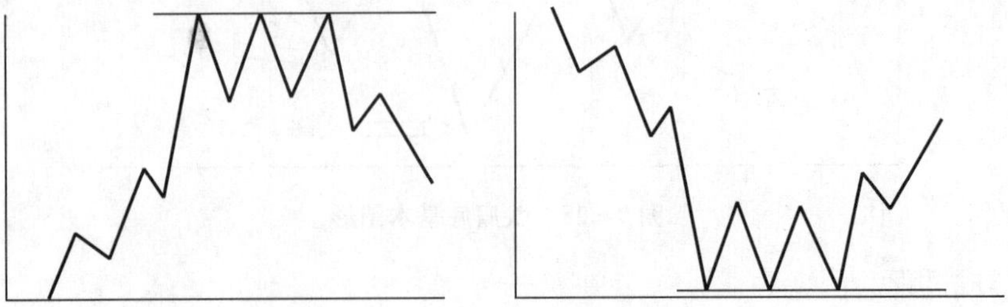

图 9－30　三重顶和三重底基本图形

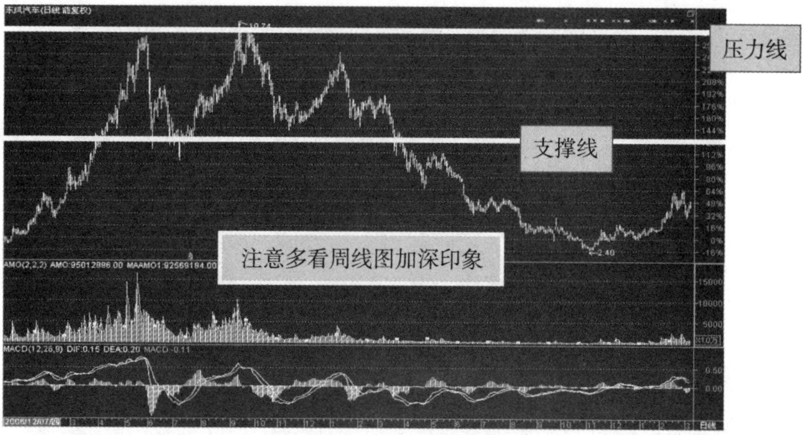

图 9-31 三重顶

三重形态的形成，需要注意以下几个问题：

（1）三重形态由三个明显的波峰或波谷构成，它是头肩形态的变体。

（2）三重形态必须处于市场的相对高位或相对低位，并且它的三个波峰或波谷处于几乎相等的价位。

（3）三重形态只有在其中最高点的阻力位或最低点的支撑位被突破才算最终完成。

（4）顶部的三重状态成交量往往伴随相继的每个波峰的减少，而且应该在向下突破点增加；底部时的情况正好相反。

（四）特殊的形态

1. 圆弧形态

圆弧形态包括圆弧顶和圆弧底，如图 9-32 及图 9-33 所示。

2. V 形

如图 9-34 所示。

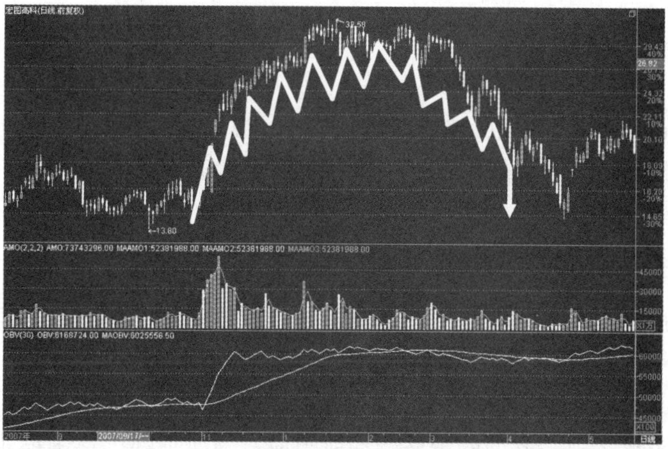

图 9-32 圆弧顶

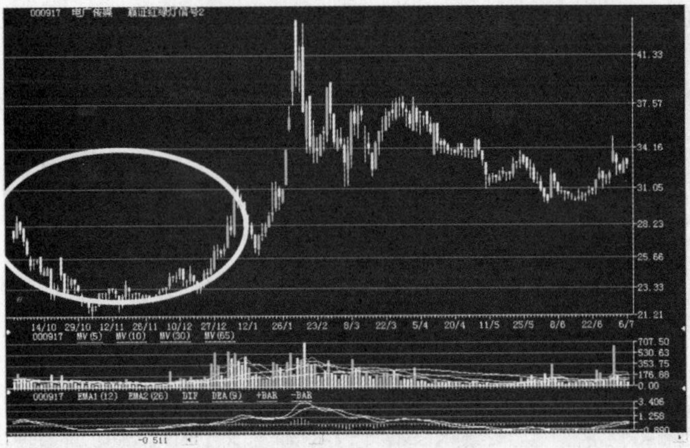

图 9-33　圆弧底

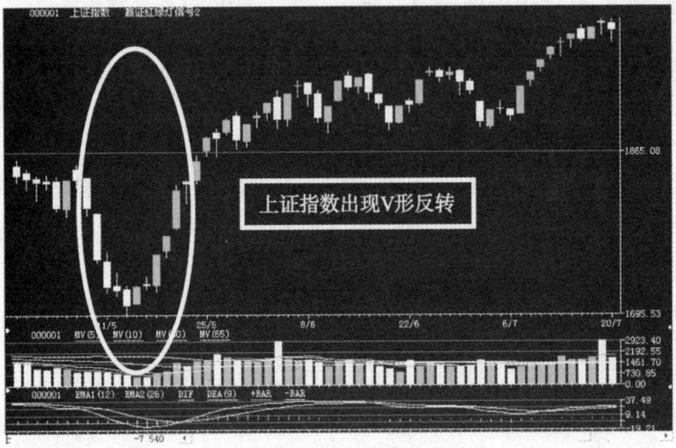

图 9-34　V形

二、持续整理形态

持续整理形态是指股价经过一段时间的快速变动后，不再前进而在一定区域内上下窄幅变动，等时机成熟后再继续以往的走势。持续整理形态主要有三角形、矩形、旗形、楔形等。

（一）三角形

三角形属于持续整理形态的一种。三角形分为对称三角形、上升三角形和下降三角形三种。

1. 基本形态

（1）对称三角形。由一系列的价格变动所组成，其变动幅度逐渐缩小。也就是说，每次变动的最高价，低于前次的水准，而最低价比前次水准高，呈一压缩图形。如果从横的方向看股价变动区域，其上限为向下斜线，下限为向上斜线，把短期高点和低点分别以直线连接起来，就可以形成一个相当对称的三角形。对称三角形的成交量，因愈来愈小幅度的股价变动而递减，然后当股价突然跳出三角形时，成交量随之变大。如图 9－35 所示。

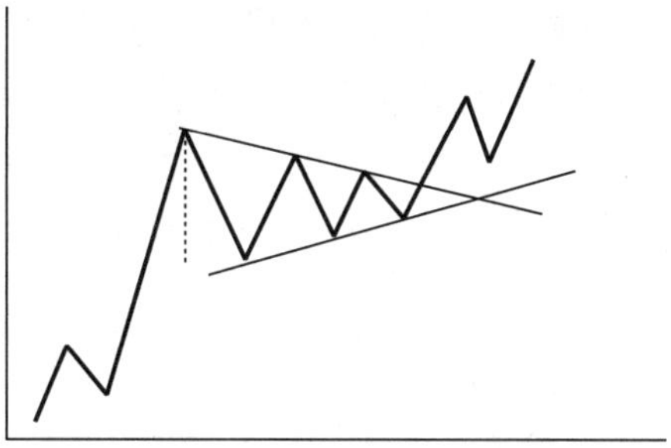

图 9－35　对称三角形

（2）上升三角形。股价在某水平呈现强大的卖压，价格从低点回升到水平便告回落，但市场的购买力十分强，股价未回至上次低点即告弹升，这种情形持续使股价随着一条阻力水平线波动日渐收窄。若把每一个短期波动高点连接起来，可画出一条水平阻力线；而每一个短期波动低点则可相连出另一条向上倾斜的线，成交量在形态形成的过程中不断减少。

（3）下降三角形。下降三角形是多空双方在某价格区域内的较量表现，然而多空力量却与上升三角形所显示的情形相反。看空的一方不断地增强卖出压力，股价还没回升到上次高点便再沽出，而看多的一方坚守着某一价格的防线，使股价每回落到该水平便获得支持。此外，这形态的形成也可能是有人在托价出货，直到货源沽清为止。

上升三角形和下降三角形如图 9－36 所示。

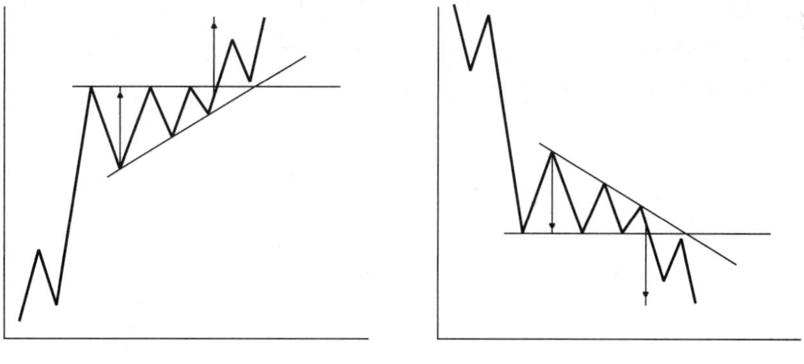

图 9－36　上升三角形和下降三角形

2. 判断分析时应注意的问题

（1）三角形形态更适用于日线图形，持续时间过于短的三角形可能是别的形态。

（2）在三角形的形成过程中，从左到右成交量逐渐减少。

（3）对称三角形上下两条边的倾斜程度，可能不一样。

（4）直角三角形的水平直线可能不是水平的，容许有一点倾斜在直角三角形中。

（5）一旦水平线被突破后，之后的价格可能有反扑回头的情况。

（二）矩形

矩形又叫箱型，是一种较为典型的持续整理形态，它是股价在上下两条水平界线之间上下起伏所构成的技术形态。股价上升到某水平时遇到阻力，无法上升，掉头回落。但回落到某一低点又获支撑而回升。可是回到上次同一价位时又一次受阻，而挫落到上次低点时则再次得到支撑。这种振荡会持续一个阶段，将这些短期高点和低点分别以直线相连，便形成一条平行发展的通道。如图 9－37 所示。

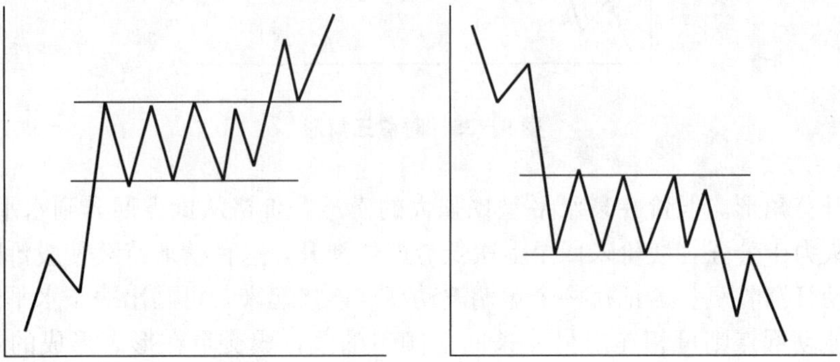

图 9－37　矩形

矩形表示一种实力相当的拉锯争斗。看好后市者在回落的低点买进，成为股价无法下跌的支撑力量；看淡后市者认为股价无法超越前一价位则纷纷沽售，形成总体上的牛皮市况，而市场主力处于观望之中。

（三）旗形

旗形走势就如同一面挂在旗杆上的旗帜，这种图形经常出现在急速、大幅变动的市况中，股价经过一连串紧密短期波动后，形成一个略与原走势呈反方向倾斜的平行四边形，这种图形又可再分为上升旗形和下降旗形。如图 9－38 所示。

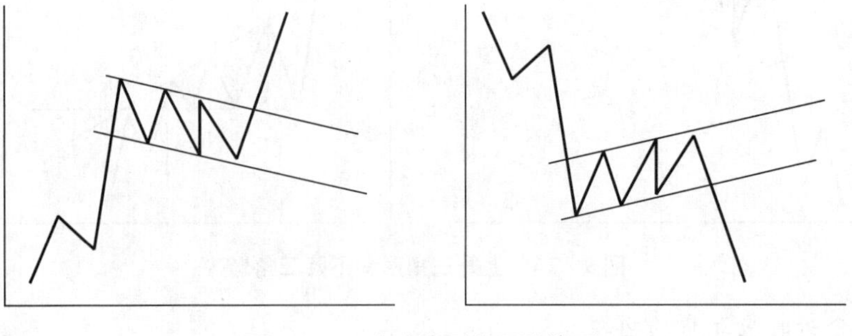

图 9－38　上升旗形和下降旗形

1. 基本形态

（1）上升旗形。经过一段陡峭的上升行情后，股价走势形成了一个成交密集、向下倾斜的股价波动密集区域，把这一区域中的高点与低点分别连接在一起，即形成一个下倾的平行四边形。

（2）下降旗形。当股价出现急速下跌行情后，接着形成一个成交密集、稍向上倾的股价波动密集区域，分别把这一个区域中的高点、低点各自相连，即形成一个向上倾斜的四边形。

2. 市场含义

在上升旗形中，先是投资人共同看好股市，出现争购现象，促使股价上升到一个短期中的高点，原先买进股票者因股价上升产生利润而卖出了结。上升趋势受到阻力开始回落，但多数投资者依然看好后市，造成回落速度不快，幅度也不是很大，成交量有不断减少之状，反映做空力量不断减弱。经过一段时间的整理，在成交量的配合下，股价又沿着原来上升的方向急速上升，形成了“上升—整理—再上升”的规律。下降旗形则恰恰与上述情形相反。

3. 判断分析时应注意的问题

（1）旗形出现之前，一般应有一个旗杆，这是由于价格做直线运动形成的。

（2）旗形持续的时间不能太长，时间一长，它保持原来趋势的能力将下降。经验告诉我们，这一时间应该短于 3 周。

（3）旗形形成之前和被突破之后，成交量都很大。在旗形的形成过程中，成交量从左向右逐渐减少。

（四）楔形

楔形是股价在两条收敛的直线中变动。楔形与三角形的不同处在于，两条界线同时上倾或下斜。其成交量变化和三角形一样，向顶端递减。

1. 基本形态

楔形又分为上升楔形和下降楔形。如图 9－39 所示。

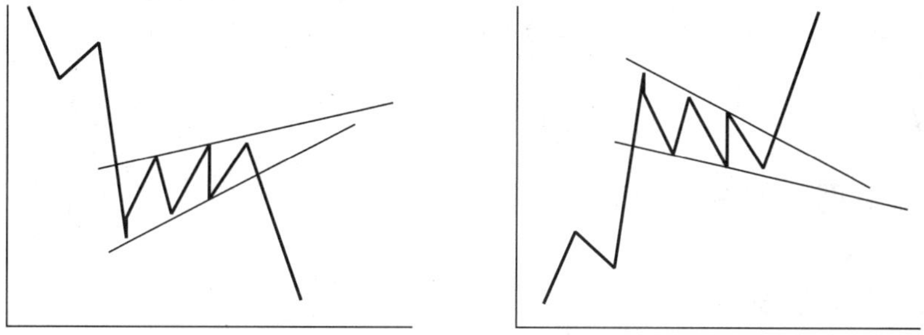

图 9－39 上升楔形和下降楔形

（1）上升楔形，指股价经过一次下跌后有强烈技术性反弹，价格升至一定水平又掉头下落，但回落点较前次高，然后又上升至比上次反弹点高的新高点，之后又回落，形成一浪高一浪之势，把短期高点、短期低点各自相连，形成向上倾斜直线，下面一条倾斜直线较为陡峭。

（2）下降楔形，与上升楔形相反，高点一个比一个低，低点亦一个比一个低，形成两条同时下倾的斜线。

2. 市场含义

在上升楔形中，股价上升，卖出压力亦不大，但投资人的兴趣却逐渐减少，股价虽上扬，可是每一个新的上升波动都比前一个弱，最后当需求完全消失时，股价便反转回跌，因此，上升楔形表示一个技术性的意义之渐次减弱的情况。上升楔形是一个整理形态，常在跌市中回升阶段出现，上升楔形显示尚未跌见底，只是一次跌后技术性反弹而已，当其下限跌破后，就是沽出信号。

下降楔形的市场含义和上升楔形刚好相反。股价经过一段时间上升后，出现了获利回吐，虽然下降楔形的底线往下倾斜，似乎说明市场的承接力量不强，但新的回落浪较上一个回落浪波幅为小，说明沽售力量正减弱中，加上成交量在该阶段的减少，可证明市场卖压减弱。

任务五 波浪理论

波浪理论是艾略特（R. E. Elliot）发明的一种价格趋势分析工具，它是一套完全靠观察得来的规律，可用于分析股市指数、价格的走势；它也是世界股市分析中运用最多又最难以了解和精通的分析工具。

一、波浪理论的基本思想

艾略特认为，不管是股票还是商品价格的波动，都与大自然的潮汐——波浪一样，一浪跟着一波，周而复始，具有相当程度的规律性，展现出周期循环的特点，任何波动均有迹可循。在一个大周期之中可能存在小的周期，而小的周期又可以再细分成更小的周期。每个周期无论时间长与短，都是以一种相同的模式进行，这个模式就是波浪理论的核心——八浪过程。每个周期都由上升（或下降）的五个过程和下降（或上升）的三个过程组成。

二、波浪理论的主要内容

（一）波浪理论考虑的因素

（1）价格走势所形成的形态。

（2）价格走势图中各个高点和低点所处的相对位置。

（3）完成某个形态所经历的时间长短。

简单地概括为形态、比例和时间。价格的形态是最重要的。

（二）波浪理论基本形态结构

价格的上下波动也是按照某种规律进行的。无论是上升还是下降，可以分成八个小的过程，这八个小过程一结束，一次大的行动就结束了，紧接着是另一次大的行动。第一、第三和第五浪称为上升主浪，而第二和第四浪是对第一和第三浪的调整浪。上述五浪完成后，紧接着会出现一个三浪的向下调整。如图 9 - 40 所示。

（三）浪的合并和浪的细分

波浪理论考虑价格形态的跨度是可以随意而不受限制的。在数八浪时，会涉及将一个

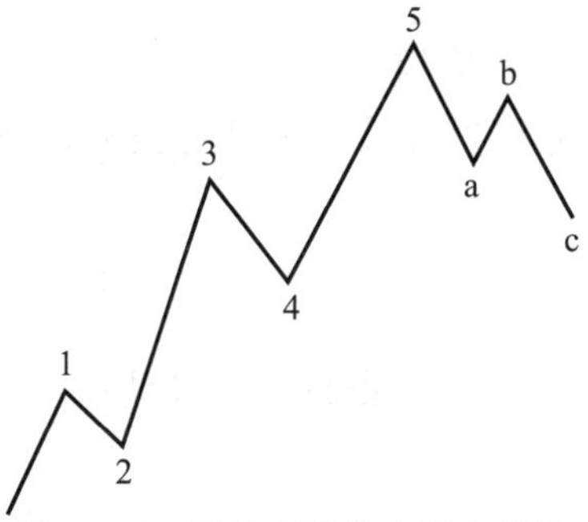

图 9-40　波浪理论基本形态结构

大浪分成很多小浪和将很多小浪合并成一个大浪的问题。层次较低的几个浪可以合并成一个层次较高的大浪，而层次较高的一个大浪又可以细分成几个层次较低的小浪。原则是，如果这一浪的上升和下降方向与它上一层次的浪的上升和下降方向相同，则分成五浪；如果不相同，则分成三浪。

（四）波浪的解释

第一浪：由于第一浪的上升通常是出现在空头市场跌势后的反弹，之前明显买气不足，加上空头继续存在卖压，使价格上涨乏力，属于打底阶段。

第二浪：这一浪的下跌调整幅度较大，为第一浪的调整浪，调整浪通常是第一浪的 0.618 倍，此处开始出现止跌状况，价格探底，成交量逐步减少，结束调整。

第三浪：第三浪的涨势往往最大，是最有爆发力的上升浪，这段行情持续的时间与幅度经常是最长的，市场投资者信心恢复，成交量大幅上升，常出现传统图表中的突破信号，这段行情走势非常激烈。

第四浪：第四浪是行情大幅劲升后的调整浪，通常以较复杂的形态出现，常呈现“倾斜三角形”的走势，但第四浪的底点不会低于第一浪的顶点。

第五浪：该浪是上涨行情中的最后一浪，涨幅一般小于第三浪，与第一浪大致相当，而且上升力度比较弱，经常走出失败浪图形。

A 浪：在 A 浪中，市场人士大多认为上升行情尚未逆转。

B 浪：通常称为反弹浪，成交量不大，由于是一段上升行情，很容易让投资者误以为是另一波段的涨势，形成多头陷阱。

C 浪：是一段破坏力较强的下跌浪，跌势较为强劲，跌幅大，持续的时间较长，而且出现全面性下跌。

三、应用波浪理论应注意的问题

（1）波浪理论对怎样才算一个完整的浪并无明确的定义，在股市走势的升跌绝大多数不按五升三跌这个机械模式出现的情况下，数浪完全由个人决定。

（2）波浪理论的浪中有浪可以无限延伸，升浪可以包括所有升势，一个巨型浪，一百几十年都可以，而下跌浪也是如此。并且，无论升浪还是跌浪，又经常出现各种变异形态，从而使得对浪的划分相当繁杂和难以把握，由此也使得波浪理论难以进行实际运用，或使得判断失误的概率增加。

（3）波浪理论不能运用于个股的选择。

（4）波浪理论以神奇数字为依据，其合理性并没有得到论证，因而仁者见仁、智者见智。

拓展阅读

波浪理论的应用技巧

1. 牢记波浪分析三要素

波浪所构成的形态，是波浪理论的立论基础，其次是波与波之间的比率，最后是同级波浪中每波持续的时间，这三者组成波浪理论的三大部分，即波浪分析三要素。同时，成交量在波浪分析中的作用也不容忽视，特别是在主波段中，被用来检验波浪或预测波浪是否延长。

2. 求同存异，旨在实战

当一个波浪循环尚未结束时，波浪的划分无疑会存在不止一种可能性。因此，在运用波浪理论研判时，就必须首先根据规则和波浪的个性或特征排除掉不可能的划分，同时寻找出合理的并按照概率大小进行排序，这就是存异的一般程序。而求同则是在 n 种可能之中，由波浪分析本身得出对近期乃至后市一致的判断，这才是至关重要的且具备操作指导意义。

3. 熟悉波浪个性，留心股价通道

在不同的波段运行时期，市场反映出来的特征是不同的，政策、基本面和消息面等也不尽相同，但市场群体由悲观到乐观或从乐观到悲观的变化过程，却按相似的途径不断循环发展。因此，熟悉每一浪的个性即市场心理状态及情绪，对波浪分析必定大有益处，比如排除可能性极低的划分，甚至可以预知主流热点所在。受心理及情绪的影响，价格走势往往会存在强弱的差别，一般都能反映在股价通道中，主要是第三浪即通常所说的主升浪，应上穿由第一浪顶所做的与趋势线 L 的平行线即通道线，第五浪上摸高点往往触及不到该线，而第四浪则在新通道的趋势线处终结。

4. 了解波浪的常用百分比

在推动浪中，若第一或第五浪延长时，其长度经常是其余两浪最大涨幅的 1.618 倍；若第三浪延长时，很可能会远远超过第一浪长度的 1.618 倍，此时还可利用经验公式来预测第五浪的大致高度，该公式为：第五浪＝第一浪×3.236＋第一浪的浪底或顶，但它不一定适用于以楔形运行时的驱动浪。在调整浪中，无论哪一种具体方式，整理结束位置通常与此前涨跌幅保持某一比例，如 0.382、0.5 和 0.618 等。

5. 注意 X 浪与失败浪的要点

在混合型调整中，X 浪以三波方式展开，并发挥着不同整理方式的连接作用，大多是在强大外力影响下形成的，但最终多可被划入 B 浪，而在不明朗或循环未结束时则不失为较好的权宜之计。失败浪是指第五浪未超过第三浪的高度，说明此前升幅过大或市场已明显转弱，并预示即将出现的调整幅度较深或时间较长。另外，C 浪不及 A 浪时，情形与之相似。

任务六 技术指标分析

所谓技术指标，是指应用一定的数学公式，对原始数据进行加工处理，得出指标值，并将指标值绘成图表，从指标值的大小、指标值图表的形态走势等多方面对股市的变化趋势进行预测的方法。在这里，原始数据指的是4价2量：开盘价、最高价、最低价、收盘价、成交量和成交金额。技术指标按功能进行划分，可分为趋势型指标、超买超卖指标、人气型指标和大势型指标四类。

一、趋势型指标

常见的趋势型指标有移动平均线、离差指标。

（一）移动平均线（MA）

把若干天市场个股或大盘指数的平均值连起来就形成了移动平均线。移动平均线按时间长短可分为短期、中期和长期。平均期间短，敏感性强，表现波动起伏大；平均期间长，稳定性强，表现较平缓。

1. 计算公式

根据数据处理的方法不同，移动平均线可分为算术移动平均线（SMA）、加权移动平均线（WMA）和指数平滑移动平均线（EMA）三种。在实际应用中，最常用的是指数平滑移动平均线。

$$\mathrm{EMA}_t\,(N)=\mathrm{C}_t\times\frac{1}{N}+\mathrm{EMA}_{t-1}\times\frac{N-1}{N}$$

式中：C_t——第t日的收盘价。

EMA_{t-1}——第$t-1$日的移动平均数。

N——移动平均线的参数。

2. 特点

移动平均线所体现的特点有以下几方面：

（1）追踪趋势。注意价格的趋势，并追随这个趋势，不轻易放弃。如果从股价的图表中能够找出上升或下降趋势线，那么，MA的曲线将保持与趋势线方向一致，能消除中间股价在这个过程中出现的起伏。原始数据的股价图表不具备这个保持追踪趋势的特性。

（2）滞后性。在股价原有趋势发生反转时，由于MA的追踪趋势的特性，MA的行动往往过于迟缓，掉头速度落后于大趋势，这是MA的一个极大的弱点。等MA发出反转信号时，股价掉头的深度已经很大了。

（3）稳定性。通常愈长期的移动平均线，愈能表现安定的特性，即移动平均线不轻易往上往下，必须待股价涨势真正明朗了，移动平均线才会往上延伸，而且经常在股价开始回落之初，移动平均线却是向上的，等到股价下滑显著时，才见移动平均线走下坡，这是移动平均线最大的特色。愈短期的移动平均线，安定性愈差；愈长期的移动平均线，安定性愈强，但也因此使得移动平均线有延迟反应的特性。

（4）助涨助跌性。当股价突破了MA时，无论是向上突破还是向下突破，股价有继续向突破方面再走一程的愿望，这就是MA的助涨助跌性。

（5）支撑线和压力线的特性。由于移动平均线的上述四个特性。使得它在股价走势中起支撑线和压力线的作用。移动平均线被突破，实际上是支撑线或压力线被突破。

3. 应用法则——葛兰威尔法则

主要有以下几方面内容：

（1）平均线从下降逐渐转为盘局或上升，而股价从平均线下方突破平均线，为买进信号，此为反转行情。

（2）股价虽然跌破平均线，但又立刻回升到平均线上，此时平均线仍然持续上升，仍为买进信号，因为股价的下跌没有改变上升趋势。

（3）股价趋势走在平均线上，股价下跌并未跌破平均线且立刻反转上升，也是买进信号。同样，股价的下跌没有改变上升趋势。

（4）股价在平均线下方运行，突然暴跌，且远离平均线，则有可能反弹上升，为买进信号，此种买入为抢反弹。

（5）平均线从上升逐渐转为盘局或下跌，而收市价向下跌破平均线，为卖出信号。

（6）股价虽然向上突破平均线，但又立刻回跌至平均线下，此时平均线仍然持续下降，仍为卖出信号。

（7）股价趋势走在平均线下，股价上升并未突破平均线且立刻反转下跌，也是卖出信号。

（8）股价在平均线上方运行，突然暴涨，且远离平均线，则有可能回档，也为卖出时机。

（二）离差指标（MACD）

离差指标又称为指数平滑异同移动平均线，是一种中、长线指标，根据快速移动平均线和慢速移动平均线来计算这两条线之间的离差状况，再计算离差的平均值。快慢线的时间参数一般取12、26。离差指标（MACD）是慢线指标。

1. 计算公式

$$DIF = EMA_{(12)} - EMA_{(26)}$$

式中：$EMA_{(12)}$——快速平滑移动平均线。

$EMA_{(26)}$——慢速平滑移动平均线。

DIF——长短期平滑移动平均值之间的“离差值”。

$$MACD = \text{昨日 } MACD + 0.2(\text{今日 } DIF - \text{昨日 } MACD)$$

MACD是DIF的移动平均，也即连续数日的DIF的算术平均。

2. 运用法则

（1）取值：DIF和MACD都为正值，即在0轴线上，属多头市场；反之，属空头市场。

（2）交叉：DIF 向上交叉 MACD 与 0 轴时，为买入信号；DIF 向下交叉 MACD 与 0 轴时，为卖出信号。

（3）背离：如果股价高点比前一次的高点高，而 MACD 指标的高点却比前一次的高点低，称为“牛背离”，暗示股价很快就会反转下跌。如果股价的低点比前一次的低点低，而 MACD 指标的低点却比前一次低点高，称为“熊背离”，暗示股价很快就会反转上涨。

二、超买超卖指标

（一）威廉指标（WMS）

威廉指标是一个随机性很强的波动指标，属于分析市场短线买卖走势的技术指标。WMS 取值的大小表示市场当前的价格在过去一段时间内所处的相对高度，进而指出价格是否处于超买或超卖的状态。

1. 计算公式

$$\text{WMS}(n)=\frac{H_n-C_t}{H_n-L_n}\times 100$$

式中：Ct——当天的收盘价。

H_n 和 L_n 分别为近 n 日内（包括当日）出现的最高价和最低价。n 为选定的时间参数，一般为 14 日或 20 日。

2. 运用法则

（1）取值：当 WMS<20，处于超买状态，行情即将见顶，应考虑卖出；当 WMS>80，处于超卖状态，行情即将见底，应考虑买入。

（2）形态：在 WMS 进入低数值区（此时为超买），一般要回头，如果这时股价还继续上升，就会产生背离，是卖出的信号；在 WMS 进入高数值区（此时为超卖），一般要反弹，如果这时股价还继续下降，就会产生背离，是买进的信号；WMS 连续几次撞顶（底），局部形成双重或多重顶（底），则是卖出（买入）的信号。

（二）随机指标（KDJ）

在实际图表中，表现为三条曲线，即 K 线、D 线、J 线。其中，K 线移动快速，对股价变动敏感；D 线移动缓慢，对股价波动反映较为迟缓；J 线则是对买卖信号进行确认的反应线。KDJ 指标是一个非常有用的短线指标。

1. 计算公式

$$\text{RSV}=\frac{P_t-L_n}{H_n-L_n}\times 100$$

式中：P_t——今日收盘价。

H_n——最近 n 日内的最高价格。

L_n——最近 n 日内的最低价格。

$$K\text{ 值}=\frac{2}{3}\text{昨日 }K\text{ 值}+\frac{1}{3}\text{今日 RSV（对 RSV 的平滑）}$$

$$D\text{ 值}=\frac{2}{3}\text{昨日 }D\text{ 值}+\frac{1}{3}\text{今日 }K\text{ 值}\text{（对 }K\text{ 值的平滑）}$$

$$J\text{ 值}=3D-2K$$

2. 运用法则

（1）取值：一般 K、D 值在 20 以下为超卖区，在 80 以上为超买区；J 在 0 以下为超卖区，在 100 以上为超买区。

（2）交叉：当 K、D 线在 80 以上向下交叉或 20 以下向上交叉时，往往是比较准确的买进或卖出信号。

（3）背离：当底背离或顶背离出现时，就是非常难得的买进或卖出信号。

（三）相对强弱指标（RSI）

相对强弱指标以一定时期内股价的变动情况推测价格未来的变动方向，并根据股价涨跌幅度来显示市场的强弱。它是一短中线操作的先行指标。

1. 计算公式

$$\text{RSI}=\frac{A}{A+B}\times 100$$

式中：A 连续 n 日内所有上涨日价差之和。

B 连续 n 日内所有下跌日价差之和。

2. 运用法则

RSI 实际上表示向上波动的幅度占总的波动的百分比，如果占的比例大就是强市；否则，就是弱市。

（1）取值：RSI 介于 0～100。小于 20 为弱市，可买进；大于 80 为强市，可卖出。

（2）形态：RSI 的图形形态比 K 线图的图形形态更清楚明显，如头肩顶、三角形等，比较容易判断突破点、买卖点。

（3）背离：顶背离和底背离，往往是头部和底部形成的一个信号。

（4）交叉：两条 RSI（6 与 14），6 日 RSI 在 20 以下向上穿过 14 日 RSI，为买入信号；6 日 RSI 在 80 以上向下穿过 14 日 RSI，为卖出信号。

（四）乖离率指标（BIAS）

乖离率指标通过测算和分析股价在波动的过程中偏离移动平均线的程度，来推测股价反弹和回档的时机。它是移动平均线的辅助分析工具。

1. 计算公式

$$\text{BIAS}_t=\frac{C_t-\text{MA}_t}{\text{MA}_t}\times 100\%$$

式中：C_t——当日收盘价。

M_t——t 日内移动平均收盘价。

BIAS_t——t 日乖离率。

式中的 t 日按照选定的移动平均线日数确定，一般定为 5 日、10 日。

2. 运用法则

（1）分正乖离和负乖离。当股价在移动平均线之上时，称为正乖离率；反之，称为负乖离率。当股价与移动平均线重合时，乖离率为零。

（2）取值：当正乖离率超过一定数值时，显示短期内多头获利较大，获利回吐的可能性也大，呈卖出信号；当负乖离率超过一定数值时，说明空头回补的可能性较大，呈买入信号。

（3）对不同移动区间，乖离率达到超买超卖的百分比不同。

5 日乖离率：－3％为买；＋3％为卖。

10 日乖离率：－4％为买；＋4％为卖。

30 日乖离率：－8％为买；＋8％为卖。

三、人气型指标

（一）心理线指标（PSY）

心理线指标是研究投资者对股市涨跌产生心理波动的情绪指标，是一种能量类和涨跌类指标，它对股市短期走势的研判具有一定的参考意义。

1. 计算公式

$$\text{PSY}(N)=\frac{A}{N}\times 100$$

式中：N——周期，是 PSY 的参数，可以为日、周、月、分钟。

A——在这周期之中股价上涨的周期数。

2. 运用法则

（1）取值：如果 PSY 值出现大于 90 或小于 10 这种极端超买超卖情况，投资者更要多加注意。

（2）趋势：无趋势性是指 PSY 值在 40～60 上下振荡；向上趋势是指 PSY 值大部分时间处在 50 上；向下趋势是指 PSY 值大部分时间处在 50 以下。

（二）能量潮指标（OBV）

能量潮指标以上涨日的成交量与下跌日的成交量之增减情况来反映多空双方力量对比的变化，从而预测未来行情的演变趋势。

1. 计算公式

$$\text{OBV}_t=\text{OBV}_y+\text{sgn}\times V_t$$

式中：V——成交量。

t——今日。

y——昨日。

sgn＝＋1（今日收盘价≥昨日收盘价）。

sgn＝－1（今日收盘价≤昨日收盘价）。

2. 运用法则

（1）当股价上涨而 OBV 线下降时，表示能量不足，股价可能将回跌。

（2）当股价下跌而 OBV 线上升时，表示买气旺盛，股价可能将止跌回升。

（3）当股价上涨而 OBV 线同步缓慢上升时，表示股市继续看好。

（4）当 OBV 线暴升时，不论股价是否暴涨或回跌，表示能量即将耗尽，股价可能反转。

四、大势型指标

（一）腾落指数（ADL）

腾落指数是以股票每天上涨或下跌之家数作为计算与观察的对象，以了解股票市场人气的盛衰，探测大势内在的动量是强势还是弱势，用以研判股市未来动向的技术性指标。

1. 计算公式

$$今日\ ADL=昨日\ ADL+Na-Nd$$

式中：Na——当天所有股票中上涨的家数。

Nd——当天所有股票中下跌的家数。

2. 运用法则

（1）股价指数持续上涨，腾落指数亦上升，股价可能仍将继续上升。

（2）股价指数持续下跌，腾落指数亦下降，股价可能仍将继续下跌。

（3）股价指数上涨，而腾落指数下降，股价可能回跌。

（4）股价指数下跌，而腾落指数上升，股价可能回升。

（5）股市处于多头市场时，腾落指数呈上升趋势，其间如果突然出现急速下跌现象，接着又立即扭头向上创下新高点，则表示行情可能再创新高。

（6）股市处于空头市场时，ADL 呈现下降趋势，其间如果突然出现上升现象，接着又回头，下跌突破原先所创低点，则可能表示另一段新的下跌趋势产生。

（二）涨跌比率指标（ADR）

涨跌比率指标又称回归式的腾落指数，将一定期间内上涨的股票家数与下跌的股票家数作一统计，求出其比率。

1. 计算公式

$$ADR（N）=\frac{P_1}{P_2}$$

式中：P_1——为 N 日内股票上涨家数之和。

P_2——为 N 日内股票下跌家数之和。

N 是选择的天数，是 ADR 的参数。目前，N 比较常用的天数为 10。

2. 运用法则

（1）当 ADR 数值小于 0.5 时，表示大势经过长期下跌，已经出现超卖现象，很多股价可能会止跌企稳并出现一轮反弹行情，投资者可以短线少量买入超跌股作反弹。

（2）当 ADR 数值大于 1.5 时，表示大势经过长期上涨，已经出现超买现象，很多股价可能已经上涨过度，将会出现一轮幅度比较大的下跌行情，投资者应以及时卖出股票或持币观望为主。

（3）当 ADR 数值在 0.5～1.5 时，表示大势基本处于整理行情之中，没有出现特殊的超买和超卖现象，这时投资者更重要的在于研判个股行情。

（4）当 ADR 数值在 0.3 以下时，表示大势处在大空头市场的末期，市场上出现了严重的超卖现象，很多股票的价格已经跌无可跌，此时投资者可以分批逢低吸纳股票，做中长线的建仓投资。

项目小结

1. 技术分析与基本分析的区别是分析的内容不同、立足点不同、目的不同和解决的问题不同。

2. 技术分析的三大假设：市场行为涵盖一切信息、价格沿趋势移动和历史会重演。

3. 技术分析一般分为五类：K 线理论、切线理论、形态理论、波浪理论、指标理论。

4. 多根 K 线的组合情况非常多，要综合考虑各根 K 线的阴阳、高低、上下影线等，以判断股价行情的变化。

5. 轨道线又称通道线或管道线，是基于趋势线的一种支撑压力线。在已经得到趋势线后，通过第一个峰和谷可以作出这条趋势线的平行线，这条平行线就是轨道线。

6. 反转突破形态即股价趋势逆转的形态，也即股价由涨势转为跌势，或由跌势转为涨势的形态。主要包括双重顶和双重底、头肩顶和头肩底、三重顶和三重底、圆弧顶、圆弧底、V 形、喇叭形等。

7. 持续整理形态是指股价经过一段时间的快速变动后，不再前进而在一定区域内上下窄幅变动，等时机成熟后再继续以往的走势。持续整理形态主要有三角形、旗形、矩形、楔形等。

8. 技术指标按功能进行划分，可分为趋势型指标、超买超卖指标、人气型指标和大势型指标四类。

课后习题

一、名词解释

1. 十字星　2. 早晨之星　3. 主要趋势　4. MACD　5. WMS　6. 支撑线　7. 轨道线　8. 反转形态　9. KDJ　10. RSI

二、单项选择题

1. （　　）是一种出现在顶部的看跌的形态。

A. 菱形　　B. 旗形　　C. 楔形　　D. 三角形

2. 技术分析更适用于下面哪种情况？（ ）

A. 公司财务分析
B. 短期行情预测
C. 中期行情预测
D. 长期行情预测

3. “市场永远是对的”是哪一个投资分析流派的观点？（ ）

A. 基本分析流派
B. 技术分析流派
C. 心理分析流派
D. 学术分析流派

4.（ ）是分析趋势的，它利用简单的加减法计算每天股票上涨家数和下降家数的累积结果，与综合指数相互对比，对大势的未来进行预测。

A. ADL　B. ADR　C. OBOS　D. WMS

5. 下列不属于技术分析的是（ ）。

A. 切线理论
B. 波浪理论
C. 循环周期理论
D. 财务指标理论

6. 开盘价与最高价相等，且收盘价不等于开盘价的 K 线被称为（ ）。

A. 光头阳线
B. 光头阴线
C. 光脚阳线
D. 光脚阴线

7.（ ）是基于趋势线的一种方法。

A. 支撑线
B. 压力线
C. 轨道线
D. 黄金分割线

8. 在双重顶反转突破形态走完后，颈线是（ ）。

A. 上升趋势线
B. 支撑线
C. 压力线
D. 下降趋势线

9. 道氏理论认为，价格的波动趋势不包括（ ）。

A. 主要趋势
B. 次要趋势
C. 长期趋势
D. 短暂趋势

10. K 线图中十字线的出现表明（ ）。

A. 多方力量还是略微比空方力量大一点
B. 空方力量还是略微比多方力量大一点
C. 多空双方的力量不相上下
D. 行情将继续维持以前的趋势，不存在大势变盘的意义

三、多项选择题

1. 下列属于人气型指标的是（ ）。

A. BIAS　B. PSY　C. ADR　D. OBV

2. 下列属于超买超卖型的是（ ）。

A. BIAS　B. WMS　C. RSI　D. KDJ 技术

3. 在应用 KDJ 指标时，主要从以下哪些方面进行考虑？（ ）

A. KD 的取值的绝对数字
B. J 指标的取值大小
C. KD 指标的交叉
D. KD 指标的背离

4. 以指标的功能为划分依据，常用的技术指标包括（ ）。

A. 趋势型指标
B. 超买超卖型指标

C. 人气型指标　　　　　　　　　　　D. 大势型指标

5. 下列说法正确的是（　　）。

A. 证券市场里的人分为多头和空头两种

B. 压力线只存在于上升行情中

C. 支撑线和压力线的作用是阻止或暂时阻止股价朝一个方向继续运动

D. 支撑线和压力线可以相互转换

四、判断题

1. 支撑线不仅存在于上升行情中，下跌行情中也有支撑线。（　　）

2. 旗形和楔形都有明确的形态方向，并且和原有的趋势相反。（　　）

3. V 形走势是一种很难预测的反转形态，也是一种失控的形态。（　　）

4. 三角形、矩形、喇叭形和楔形都是整理形态。（　　）

5. 大势型指标主要对整个证券市场的多空状况进行描述，一般只用于研究证券市场整体形势，而不能应用于个股。（　　）

五、简答题

1. 技术分析基于哪些假设？

2. 技术分析方法分为哪几类？

3. 应用技术分析方法时应注意哪些问题？

4. 支撑线和压力线的作用如何？

5. KDJ 指标、RSI 指标、OBV 指标的运用法则是什么？

实训任务

一个指标、一条均线、一个技巧

一个指标：买“小”卖“小”；一条均线：30 日均线；一个技巧：“周线二次金叉”抓大牛股。

1. 买“小”卖“小”

这是运用 MACD 捕捉最佳买卖点的一种简易方法。

这里的“大”和“小”是指 MACD 中的大绿柱、小绿柱和大红柱、小红柱。而在操作时图中的 DIF 和 MACD 两条白色和黄色的曲线，一般是视而不见的，我们只注重红绿柱的变化。

《曹刿论战》中有一句话：“一鼓作气，再而衰，三而竭。”在股市中，任何一次头部和底部的形成，市场都会提供两次或两次以上的机会给我们（入市或出场）。“大红”之后是“小红”，“大绿”之后是“小绿”。

当一波气势汹汹的下跌或一波气势如虹的上涨开始时，我们首先应避其锐气，保持观望。也就是说，经历一波下跌后，当股票处于最低价时，此时 MACD 上显现的是一波“大绿柱”。我们首先不应考虑进场，而应等其第一波反弹过后（出现红柱）第二次再探底，在 MACD 中出现了“小绿柱”（小绿柱明显比前面的大绿柱要小），且小绿柱走平或收缩时，这时就意味着下跌力度衰竭，为最佳买点，这就是所谓的买小（即买在小绿柱上）。

显现，上涨也同样。当第一波拉升起来时（MACD上显现为大红柱）我们都不应考虑出货，而应等其第一波回调过后第二次再冲高，当MACD上显现出“小红柱”（小红柱比前面的大红柱明显要小）时，这意味着上涨动力不足，可考虑离场出货，这就是所谓的卖小。

也就是说，当市场“一鼓作气”时，无论是上涨还是下跌，我们都应保持观望；当市场“再而衰”时，方考虑进场或减仓；当“三而竭”时，我们应重仓追涨或者杀跌出货。

综上所述，此方法的口诀即为：买小卖小（买在小绿柱，卖在小红柱），前大后小（即前面是大绿柱或大红柱，后面往往为小绿柱或小红柱）。

2. 30日均线

由于实战操作的最高境界就是“大道至简”，所以在实战操作中各个周期只设一条均线：30日均线。只用这一条30日均线来进行大盘或个股的分析和买卖。

3. “周线二次金叉”抓大牛股

当股价（周线图）经历了一段下跌后反弹起来突破30周线位时，我们称为“周线一次金叉”，这只不过是庄家在建仓而已，我们不应参与，而应保持观望；当股价（周线图）再次突破30周线时，我们称为“周线二次金叉”，这意味着庄家洗盘结束，即将进入拉升期，后市将有较大的升幅。我们应密切注意该股的动向，一旦其日线系统或者分时系统（60分钟，30分钟）发出买信号（如MACD的小绿柱买点），应该毫不犹豫进场买入该股。另外我们也可以延伸出“月线二次金叉”产生大牛股的条件，可以说90%的大牛股都具备这一条件。

思考：

1. 证券投资中果真有这样的技术秘籍吗?
2. 假设有这样的技术秘籍，众多投资者都采用后，该秘籍还有效吗?

项目十
证券投资策略与技巧

学习目标

1. 了解证券投资常用的策略。
2. 掌握选股的技巧和方法。
3. 掌握股票的买卖时机。

引入案例

十大技巧挖出潜力黑马股

思想观念要与时俱进，投资股票更要与时俱进。今天的股票投资已经不同过往。那么，投资者如何挖掘出黑马股？请谨记下面十大技巧：

一是股价起点不高。低价股群不张扬，蕴藏着黑马股，主力挖掘后收集成本低，散户跟风低价股心理压力小。

二是股票备受市场冷落。股票成交稀疏，鲜有人问津，便于新进主力从中小散户手中获取廉价筹码。

三是行业出现复苏。行业前期因受经济循环周期影响，股价暴跌一至二成。但随着行业复苏，价值决定价格，股价走高可能性增大。

四是主营业务专一。注重公司主营业务构成以及主营业务在行业中的地位，投资收益来源不是偶然性的一次性收入。

五是产品自主创新。公司重视新产品的研制开发，能有效抵御同行业的竞争，或产品独特并处于市场垄断地位。

六是公司利润稳定。即公司发展前景好，具有未来可能带来增长性的潜在利润，动态市盈率呈现持续降低态势。

七是对照市净率。市净率能衡量股票投资价值，只要上市公司基本面不出现大问题，股价落到净资产附近就可吸纳。

八是流通盘适中。流通盘适中，主力进退自如，耗费资金少，便于控盘与拉升股价。

九是看大股东实力。公司如果有实力强、稳定驻扎的大股东，就有进一步注入优质资产的可能，对公司发展会起到促进作用。

十是研究财务报表。如果上市公司财务费用为负，该公司股票成为黑马的概率较高。

思考：证券投资的常用策略有哪些？如何挖出潜力黑马股？

任务一　证券投资策略

证券投资要想取得好的效果，除了证券的投资理念、良好的投资心态以及要进行基本面和技术面的分析外，掌握一些关于证券投资的策略和技巧也是必需的。需要注意的是，证券投资的策略和技巧不宜单独使用，必须和基本面、技术面分析结合起来使用，这样投资的成功率将大大提高。

证券投资策略是指投资者基于对市场规律和人性的理解与认识，利用这种认识制定投资目标，指导投资者投资的规则体系和行动方案。

一、积极和消极投资策略

按理念基础划分，投资策略可分为积极投资策略和消极投资策略。

（一）积极投资策略

积极投资策略指投资人通过主观行为，判断作出投资管理的策略行为，具体是指通过找出证券价格出现的错误定价或者通过对不同资产的投资做时间选择来提高投资收益的一种投资策略。具体又分为价值投资策略、反馈交易策略和量化投资策略三种。

1. 价值投资策略

价值投资策略是指投资者通过对公司内在价值的估算，比较其内在价值与公司股票市价之间的差价，当两者之间的差价达到某一程度时就可以选择该公司股票进行投资。价值投资策略的概念源于“证券分析之父”——本杰明·格雷厄姆。

价值投资策略的分析过程如下：

（1）从宏观、中观到微观面的经济预测。价值投资关注的是上市公司未来的成长性，因此需要对 GDP、行业未来的市场状况以及公司的销售收入、收益、成本和费用等作出尽可能准确的预测。预测方法主要有概率预测和经济计量模型预测两种。

（2）筛选具有发展潜力的行业。通过宏观经济预测和行业经济分析，投资者可以判断当前经济所处的阶段和未来几年内的发展趋势，这样可以进一步判断未来几年内可以有较大发展前景的行业。

（3）估算股票的内在价值。在确定了欲投资的行业之后，需要对所选行业内的个股进行内在价值分析。股票内在价值的估算有很多种方法，一般来说，股利贴现模型最为简单而被普遍使用。通常确定价值型股票的标准有低市盈率（P/E）标准、低市账比（P/B）

标准、低价现比（P/C）标准、低价售比（P/S）标准、高股息率标准等。

（4）筛选具有投资价值的股票。价值投资理念以效率市场理论为基础，认为有效市场的机制会使公司将来的股价和内在价值趋于一致，所以当股票的内在价值超过其市场价格时，便会出现价值低估现象，其市场价格在未来必然会修正其内在价值。由于证券市场存在信息不对称现象，所以内在价值和市场价格的偏离又是常见的现象。因此，通过上面的分析，投资者可以找出那些内在价值大于市场价格的股票，这类股票也就是价值投资策略所要寻求的个股。

2. 反馈交易策略

反馈交易策略是以股票过去的表现作为买卖判断的主要依据的策略，具体分为两种，即顺势交易策略与逆向交易策略。顺势交易策略是买入近来的强势股、卖出近来的弱势股，其表现形式俗称“追涨杀跌”；而逆向交易策略则卖出近来的强势股、买入近来的弱势股，其表现形式俗称“低买高卖”。顺势交易策略包括趋势线交易法和移动平均线交易法；逆向交易策略包括反向思考理论和动能指标法。

3. 量化投资策略

量化投资策略是数学与金融的结合，它是指投资者依靠独创的计算机程序以及量化分析的模式来寻找最佳品种，据以获得超额利润的投资策略。采用量化投资策略的投资者通常对数学和计算机程序非常熟悉，完全依照计算机的计算结果来决定股票买卖。他们不断将数字输入计算机程序中并加以修改，以形成一套最优的计算机分析系统，并借助这个系统寻找符合所有条件的股票。

量化投资策略是证券市场投资理论跟随科技发展的一次革命，价值投资策略、反馈交易策略的具体内容都可以用数字的方式以各种定价模型交给计算机来处理。

（二）消极投资策略

消极投资策略又称为指数化投资策略，是指按照某种证券价格指数编制原理构建投资组合，不主动对个股和买卖时机进行选择，只是跟踪目标指数的变动，以取得目标指数所代表的整个市场的平均收益为投资目标的投资策略。

二、周期型、防守型和成长型股票投资策略

（一）周期型股票投资策略

典型的周期性行业包括钢铁、有色金属、化工等基础大宗原材料，水泥等建筑材料，工程机械、机床、重型卡车、装备制造等资本性商品。当经济高增长时，市场对这些行业的产品需求也高涨，业绩改善会非常明显，这些行业的公司股票就会受到投资者的追捧；而当经济低迷时，各行各业都不再扩大生产，对其产品的需求下降，业绩和股价就会迅速回落。

投资周期性行业股票的关键就是对时机的把握，如果能在周期触底反转前介入，会获得最为丰厚的投资回报；但如果在错误的时点，如周期到达顶端时买入，则会遭遇严重的损失，可能需要 5 年甚至 10 年的漫长等待才能迎来下一轮复苏和高涨。其中，利率是把握周期型股票入市时机最核心的因素。当利率水平低位运行或持续下降时，周期型股票表

现会越来越好；相反，当利率水平逐渐抬高时，周期性行业股票的表现就会越来越差。

（二）防守型股票投资策略

典型的防守性行业是公用事业，如供水、供电、供热等行业，以及食品、日用消费品等居民生活必须消费的商品和服务行业。

由于防守型股票数量相对较少，在经济和股市低迷阶段，它们成为投资者扎堆避险的地方，估值水平会上升，是在熊市中可以赚到钱或将损失降到最低的投资品种。但当经济开始复苏，股市走牛的时候，其表现就会落后于大市。

（三）成长型股票投资策略

成长型股票即便在熊市中也能年复一年创造业绩和股价的成长，当市场环境转好时，表现会更加突出。它们的业绩和股价上涨通常可以跨越多个经济和股市周期。成长型股票多出现在高科技领域，如美国的微软公司通过开创计算机操作系统，其业绩和股价创造了连续 20 年的高增长。此外，在传统行业中，一些公司由于开创了新的业务模式，也找到了广阔的业务扩张空间，如携程网在国内成熟又混乱的订票订房市场通过互联网结合线下模式开创了新的“蓝海”。

总之，周期型股票是顺势而为的投资品种，买入并长期持有不是最聪明的策略。防守型股票是市况不佳时的选择，与周期型股票形成互补。而成长型股票带给投资者的回报最多，但也要相应承担更大的风险，是风险承受能力较强和有专业背景的投资者可以深度介入的品种。

三、牛市、熊市、盘整市和震荡市的投资策略

（一）牛市的投资策略

牛市，是指放量强劲、股价连连上扬、股市普遍看涨的市场行情，亦称多头市场。其特征是买多卖少、人气旺盛、交易活跃、股价大涨小跌。

（1）追涨策略。是牛市中的最佳投资策略。股市实践证明，当股市呈上涨趋势时，总是有某一板块或某一品种成为市场的领头羊，领头羊常常有某种题材或某些概念支持，使这一板块或品种具有较大的上升空间。

（2）跟庄策略。散户和庄家入市的目的虽然相同，都是为了盈利，但两者的根本利益却截然不同。庄家做庄要盈利必须吸引中小散户并使之套牢，而散户跟庄要盈利就要巧剥庄家皮。对于投资者来说，跟庄要看清大趋势，掂量题材的分量，然后才决定是否跟庄。如果基本面较好，个股题材独特，当成交量明显放大、价格开始高开高走时可果断跟庄。

（3）换手策略。是投资者在股价轮番上涨的过程中，将持有的已上涨股票变现，转而购进涨幅较小或尚未上涨股票的投资策略。股市从熊市跨入牛市的最初阶段，往往会出现股价轮番上涨的情形。投资者无不希望自己能赶上每一次股价轮涨的机会，赚取超过市场平均水平的利润。如果能把握市场行情，不断地进行“换手”，即不断地抛出涨幅较大的股票，以腾出资金购进价格尚低、即将上涨的股票，就能在股市的轮番上涨期间不断获利。

（二）熊市的投资策略

所谓熊市，是指卖方力量强劲、股价连连下挫、股市普遍看跌的市场行情，亦称为空头市场。熊市中的最佳投资策略是空仓、抢反弹、捕捉短线热点。

（1）空仓。空仓适合大部分人，尤其是短线能力不行或者没有时间打理股票的人。熊市中的投资机会是很少的，即使抄底，也要看盘能力强、擅长短线的人才能做，所以，空仓成了最佳选择。空仓要等到大盘反转趋势成立才进场，这样免去套牢之苦。

（2）抢反弹。抢反弹是熊市中的又一投资机会。熊市也不是一直下跌的，反弹是指经过长时间猛烈下跌之后，技术指标极度超卖，大部分投资者深度被套，这时由于技术上的原因或者政府“救市”，产生一波上涨行情。由于大部分投资者被深度套牢，对于被套筹码有惜售心理，客观上起到锁仓作用。而主力也要自救，于是一波反弹行情形成。但是反弹不是反转，反弹之后还要创新低的。这就决定了操作策略是快进快出，在下跌末期要主动买套，但是仓位要小，大盘上涨到阶段性顶点要抛出。

（3）捕捉短线热点。这是无论熊市、牛市皆宜的投资策略。热点就是概念，就是能引发人们想象力，预计某项政策的出台能给某项产业带来益处的事件。应从政府出台的鼓励发展的产业政策、突发事件中找热点。

（三）盘整市的投资策略

盘整市，指股价起伏不大，股市前景暧昧的市场行情。其特征是交易萎缩，观望气氛浓重，股价难以出现令人心跳的波动。盘整市中，大量股票涨跌空间均不大，股指上下两难，但股指的相对平稳并不意味着板块的沉寂，也不意味着个股的风险均已降低。

（1）观望。观望是最佳的投资决策。股谚云：“唯有观望才能保障既得的利益；唯有观望才能养足精神，争取下一回合的胜利。”在盘整期中，股市进出较为容易，买进、卖出差额不大，在大势不明的情况下，手握资金较为主动。特别是低价位进来的人，适时结账，出市观望，入袋为安，以免夜长梦多，此不失为明智之举。因此，采取观望态度也是一种明智的选择。

（2）适时进退，自己解放自己。在盘整市中，往往有一批人高位套牢，如果被套牢的股票是高市盈率的投机股，在大市仍未造好的背景下，一有反弹，则应该毫不犹豫地抛出。壮士断臂，既可手持资金观望，又可低价补进，以弥补前段损失。如果此番操作生怕踏空，而自己又有较大的资金回旋余地，则可以采取分段在低位再买入的方法，逐渐摊平，平均买价，一旦回升一段，即可解套。不要指望别人解放自己，而应自己解放自己。

（3）独立思考，自己判断，不盲目跟风。在盘整市中，各种传言纷繁，使人如坠云里雾中，投资理财要自己研究、独立判断，应看大方向。看大方向赚大钱，看小方向赚小钱。不要因小利而耽误大行情，致使自己的判断前功尽弃。

（四）震荡市的投资策略

震荡市，指股价跌宕起伏，股市前景不明的市场行情。其特征是短线投资增多，市场人气不稳，股价大起大落。震荡市中，指数在某一位置反复震荡整理，呈现一种跌不下去也涨不上来的状况。

在这种不稳定的时期，投资者不仅心态上要稳定，更应该采取稳健的操作方法。概括来说，就是要保持合理的仓位结构，减少不必要的反复操作，不要急于抄底和追求短线利润。

拓展阅读

格雷厄姆选择价值被低估股票的十条标准

1. 收益—价格比（本益比的倒数）是3A级债券的2倍以上。在我国以5年期存款利率做比较就可以了。5年期的定期存款利率为3.6%。现价为10元的股票，则每股收益应在0.72元以上才行。其实，每股收益在0.5元以上的股票就可以关注。

2. 本益比不高于最近5年最高平均本益比的4/10。在我国一般采用高盈率的比较方法。受经济危机的影响，我国的市盈率平均水平大幅下降，大约在30倍左右，按4/10算，应为12倍，12倍市盈率以下的股票是真正让我们放心买入的股票。

3. 股利率不低于3A级债券的2/3。不分配股利或无利润的股票不予考虑；分不出红利的公司，现金流肯定有问题。

4. 股价应低于每股有形账面净值的2/3。计算方法是全部资产价值扣除商业信誉、专利权等无形资产后再减去全部债务，然后除以股份总数。我们的年报中没有采用无形资产这一指标。账面价值和每股净资产相近。

5. 股价不高于每股流动资产净值或速动清算净值的2/3。

6. 总负债低于有形资产账面价值。用总资产减去负债总额，看它是不是大于负债总额。

7. 流动比率不小于2。流动比率＝流动资产/流动负债，它反映了公司的流动性和偿债能力；流动比率要大于1，最好是1到2之间，不要超过5为好。

8. 总负债不高于速动清算净值。速动清算净值，我们用速动比率来比较就可以了。速动比率必须大于0.5，最好大于1。

9. 最近十年中，利润翻了一番。净利润每年都持续增长是判断这只股票是不是持续有竞争性的标志。

10. 最近十年中，利润下降超过5%的年份不超过两年。这一点主要考量一只股票的持续盈利能力，不能大起大落，稳定性很重要。

在这些标准中，第一条至第五条是测量投资收益高低以及投资风险的大小，第六条至第八条是判断公司的财务状况，而第九条、第十条是衡量公司利润的稳定性。

任务二　股票选择方法与技巧

在实际操作中，债券市场的变化比较平稳，容易运用分析作出决策。股票市场风云变幻，技巧的作用比较大。这里主要讨论股票的操作技巧。

一、选择投资的时机

股票市场的涨落是一个连续渐进的过程。一般来说，股票价格上涨的过程就是买进的时机，股票价格下降的过程就是卖出的时机。但是，在股价最高点卖出、最低点买进几乎是不可能的。如何抓住时机，可从以下两个方面入手。

（一）发现时机

在证券市场上，时机随时存在，但是时机的出现不是随意的，是有其内在原因的，应从以下几个方面进行观察：

（1）空头市场与多头市场。在股市上，空头与多头市场总是交替出现。空头市场时，股市一片惨淡，大多数人处于悲观的情绪之中。此时正孕育着最佳投资时机。政府可能为了使经济回升而采取调控措施，同时人们盼涨情绪浓厚，股价刚一回升，便有人急于购进，经过几个回合，多头终于压过空头。在多头市场持续上升时，投资者一路跟进。此时股价已进入偏高状态，现金周转也开始出现困难，已是抛售股票的时机，股市又要转入空头市场。

（2）经济的周期性和政策的周期性。通过对经济周期与股票市场波动相互关系的观察，我们发现股票市场通常是在经济衰退的中途达到最低点，这里就是投资的最佳时机。我国虽然没有像美国那样的周期性的经济危机，但我国近年来宏观经济政策也呈周期性变动。在国家宏观经济政策，特别是紧缩银根政策开始放松时，也是投资的好时机。

（3）突发重大事件。战争及政治、经济等方面出乎人们意料的事件的发生，一般会对股市产生强烈的冲击。

（二）抓住时机

能看到时机，并能抓住时机者是真正的赢家。投资者真正的工作是抓住时机，因此要考虑以下因素：

（1）买进的时机：经济领先指标开始回升；通货膨胀减轻；经济预测相当悲观；银根松动，信贷规模扩大；股市价格收益已经达到或低于上次股市的最低点；股市平均股价接近上次最低点；新股票交易量很少；投资信托机构所持现金大增；股市自上次高峰已下跌几个月；现有的投资组合的市场风险低于原有的水平。

（2）卖出的时机：经济领先指标在下降；通货膨胀在加速；经济预测相当乐观；银根抽紧，信贷规模缩小；股市价格收益已经达到或超过上次股市的最高点；股市平均股价接近上次最高点；经常有新股票上市；股市自上次最低点已上涨几个月；现有的投资组合的市场风险高于原有的水平。

二、选择股票的方法

在通常情况下，那些不怕风险且具有经验的投资者喜欢买卖涨跌幅大的热门股票，而那些刚步入股市的投资者则应选择一些获利能力较强、涨跌幅较小且流动性大的优良热门股票。

（一）选择基本面好的股票

一个公司的经营业绩和发展前景，受各种基本因素的影响。如国家产业政策，有些公司属于国家确定的支柱产业或扶持产业，有些公司属于限制发展的产业。只有分析了各项基本因素对上市公司的影响后，投资者才能选择股票品种。

（二）选择龙头股

在股市交易中，知道“板块”并会识别“板块”的龙头股，对投资者的盈利非常重要。同一板块中的股票，可能因为是同一行业，也可能因为是同一区域，它们有某些共性。在这些股票中，表现最为强势、涨幅最大的就是板块中的龙头。这些龙头往往是“先板块之动而动，后板块之落而落”，非常值得短线投资者追捧。

（三）选择热点题材股

股市中历来都有炒作题材的传统，在某个时间段，总有受到市场热捧的题材。投资者如果能够把握当时的热点题材，将大大提高自己的盈利能力。比如重组与并购、央企改革、低碳环保、一带一路等。

（四）选择热点区域股

股票市场上的板块分类中，除了按照行业进行分类外，还可以按照地域进行分类，比如海南板块、新疆板块等。由于国际形势、国家产业政策、地域发展规划等因素的影响，会对某个区域的经济产生影响，并影响该地域的股价，从而产生一系列的炒作机会。

（五）选择主力重仓股

“山不在高，有仙则灵；股不在好，有庄则灵。”在炒股时，如果能够跟上主力的重仓股，享受主力抬轿子的乐趣，自然是投资者的最佳选择。

三、股票投资技巧

股市风险很大，除了前面所说的投资策略之外，还需要在实际操作中使用一些技术、技巧，才能使股市的风险降到最低。

（一）顺势投资法

投资者应顺着股价的趋势进行买卖。当整个股市主要趋势向上时，投资者可以购买并持有股票，即采取购买后持有策略，待到出现看跌市场的信号，主要趋势开始转变时，投资者就出售其持有的股票，持有现金伺机而动。

顺势投资法适用于小额投资者，小额投资者本身谈不上操纵行情，大多跟随股票走势。顺势投资法已被公认为小额投资者买卖股票的“铁律”。

（二）渔翁撒网法

渔翁撒网法是一种短期投资的组合策略，就是买进在交易所挂牌且每天有交易的多数或所有股票，每种只买一个单位，如果资金力量不够，则可在每个行业选择一种股票，各种行业买进一个单位；如果资金力量允许，也可对每种股票各买进几个单位。撒网法的投资人，可以自己定个原则，把涨到一定程度的股票卖出，把跌到一定程度的股票买回来。

渔翁撒网法的缺点是：由于资金分散，可能降低整体投资收益；而且不加以分析抛出有利可图的股票，往往会出现轻易地把手中优良的股票在价格低位时卖出而把劣质股票长期留在手中的情况。

所以，应用渔翁撒网法应该注意，不要随便卖出优质股，也不要随意购进劣质股。基于渔翁撒网法的缺点，便产生了反渔翁撒网法。此法的操作要领是有选择地买进多种股票，随后哪种股票价格上涨就继续买进，哪种股票价格不动或下跌就卖掉它。

（三）摊平操作法

摊平操作法是指在投资者买进股票后，由于股价下跌，手中持股形成亏损状态，当股价再度挫落一段以后，投资者再用加码低价买进一些冲抵成本的操作方式。具体又分为以下三种：

（1）逐次等数买进摊平法。在第一次买进股票后被高档套牢，等股价下跌到一定程度后，分次买进与第一次数额相等的股票。第二次买进数额相等的股票后行情仍下跌，就再将同股数第三次买进。此时，如果行情转升至第一次买进时的价位，即可获利；买进第一次、第二次、第三次股票后，行情继续下跌，但等到行情再转回至第二次买进价位时即可保本，若超过第二次买进价位时即可获利。

（2）倍数买进摊平法。在第一次买进股票之后，如行情下跌，则第二次再买进第一次倍数的股票，以便摊平。可以做两次或三次，分别称为两次加倍买进摊平和三次加倍买进摊平。

（3）加倍卖出摊平法。在投资买进股票，发现已成跌势，就成倍卖出股票，以便摊开成本，加速获利步伐。第一次买进股票后，行情下降，加倍卖出后继续下降，只要降到第一次与第二次差价的一半，就能保本，若继续跌落，就会获利。

（四）定式投资法

定式投资法是指以股价上涨过度必定要回跌、下跌过度必定会回涨为依据，投资者事先制订一定的投资计划，以后不论股价如何涨跌，一律按投资计划自动进行买卖的投资方法。定式投资法主要包括固定金额投资法、固定比率法等。

（1）固定金额投资法。投资者在自己的投资总额中以固定的资金投资于股票，其余投资于债券或其他金融资产。当股价上升、所持股票市值超出计划投资数额时，出售超额部分股票，买入债券或其他投资工具；当股价下降时，则卖出债券等，买入股票补足计划的固定金额。

例如，某投资者计划以 2 万元资金投资于股市，并选好某绩优股持有，然后每周末或月末计算股票市值，当市值上升至 2.5 万元时，就自动卖出 0.5 万元股票，买入债券；当手中股票市值跌至 1.6 万元时，则卖出 0.4 万元债券买回股票。

使用这种方法能及时将股票中增值获利部分转为安全性较高的债券，其关键在于如何确定股票涨跌幅度问题。一般认为，股价上涨 25%就应出售，下跌 20%就应买进。另外，采用这一方法应避免在股价最高点时开始，因为在最高点时买进股票会使投资者风险增大，而且可能面临股价一再下跌时没有后继资金买进的困境。

（2）固定比率法。将全部投资资金组成一个投资组合：一部分是防守部分，由价格相对稳定的债券组成；另一部分是进攻部分，由普通股组成。两个部分保持一定的比率关系，在证券行情的变动过程中，投资者要对组合中的证券做必要调整，使之经常保持这一固定比率。

例如，投资者以10万元开始投资，组成一个股票和债券各占50%的证券组合，即开始时买入5万元市值的股票和5万元债券。如果股票价格下降，市值跌至4万元，为保持固定比率，就应卖出0.5万元债券，并买入0.5万元股票。如果股票市值升到7.5万元，则需要卖出1.5万元股票并用这笔资金买入债券，这样两者之间又恢复各占投资总额50%的比率。即股价上涨自动卖出，股价下跌自动买进，遵循高卖低买原则。

拓展阅读

股票投资理念二十四条

第一条：成功的投资＝严格的心态控制＋正确的资金管理＋过硬的技术。

第二条：刻苦训练、深刻领悟、忍受常人不能忍受的痛苦乃是成为专业短线高手的唯一途径。

第三条：专业短线高手必须具备良好的专业心理素质、正确的资金管理方法和过硬的专业技术，这是专业选手赖以生存的根本！衡量专业短线高手的优劣，并不以获利为唯一依据，更加重要的依据是能否坚持按正确的市场规律进退和坚定不移地执行自己制订的操作计划并誓死捍卫自己的操作纪律。

第四条：操作的质量远远比操作的数量重要。炒股成功要有“四心”——耐心、细心、决心、狠心。

第五条：对股市经典的现象和本质的规律多看、多练、多背，这也是形成专业化条件反射操作本能的关键。

第六条：我们不能控制市场和他人，但绝对要能够控制自己；我们不要求每次看准，但必须要求每次做对。

第七条：专业短线高手绝对不允许在没有充分准备的情况下受盘中股价涨跌波动的诱惑冲动地展开实战操作，无论是在多大的投资规模和投资级别上。

第八条：短线或长线仅仅是一种投资获利的方法，绝对不是投资的目的。短线操作的真正目的是不参与股价走势中不确定的调整。只有在大盘处于高位或调整态势之中，短线操作战术才是专业选手的首选。耐着性子等待时机和时机出现时果断出击是专业短线高手最重要的基本功。

第九条：展开买卖动作时犹豫、迟缓是实战操作者心态控制成熟度低下的标志，是实战操作者意志力脆弱的表现，也是妨碍投资者朝专业晋级的障碍。

第十条：资金管理原则——盲目地集中或分散都是对资金的滥用。集中持仓，精心研判目标股票的做盘细节，用心来操作才是专业选手最为重要的资金管理和实战操作进出原则。

第十一条：不会使用绝对空仓的资金管理战术就绝对不是专业高手。高位看错必须立即止损，低位看错可以补仓。

第十二条：追涨，追的是已经确定无疑的涨势，绝对不是追高；杀跌，杀的是已经确定无疑的跌势，绝对不是杀低。

第十三条：对市场各大要素及其相互关系的正确理解是快速看盘的关键。利用市场要素的各种排序功能是最好、最快的专业化看盘方法。

第十四条：规范化、专业化、科学化、系统化是临盘实战操作的生命。实战交易系统必须做到科学性、规范性、专业性、独特性和完备性。

第十五条：骗线就是骗心，套牢就是套心，炒股就是炒心。好的东西是需要用“心”才能体会的。我们强调的首先是“专心”，然后才能“专业”！

第十六条：战略永远制约着战术。任何战术动作都有苛刻的使用条件和使用效果，不能偏废和极端。

第十七条：“牛市有三只脚”，找底不急，逃顶要快！

第十八条：生活就是投资，投资就是生活。

第十九条：应对不确定性，必须学会先做试验。在标志性买进信号出现的时候，应该按照具体的交易体系建立自己的试验性仓位，并跟随保护性仓位和追击性仓位。停损是临盘实战操作安全最根本的保证，每次果断的买进、卖出行为都必须要有明确的系统理由。

第二十条：不贪心抓住每一次机会，不贪心抓住每一只黑马。心境轻松，淡定如泰山，贪就是贫。

第二十一条：“潜意识”还不是一种有效的战斗力，将它转化为行动本能和有效战斗力的唯一途径就是科学训练，这种训练包括有形的方式和无形的冥想。

第二十二条：不以涨喜，不以跌悲！乱云飞渡仍从容，笑看股市风云变幻，一切尽在掌握中。

第二十三条：华尔街没有新事物，股市自有其内在规律。技术分析仅仅是一种工具，任何技术方法使用效果的好坏都与是否掌握了该种方法的各种使用限制条件有关系。

第二十四条：炒股是一种境界，大思维决定着大境界，大境界决定着大成功。

项目小结

1. 证券投资策略是指投资者基于对市场规律和人性的理解与认识，利用这种认识制定投资目标，指导投资者投资的规则体系和行动方案。

2. 按理念基础划分，投资策略可分为积极投资策略和消极投资策略。

3. 价值投资策略的分析过程：从宏观、中观到微观面的经济预测；筛选具有发展潜力的行业；估算股票的内在价值；筛选具有投资价值的股票。

4. 熊市中的最佳投资策略是空仓、抢反弹、捕捉短线热点。

5. 在通常情况下，那些不怕风险且具有经验的投资者喜欢买卖涨跌幅大的热门股票，而那些刚步入股市的投资者则应选择一些获利能力较强、涨跌幅较小且流动性大的优良热门股票。

6. 顺势投资法是小额投资者买卖股票的“铁律”。

课后习题

一、名词解释

1. 积极投资策略 2. 价值投资策略 3. 量化投资策略 4. 顺势投资法 5. 摊平操作法 6. 定式投资法

二、单项选择题

1. 以下属于周期性行业的是（ ）。

A. 钢铁行业 B. 供水行业

C. 供电行业 D. 供热行业

2. 下列不属于垄断竞争型市场特点的是（ ）。

A. 生产者众多，各种生产资料可以流动

B. 生产的产品同种但不同质

C. 这类行业初始投入资本较大，阻止了大量中小企业的进入

D. 对其产品的价格有一定的控制能力

3.（ ）行业的产品往往是生活必需品或必要的公共服务。

A. 增长性 B. 周期性 C. 防守性 D. 初创性

三、多项选择题

1. 按理念基础划分，投资策略可分为（ ）。

A. 积极投资策略 B. 消极投资策略

C. 价值投资策略 D. 反馈交易策略

2. 定式投资法主要包括（ ）。

A. 固定金额投资法 B. 固定比率法

C. 可变比率法 D. 摊平操作法

3. 熊市中的最佳投资策略是（ ）。

A. 满仓 B. 空仓

C. 抢反弹 D. 捕捉短线热点

4. 摊平操作法具体包括（ ）。

A. 逐次等数买进摊平法 B. 倍数买进摊平法

C. 加倍卖出摊平法 D. 可变比率摊平法

四、判断题

1. 通常确定价值型股票的标准有：低市盈率（P/E）标准、低市账比（P/B）标准、低价现比（P/C）标准、低价售比（P/S）标准、高股息率标准等。（ ）

2. 价值投资策略是指以股票过去的表现作为买卖判断的主要依据的策略，具体分为两种，即顺势交易策略与逆向交易策略。（ ）

3. 渔翁撒网法的缺点是由于资金分散，可能降低整体投资收益。（ ）

4. 龙头股往往是“先板块之动而动，后板块之落而落”，非常值得短线投资者追捧。（ ）

5. 典型的周期性行业包括钢铁、有色金属、化工等基础大宗原材料，水泥等建筑材料，工程机械、机床、重型卡车、装备制造等资本性商品。（　　）

五、简答题

1. 选择股票的方法有哪些？
2. 怎样选择买进卖出时机？
3. 盘整市的投资策略是什么？

实训任务

通过在招商证券网站下载模拟交易软件进行模拟交易，实践逐次等数买进摊平和固定金额投资法。

参考文献

1. 中国证券业协会. 证券市场基础知识. 北京：中国金融出版社，2012.

2. 戴文华. 证券交易导论. 北京：中国金融出版社，2020.

3. 张祖国. 证券投资分析. 3版. 上海：上海财经大学出版社，2019.

4. 杨宜. 证券投资学. 3版. 北京：机械工业出版社，2020.

5. 丁辉关，谢鑫建，刘晓波. 证券投资基础与实务. 2版. 北京：清华大学出版社，2019.

6. 马瑞，周军，尤佳. 证券投资理论与实务. 南京：南京大学出版社，2017.

7. 高广阔. 证券投资理论与实务. 4版. 上海：上海财经大学出版社，2020.

8. 张炳达，李琦. 证券投资理论与实务. 上海：上海财经大学出版社，2012.

9. 王军旗. 证券投资理论与实务. 5版. 北京：中国人民大学出版社，2021.

10. 任力. 投资学概论. 2版. 杭州：浙江大学出版社，2014.

11. 赵锡军，李向科. 证券投资分析. 2版. 北京：中国金融出版社，2015.

12. 吴晓求. 证券投资学. 5版. 北京：中国人民大学出版社，2020.

13. 上海证券报（https://www.cnstock.com）.

14. 中国证券监督管理委员会（http://www.csrc.gov.cn）.

15. 金融在线（http://www.zgjrw.com）.

16. 搜狐财经（http://business.sohu.com）.

17. 新浪财经（https://finance.sina.com.cn）.

18. 和讯网（http://www.hexun.com）.